HERMANN SÜLBERG

Die Wale

Aus der geheimnisvollen Welt der Giganten

GEO

GEO

Gestaltung: Franz Braun
Dokumentation: Angelika Salewski, Dr. Gerd Schriever
Herstellung: Jürgen Hartmann, Druckzentrale G+J
Druck: Brillant Offset GmbH
Lithographie: MWW Repro, Hamburg

Herausgeber: Dr. Werner Funk
Lektorat: Ortwin Fink
Bildredaktion: Sabine Wuensch
Bildrecherche USA: Brigitte Barkley

1. Auflage 1993
ISBN: 3-570-19007-2

ENGEL IM NETZ DER RIVALEN

Spektakuläre Luftsprünge und geheimnisvolle Gesänge haben die Buckelwale weltweit berühmt und beliebt gemacht. An Neufundlands Küste dagegen gelten die „Engel des Meeres“ als gewaltige Plage. Jeden Sommer verfangen sich Dutzende in den Netzen der Fischer und ruinieren deren Geschäft. Ein Professor der Verhaltensforschung nestelt die 40-Tonnen-Tiere aus ihrer oft tödlichen Falle

Pas de deux: Zwei Buckelwale zeigen vor der nordamerikanischen Ostküste, warum sie wissenschaftlich „Großgeflügelte Neuengländer" und populär „Clowns des Meeres" genannt werden

Huckepack im Ozean: Immer dicht bei seiner Mutter bleibt das Buckelwaljunge auf der Tausende von Kilometern langen Wanderung von seinem äquatornahen Geburtsort zu den arktischen Nahrungsgründen

Akrobat schön: Es mag die pure Lebensfreude sein, die den 30 Tonnen schweren Buckelwal in die Luft springen läßt – es kann aber auch der Kommunikation mit Artgenossen dienen oder Fischschwärme zusammentreiben

Platschender Salto:
Mit donnerndem Getöse, sowohl unter als über Wasser weithin hörbar, kehrt der Buckelwal rücklings in sein Element zurück. Dabei werden seine charakteristischen Kehlfurchen sichtbar

Gruppenreise in den Süden: Alljährlich ziehen die trächtigen Weibchen gemeinsam in wärmere Gewässer, um ihre Jungen zu gebären, finden dort allerdings monatelang nichts zu fressen

Hochnäsig: Die Atemöffnung liegt auf dem höchsten Punkt des Kopfes, ein strömungsgünstiger Wulst schützt das doppelte Blasloch der Bartenwale vor dem Eindringen von Wasser – perfekte Anpassung an das Leben im Meer

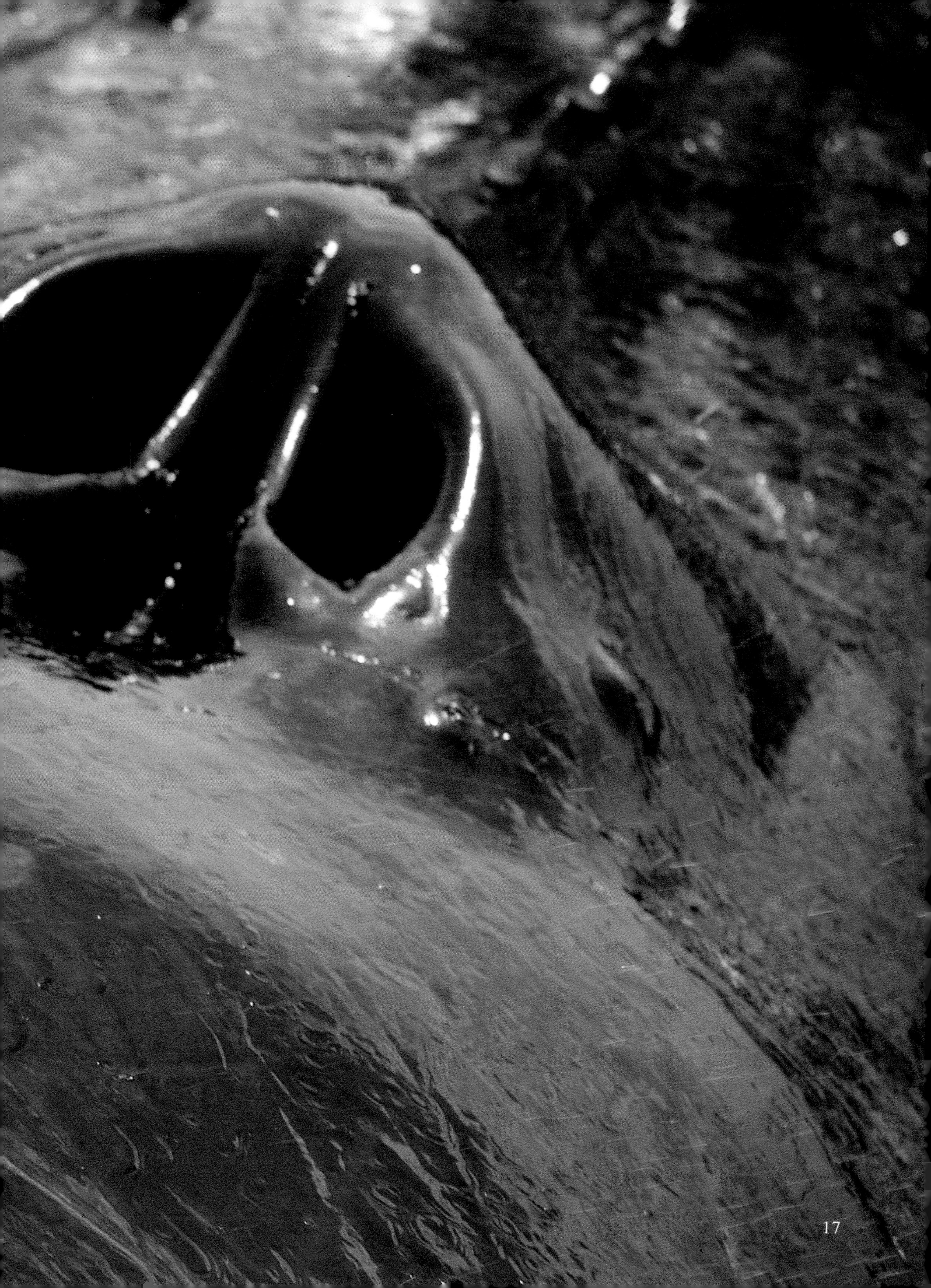

Wasserorgel der Natur: Hell scheinen die bis mehr als zehn Meter hohen Blaswolken aus kondensierendem Wasserdampf im Gegenlicht. Die knubbelige Finne des Buckelwals macht seine Identifizierung leicht möglich

Theatralischer Abgang: Langsam hebt sich die kraftvolle Fluke – von keinem Knochen gestützt, nur aus Knorpel und Bindegewebe bestehend – und zieht einen mehr als vier Meter breiten Wasserfall hoch

Rette sich, wer kann: Einzelne Fische suchen das Weite, während sich die Buckelwale in den nahrungsreichen Gewässern vor Alaska an einem Heringsschwarm gütlich tun und sich auf Vorrat eine dicke Speckschicht anfressen

Dreister Mundraub:
Mit knapper Not und nassen Federn entflieht eine vorwitzige Möwe dem Maul eines Buckelwals. Eine Tonne Fisch kann er pro Tag verschlingen. Damit ist er – vergleichsweise – nicht gefräßiger als ein Mensch von 60 Kilo Körpergewicht

Nomen est omen: Nicht die kleine knubbelige Finne, sondern dieser runde Rücken, den er kurz vor dem Abtauchen ganz nach seiner Art zu zeigen pflegt, gab dem Buckelwal den Namen

Troubadour der Tiefe: Unbeweglich schwebt ein männlicher Buckelwal in seinem blauen Element, singt zur Paarungszeit ein langes und lautstarkes Minnelied – um Konkurrenten abzuschrecken und Walkühe zu becircen

Nicht alle Menschen mögen Wale. Das wäre ja noch schöner. Erst recht keine Buckelwale, selbst wenn sie herzzerreißend singen. „Stell dir vor, da kommt einer regelmäßig bei dir vorbei, stampft wie ein Elefant durch den Porzellanladen, zertrümmert dein ganzes Handwerkszeug, wirft deinen Computer inklusive fast fertigem Text über diese buckligen Kerle aus dem Fenster – wie liebenswürdig fändest du solches Getier?" fragt mich der graublondgelockte Mensch morgens um sechs, noch müde und schon mürrisch, ohne eine Antwort zu erwarten.

Ungeziefer sei ein unpassender Ausdruck – bei knapp 20 Metern Länge und bis zu 45 Tonnen Gewicht. Und massenhaft träten sie mitnichten auf. Aber schreckliche Plagegeister seien sie schon, dann und wann wenigstens, brummt der vollbärtige Mann und flucht, weil sich die rostige Kupplung des Bootsanhängers störrisch gebärdet. Denn wir sind zu einem dringenden Einsatz gerufen.

Dr. Jon Lien ist für gewöhnlich ein vergnügt gelassener Verhaltensforscher an der Memorial University in St. John's, der Hauptstadt Neufundlands. Aber zur Sommerszeit ist er seit zehn Jahren als berühmter Befreier von berüchtigten Schädlingen im Dauerstreß. Rund um die Uhr, sonn- und feiertags, wenn's sein muß, was es meistens muß. Dann könnte er bisweilen „diese verwarzten, häßlichen, lästigen Monster am liebsten zum Mond schießen", gesteht der Mittfünfziger süßsauer lächelnd, verstaut derweil Messer und Knochensäge, Taucherbrille und grell orangeroten Überlebensanzug im Gummiboot.

Ab und zu geschehe es noch, daß Wale – wenn nicht bereits von selber ertrunken – durch hilflos genervte Fischer erschossen, erstochen oder sonstwie umgebracht würden, was aber keine gute Idee sei. Das sei schlecht für das Netz, das sterbende Tier demoliere es völlig. Er habe mal ein totes entdeckt, das hatte sich fünfzehnmal in das Netz eingewickelt – sah aus wie eine in einen Teppich eingerollte Leiche. Außerdem sei es streng verboten, sie ins Jenseits zu befördern, was aber einen Neufundländer in seiner Hilflosigkeit kaum kümmere. Und es sei mehr als schade um den schönen Wal. Allzu viele davon gebe es ja nicht mehr, weltweit vielleicht fünf- oder auch zehntausend, da seien sich die zuständigen Forscher uneins.

Der von heute ist sein 124. Fall am Ende dieses Sommers, schon 50 Prozent mehr als in anderen Jahren. Entweder gebe es reichlich junge Wale, oder zu viele Netze, oder zuwenig Fische, irgend etwas müsse jedenfalls anders sein als sonst, meint Jon Lien, oder es sei endlich alles gleichzeitig gründlich durcheinandergeraten.

Ganz privat, meint Professor Jon Lien, liegen ihm seine Ziege und sein Neufundländer näher am Herzen als die buckeligen Wale, die er so oft aus Fischernetzen befreien muß

Man weiß einiges über *Megaptera novaeangliae*, den „Großgeflügelten Neuengländer". Die Kunde, daß er mit seinen überlangen Flippern vor Neuenglands Küste wie ein Engel durchs Meer – und manchmal durch die Luft – flöge, verschaffte ihm diesen wissenschaftlichen Namen. Eingereiht wurde der Bartenwal in die Unterordnung *Mysticeti*, die „Schnauzbärtigen Meeresungeheuer". Man weiß seit ewigen Zeiten, wo man ihn findet, wie man ihn schnell erlegt, daß man ihn mit Luft aufpumpen muß, damit er nicht unter- und verlorengeht, daß sein Fleisch für Menschen kaum genießbar ist, aber noch als Tierfutter taugt, wie viele der hornigen Barten er im Maule trägt und wozu die verwendet werden, wie dick die Speckschicht im Sommer oder im Winter ist, wie viele Faß Öl aus welcher Körperlänge gekocht werden können und zu welchem Preis sich all das verkaufen läßt. Man weiß viel über tote Wale.

Buckelwale wurden, wie andere Arten dieser Meeressäuger auch, jahrhundertelang als sich selbst erneuernde Ressource betrachtet. Die Bestände dieser langsam und augenfällig in Küstennähe schwimmenden, also auch für Segelschiffe und Ruderboote leicht zu erwischenden Spezies waren im Nordatlantik bereits am Ende des 19. Jahrhunderts darnieder, jene im Nordpazifik wenige Jahrzehnte später. Niemand weiß, wie viele es je gewesen sein mögen. Erst seit Beginn des 20. Jahrhunderts wurde weltweit einigermaßen ordentlich Buch geführt. Nur eine grobe Zahl: Von 1900 bis 1963 wurden allein in antarktischen Gewässern 150 000 Exemplare erlegt.

Wären die Harpuniere nicht ökonomisch genötigt worden, die Buckelwale wären wohl längst dahin, nur noch als gespenstische Skelette in Museen zu bewundern. Die ursprüngliche Weltpopulation – Schätzungen nennen die Zahl 200 000 – war auf etwa fünf Prozent dezimiert worden. Im gesamten Nordatlantik waren, so wurde gemutmaßt, nur 700 „Stück" übriggeblieben. Es lohnte nicht mehr, sie zu jagen, und es wurde höchste Zeit, diese Rohstoffquelle für die Zukunft zu erhalten.

Deshalb wurden die Buckelwale durch Fangverbote geschützt – 1956 im Atlantik, 1963 rund um die Antarktis, drei Jahre danach auch im Nordpazifik. Nicht, weil man sie für besonders liebenswert gehalten oder politischem Druck von Naturschützern hätte nachgeben müssen, sondern weil man diesen Meeresschatz langfristig weiternutzen wollte – also machte es keinen Sinn, die Wale gänzlich auszurotten. Sie sollten sich erholen – wer weiß, wozu man sie noch würde brauchen können. „Rettet die Ressource" war das Motto der 60er Jahre.

Jeder Mann im Ausguck eines Fangschiffes erhielt einst ein Kopfgeld, wenn er einen Blas erspähte, der zur Tötung eines Wales führte. Jon Lien bekommt keinen einzigen Dollar extra, wenn er ein walisches Leben rettet. Er bezieht sein normales Professorengehalt, Fachrichtung Psychologie – gleich, wie viele Wochenstunden er im Auto oder Schlauchboot oder mit dem Kopf unter Wasser verbringt.

Aber es mache großen Spaß, einen zu befreien – einen Fischer vom Wal, oder einen Wal aus dem Fischernetz: Das sei eine Frage des Standpunkts, aber ihm ganz schnurzpiepegal. Er mag sie beide gleichermaßen, sagt Jon Lien, als er seine starke Brille putzt, Mensch und Wal. Für ihn als Verhaltensforscher seien beide interessant, besonders deren Wechselwirkung in einer solch fabelhaften Streßsituation.

Mit Vollgas rauschen wir nach Westen. Das Auto hat kein Blaulicht, wir fahren aber so. Der Mann am Steuer rauft sich dauernd die ohnehin schon verstrubbelten Haare, murmelt entschuldigend, sonntagmorgens um sechs gebe es hier auf dem Trans Canada Highway bestimmt keine Radarkontrolle – eine gute Gelegenheit, die lebensrettende Mission erfolgreich anzugehen. Es wäre ganz schrecklich, zu spät zu kommen. Selbst Fischer wären betrübt, wenn ein Wal im Netz ersaufe.

Meist erwische es die Halbstarken, wie bei anderen Spezies auch. Die mit fünf Jahren langsam erwachsenen Jungtiere seien einfach zu unerfahren und draufgängerisch, wenn sie ihrer Beute, der Lodde, hinterherjagen. Diese kleinen Fische, die in größeren Schwärmen an Neufundlands steinige Flachwasserküste zum Laichen ziehen, werden als Futter auch vom Kabeljau gern verfolgt. Nur seinetwegen legen die Fischer alljährlich große, kastenförmige Netzfallen aus, die für diesen gewichtigen Vertreter der Dorschfamilie zur Sackgasse werden, von seinen kleinen Beutefischen aber ganz mühelos zu passieren sind – von den Walen mitnichten, sie sind die idealen Netzfänger.

Andere potentielle Unfallopfer vor Neufundland, etwa die flinken Zwergwale oder die großen Finnwale – beide stromlinienförmig und mit glatter Oberfläche –, müssen eine Netzwand schon mittig rammen, um sich darin zu verheddern. Aber die Buckelwale mit ihrem verknubbelten Kopf, den langen Flippern voller Höcker, all den scharfzackigen Seepocken an Finne und Fluke, brauchen ein Netz nur zu berühren, um daran hängenzubleiben.

Tags zuvor war in der Notrufzentrale der Walforschungsgruppe an der Memorial University in St. John's die Meldung eines Fischers aus Deadman's Bay eingegangen: „Einer von euren Walen hat meine halbe Kabeljaufalle mitgenommen, schwimmt damit zwischen den Eisbergen rum." Der verrückte Kerl springe damit sogar aus dem Wasser, mit all den grellroten Schwimmern und mindestens noch einem Anker hintendran.

Ein spektakuläres Bild – und ein trauriges dazu. Denn seitdem die Netze nicht mehr aus Naturfaser, sondern aus reißfestem, unverrottbarem Kunststoff geknüpft sind, wird ihn auch der Zahn der Zeit und der Fraß des Salzwassers nicht davon befreien können. Er hat kaum eine Chance, ohne Netz und mit dem Leben davonzukommen.

Das Wetter war so, daß man keinen Seehund hätte ins Wasser jagen mögen. Doch die Fischer von Deadman's Bay hatten uns freundlich versichert, Windstärke zehn und waagerechter Schneeregen sei für diese Gegend zu dieser Jahreszeit ganz normal. Nicht umsonst habe ihr Ort seinen vielversprechenden Namen.

Wir müssen zur Ostküste der Trinity Bay, der Bucht der Dreifaltigkeit, fünf Autostunden von St. John's entfernt. Zeit genug, all die Möglichkeiten unseres Einsatzes zu erörtern. Wenn der Wal ohne Netz weg ist – wunderbar: Dann sind wir einfach umsonst so früh aufgestanden. Hat er seine Fessel mitgenommen, dann gibt es für uns keine Chance, mit dem kleinen

Schlauchboot hinterherzufahren, dann wird er uns höchstwahrscheinlich morgen oder übermorgen wieder gemeldet, wenn er mit diesem Trauerflor aus schwarzem PVC an der nächsten Falle hängengeblieben ist. Dritte Möglichkeit: Ist der Wal noch da, aber tot, fahren wir weiter, aber langsamer. Es bedarf keiner Eile, um fluchende Fischer zu trösten und ihnen beim Entwirren des verknäulten Netzes zu helfen.

Wir würden – sagt der Professor – das Tier beseitigen; ein Tau um seine Fluke knüpfen, es möglichst weit nach draußen schleppen, wahrscheinlich noch einen alten Anker oder ein paar Wackersteine dranhängen, damit es auch ja unten bleibt. Werde der Kadaver an Land gespült und 30 Tonnen verwesten am Strand, müßte die nächsten Monate der Wettergott angefleht werden, er möge den Wind Tag und Nacht bloß ablandig wehen lassen.

Auch mit dem Ausschlachten hat es Jon Lien nicht besonders eilig. Irgendwelche Biologen brauchen immer irgendein Körperteil, weil sie gerade eine Magister- oder Doktorarbeit schreiben. Jon Lien hat eine ganze Liste von Bestellungen aus aller Welt: ein Stück Haut; den Teil einer Fluke; ein Pfund des Blubbers, der weichen Speckschicht; ein apfelgroßes Auge – solche Sachen seien einfach ab- oder rauszuschneiden. Aber ein paar Knochen, ein Ohr, irgendwelche inneren Organe, das werde eine ziemliche Schinderei. Dann stinken wir beide tagelang nach totem Wal, verspricht er, sich räuspernd.

In so einen Wal einzusteigen, das solle ich mir mal vorstellen – es graust mich –, das sei wie ein Haus abzubrechen. Vor ein paar Wochen hat er ein Herz geborgen, 140 Kilogramm schwer, es liegt noch immer in seiner Tiefkühltruhe im Keller in St. John's. Niemand weiß, wie er das verschicken soll.

Es war ein Horrorjob, erzählt der Herr Professor noch ganz hingerissen. Bis zum Hals habe er im Gedärm gestanden, die Panik bekommen, in diesem gewaltigen Leib zu versinken, auf Nimmerwiedersehen zu verschwinden – Jon Lien alias Jona, der einst vom Wal Verschluckte, das wär's gewesen. Doch nur sein Portemonnaie mit den Kreditkarten rutschte raus und tauchte nicht wieder auf. Bei seiner Bank mußte er eine Erklärung ausfüllen, wie das geschehen war, und der Sachbearbeiter fühlte sich bemüßigt, sich besorgt nach des Professors Wohlbefinden zu erkundigen.

Gleichwohl, die ganze Aktion habe sich gelohnt. Jetzt sei das Volumen der Herzkammer von Bukkelwalen – mit Hilfe eines darin wassergefüllten Plastiksackes – wissenschaftlich erwiesen: 17 Liter. Da er bei einem lebenden Wal schon mal den Puls – 42 Schläge – gemessen hatte, bevor er ihn aus dem Netz befreite, sei jetzt klar, daß durch eine solche Pumpe jede Minute 714 Liter Blut fließe, zumindest dann, wenn das Tier unter Streß stehe. Aber in normaler Verfassung gelinge es kaum, den Puls zu messen. Man könne schlecht im Schlauchboot nebenherfahren und mal ganz entspannt den Herzschlag fühlen wollen.

Man sei hier nicht zimperlich. Ein totes Tier ist ein totes Tier. Jon Lien, zu Zeiten und wegen des Vietnamkrieges aus den USA in dieser kanadischen Provinz gelandet, meint, die allermeisten der Neufundländer – ein paar städtische Büromenschen vielleicht ausgenommen – seien nicht gerade sehr vergeistigt im Umgang mit ihrer sogenannten Umwelt. Die würden sie auch nie so nennen, schon gar nicht schützen, sie wollten sie nutzen, sonst nichts. Für sie sei das

Im Dienste der Wissenschaft steckt Jon Lien fast bis zum Hals im Leib eines Buckelwals, den er nicht mehr retten konnte, und birgt von Kollegen bestellte Organe

Ein Wissenschaftler untersucht eine
der Kammern des 140 Kilogramm schweren
Herzens, das mehr als 700 Liter Blut
pro Minute durch den Kreislauf
des Buckelwals pumpt

Fischerhütten an der Küste Neufundlands. Romantisch sind nur die Farben

Meer nicht großartig, rätselhaft oder gar romantisch, sondern kalt, manchmal gefährlich, immer nützlich.

Von denen blicke auch keiner melancholisch aufs unendliche Meer, sie hätten einen anderen Horizont, nicht unbedingt einen engeren. Die Leute verspürten eben andere Sorgen – und Freuden – als ein mittelständischer Stadtmensch mit Naturschutzambitionen.

Manche Neufundländer, Männer meist, charakterisieren sich gegenüber Leuten vom Festland – für sie der Rest der Welt – selbst gern mit dem derben Bonmot: „So schönes Wetter heute, laß uns rausfahren, irgendwas umbringen." Wobei das Draußen schon meist direkt vor der Haustür beginnt. Einen Elch erlegen oder ein Karibu schießen, ein paar Vögel fangen oder ganz genüßlich etliche Fische angeln – etwas läßt sich bei jedem Ausflug ins Jenseits und danach auf den Teller befördern.

„The Rock" nennen diese Insulaner den Granitbrocken, auf dem sie wohnen. Einige der etwa 700 kleinen und kleinsten Fischerdörfer Neufundlands sind seit dem 15. Jahrhundert durchgehend besiedelt. Von heimischer Scholle kann dennoch kaum die Rede sein – Landwirtschaft lohnt nicht; zu mehr als einem kleinen Gemüsegarten hat es nie gereicht. Der Sommer ist so kurz wie unzuverlässig, das karge Gemüse wird selten schmackhaft, weil es im Juli noch schneien kann und im August schon wieder.

Nur da draußen im Meer, da tobt das Leben, das heißt: Der Sommer ist die hohe Zeit des Fressens und Gefressenwerdens. Kalte und weniger kalte Wasserschichten sinken dahin oder steigen auf, bringen Nährstoffe empor, verquirlen Flora und Fauna, verteilen sie im flachen, wärmeren Schelfmeer, wo alles prächtig gedeiht, vom Einzeller bis zum Buckelwal. Und viele Fischer – am Ende der Nahrungskette wie die Wale – versuchen möglichst viel Beute zu machen.

Wir fahren an der alten Walfangstation in Dildo vorbei, erst in den 50er Jahren geschlossen, entlang der Trinity Bay durch Orte, die übersetzt *Herzenswonne, Herzenswunsch und Herzenslust* heißen, nach Sibleys Cove, wo der Wal in der Bredouille steckt. Feuchtfrisch und windig-winterlich ist das Klima meist, kalt, naß und hungrig sei das Lebensgefühl immer gewesen, haben die Fischer Jon Lien erzählt und ihn erst mal darüber aufgeklärt, was der Buckelwal für sie bedeuten. Sie nennen ihn *trouble* – den Ärger. Wenn sie's nett mit ihm meinen, was seltener vorkommt, wird er *hump* geheißen, der Bucklige.

In einem guten Jahr kann man an 80 Tagen fischen, an 30 davon ist erträgliches Wetter, an den anderen ist's schlecht. Heutzutage gibt es für die noch schlechteren Zeiten eine Arbeitslosenversicherung, für die man mindestens zehn Wochen lang im Sommer geklebt haben muß, was aber nicht jeder schafft. Arbeitslos sei der falsche Ausdruck, zu tun sei genug, nur von Einkommen keine Spur, wenn die Eisberge da- oder die Fische wegbleiben. In durchschnittlichen Jahren nehmen glückliche Fischer netto etwa sechs-, achttausend Dollar ein, aber oft genug weniger.

Eine Kabeljaufalle kostet fünf- bis zwölftausend Dollar, wird in wochenlanger Arbeit zusammengeknüpft. Kommt einer dieser pokkennarbigen Kerle daher, kann der ganze Jahresverdienst dahin sein. Da bekümmert sich keiner mehr – wen wundert's – viel um Wohl und Weh der Wale.

Schlimmer noch: Durch die Beschädigung oder Zerstörung der Netze werden die Fischer tagelang vom Einholen des Fanges abgehalten, üblicherweise knapp zwei Tonnen pro Tag – und die Kabeljau-Saison dauert nur ganze vier Wochen. Jon Lien hat mal zusammengerechnet, daß in einem durchschnittlichen Jahr, in dem 365 Netzhavarien stattfinden und 48 Wale sich nicht selbst befreien können, den Fischern ein Schaden in Höhe von etwa zwei Millionen Dollar entsteht. Bis vor etwa zehn Jahren starb alljährlich etwa jeder zweite eingefangene Wal – von alleine, oder durch das Zutun der Fischer. Die anderen überlebten – befreiten sich selbst, oder mit Hilfe anderer Fischer.

Wie wir denn an den Wal rankommen, will ich wissen. Oh, das sei ganz einfach, er sei ja gewissermaßen festgenagelt. Die meisten blieben ganz ruhig, nachdem sie sich mit dem Netz so arrangiert hätten, daß sie problemlos Luft holen könnten. Abwarten und Tee trinken, scheine die Devise dieser Geflügelten Neuengländer zu sein. Dieses Benehmen hielten manche Leute für ein Zeichen gelassener Weisheit, es könne aber auch einfach lähmende Ratlosigkeit sein.

Wir grellen Gestalten, unser seltsames Boot und der lärmende Außenbordmotor würden ihn zuerst einschüchtern. Wale wollten, wie andere wilde Tiere auch, vernünftigerweise mit Menschen nichts zu tun haben. Aber nach einer Weile, wenn man sich ihnen bedächtig genähert habe und sie selber laufend beobachten könnten, was passiere, tolerierten die meisten Tiere den Eindringling in ihrem Territorium.

Wenn nicht, würden uns die Seepocken behilflich sein. Diese runden kalkweißen Gebilde sind die Gehäuse kleiner Krebstiere – bis zu einer halben Tonne davon können sich auf dem Buckel der Wale festgesetzt haben. Diese Mitreisenden lassen sich als Larven auf der Haut bevorzugt dort nieder, wo die meisten Turbulenzen auftreten: an den Außenseiten der Fluken, an den Flippern, unterm Kinn und auch hinter dem Blasloch. Diese Schwarzfahrer – sie Schmarotzer zu nennen wäre ungerecht, weil sie sich selbständig von mikroskopisch kleinen Organismen aus dem vorbeiströmenden Wasser ernähren – sind überaus gut auf der Walhaut verankert.

Es muß für einen Wal furchtbar schmerzhaft sein, mit diesen Pokken am Netz hängenzubleiben. Wird ein Gefangener angesichts seines Retters nervös, läßt er sich mit zwei spitzen Fingern bändigen. Man muß nur an einer Seepocke ziehen, hat Jon Lien erleichtert entdeckt – und schon kann man ein solch tonnenschweres Ungetüm locker an der Wasseroberfläche halten, um es aus dem Netz zu schnippeln.

„Ich stell' mir vor, ich würde den Wal jagen – was müßte ich dann tun, um ihn zu erwischen?“ erläutert der Walbefreier und Netzretter seine Annäherungsstrategie. „Und dann mache ich genau das Gegenteil.“ Er lasse ihn immer alles hören oder sehen, was er in seiner Nähe tue, zeige dem Pechvogel

Die Außenkanten der bis zu fünf Meter langen Flipper sind für die mitreisenden Seepocken in ihrem Kalkgehäuse ein attraktiver Platz, weil sie dort reichlich nahrhafte Kleinstlebewesen aus dem turbulent vorbeiströmenden Wasser fischen können

erst einmal den Enterhaken, bevor er damit am Netz zerre. „Und ich schaue ihm tief ins Auge, da kann man sehen, ob er Angst hat. Wenn ja, versuche ich noch behutsamer vorzugehen."

Jon Lien gerät in Fahrt. „Sie sind wirklich unglaublich stark. Einmal hing einer so unglücklich im Netz, daß ich ihn in flacheres, ruhigeres Wasser bugsieren mußte. Wir machten ihn an einem Fischkutter fest, aber kriegten ihn auch unter Vollgas nicht vom Fleck. Wir versuchten's mit zwei, nichts rührte sich. Mit drei Booten schafften wir ihn, aber kaum waren wir im flachen Wasser, schleppte dieser Wal die drei dicken Kutter einfach wieder nach draußen. Inzwischen war's dunkel geworden; damit er uns nicht mit dem Netz abhaute, machten wir ihn mit einem langen starken Tau an einem Felsbrocken fest. Am nächsten Morgen hatte er sich losgerissen, war aber mit dem ganzen Krempel am Leib nicht weit gekommen. Erst am dritten Tag konnten wir ihn ans Ufer drängen, ihn regelrecht stranden, das Netz in einer Minute losschneiden und ihn mit Hilfe einer hohen Welle wieder ins Wasser schieben und ziehen. Er schwamm davon wie neugeboren. Und die Fischer, die freuten sich wie die Kinder. Die Tausende von Dollar, die sie durch diesen Kerl mit dem beschädigten leeren Netz verloren hatten, die waren erst mal vergessen."

Wenn ihnen vorbeidümpelnde Eisberge die Netze zermalmen oder sie wochenlang daran hindern, sie überhaupt auszusetzen, dann ertragen die Fischer das mit leise klagender Gelassenheit. Eisberge sind Schicksal, gegen das man nichts, aber auch gar nichts ausrichten kann. Über Wale regen sich die meisten lautstark auf, gegen die könnte man sehr wohl was unternehmen. Was heißt hier gefährdete Art? Sie, die Fischer, seien eher vom Aussterben bedroht, bekommt Jon Lien dauernd zu hören, als sei er der Anwalt der Wale. Vermittler will er sein, Schlichter im aktuellen Streitfall, „zwischen zwei gleichberechtigten Säugetierspezies, die in derselben Nische ihr Futter suchen müssen". Jeder habe seine berechtigten Interessen, und eigentlich reiche es für beide.

Doch die Konkurrenzverhältnisse haben sich drastisch verschoben, und von einer Chancengleichheit bei der Nutzung der Ressourcen kann keine Rede mehr sein. Noch bis vor wenigen Jahren waren Mensch und Wal keine Rivalen um den Meeresschatz namens Lodde. Dieser kaum mehr als bleistiftlange Fisch ist die wichtigste Nahrung im Ökosystem Nordwestatlantik, unter anderem für Baßtölpel und Papageitaucher, Seehunde und Delphine, Buckel- und Finnwale. Mehr als 80 Prozent der Lodden werden vom Kabeljau gefressen, sind das unentbehrliche Futter dieses Raubfisches, der hauptsächlich vom Menschen verspeist wird, meist gekocht und mit Pellkartoffeln.

Jedes Jahr im Juni kommen die Lodden in ganzen Schwärmen an die Ufer zum Laichen, die meisten sterben kurz danach. Das war für die Menschen auf Neufundland immer die Zeit der „Lodden-Lese": Sie sammelten die toten Fische vom Strand. Ein kleinerer Teil wurde geräuchert, gepökelt oder getrocknet, galt in bitterster Not als Wintervorrat. Doch die meisten Fische wurden dazu verwendet, den kargen Boden des Gemüsegartens zu düngen oder ein paar Hühner zu füttern. Für die Buckelwale jedenfalls blieb immer reichlich übrig.

Seit einigen Jahren schon müssen die neufundländischen Hühner Körner fressen, die Lodden sind zu kostbar, für sie ist ein äußerst lukrativer Markt entstanden. In Japan werden die rogenträchtigen Weibchen als Appetithappen *shishamo* hoch geschätzt; 50 000 klebrige Eier enthält so ein Fisch. Da jedes Weibchen von zwei Männchen zum Laichen begleitet wird, ist beim Fang der „Aus-

schuß“ immer mehr als die Hälfte – ein drastisches Exempel, wie mit geschmäcklerischen Launen Nahrungsketten zerstört werden.

Die von den Fischereibehörden zum Fang freigegebene Gesamtmenge – etwa 40 000 Tonnen pro Saison – basiert auf dem jeweils geschätzten Bedarf des japanischen Marktes, hat also wenig mit ökologischem Gleichgewicht und schon gar nichts mit walischen Interessen zu tun. Ein ausgewachsener Buckelwal kann pro Tag, so mutmaßen Biologen, fast eine Tonne verzehren. Das erscheint als unverschämt viel, aber in Relation zu seinem Körpergewicht frißt er nicht mehr als ein 60-Kilogramm-Mensch.

40 000 Tonnen verkaufte weibliche Lodden sind also 120 000 Tonnen insgesamt gefangene Lodden und somit fehlende Tagesrationen für mindestens 120 000 Wale. Um 1980 kam der Loddenhandel in Schwung; seitdem sehen die Fischer immer mehr Buckel in Küstennähe, geraten Wal und Mensch mächtig aneinander, häufen sich die Interessens- und die Netzkollisionen.

Es war 1978, da rief ein Fischer im Auftrag seiner Kollegen von eben jener Trinity Bay in der Memorial University von St. John’s

Hoffnungslos verheddert hat sich dieser halbwüchsige Wal in den Halteleinen einer Kabeljaufalle aus reißfestem Kunststoff – nur noch ein scharfes Messer kann ihm helfen

an, sie hätten ein gewisses Problem. Da hingen zwei Wale in ihren Netzen, die hätten sie gerne wieder, also die Viecher würden sie gerne loswerden, wüßten aber nicht wie – ob sich da jemand für zuständig halte. Jon Lien, der Verhaltensforscher, noch ahnungslos und blauäugig schon immer, fühlte mit und fuhr hin und hatte keine Ahnung, was er tun sollte. Derart Praktisches lernt man nicht im Studium der Psychologie, und bis dato hatte er sich hauptsächlich mit Schimpansen und deren eventueller Verwendbarkeit in der Raumfahrt beschäftigt.

Schon drei Monate lang hingen die beiden *troubles* in dem Schlamassel, hatten ein ganzes Arsenal an Netzen eingesammelt, sich aber an der Oberfläche halten können, sie schnauften noch. Gemeinsam mit den Fischern, die reichlich zittrig erschienen – vor Wut, Angst oder Aufregung, darüber sprachen sie nicht –, bekam Jon Lien die bereits abgemagerten Gesellen lebend frei. Mehr Anfängerglück als Sachverstand habe ihm dabei geholfen.

Danach gründete der Professor die Walforschungsgruppe und richtete den Notruf für die Fischer ein. Seitdem hat er mehr als tausend Wale elf verschiedener Arten – die allermeisten freilich mit Bukkel – befreit und unzählige Fischer besänftigt, den Puffer gespielt zwischen den Widersachern, ist zum Verbündeten für beide geworden. Er referiert nicht nur vor Fischerverbänden, sondern ist auch als wissenschaftlicher Berater für den Naturschutz tätig.

„Da ist es nicht ganz einfach zu vermeiden, mit gespaltener Zunge zu reden", schmunzelt dieser Doppelagent; er versuche sich deshalb stets vorzustellen, im Publikum sitze jeweils einer von der anderen Seite, mal ein gnadenloser Umweltschützer, dann ein knochenharter Fischer. Das helfe, niemandem nach dem Munde zu reden.

Jon Lien hat sein Verhältnis weder zu den Fischern noch zu den Walen ideologisch verbrämt. Er will nur drei Dinge: den Wal retten; möglichst viel vom Netz erhalten; den Männern so viel beibringen, daß sie sich – und dem Wal – das nächste Mal alleine helfen können. Damit er selbst kommenden Sonntag gefälligst mal zu Hause bleiben darf.

Wir sind da. Das ganze Dorf hat sich in Erwartung eines fesselnden Schauspiels auf einem Hügel versammelt. Hundert Meter draußen, umringt von den roten Schwimmern des Netzes, erhebt sich alle paar Minuten das verknubbelte Haupt wie der Kopf eines monströsen Krokodils, stößt mit einem satten Keuchen eine buschige Blaswolke in den hellen Mittagshimmel, atmet zischend ein, geht wieder unter in der leicht bewegten See. Seit gestern abend. Bei Sonnenuntergang hatte ihn irgendeiner entdeckt.

Die Fischer unten am Kai kennen ihn bereits, den Walmann, wie sie Jon Lien nennen; seit vergangenem Jahr, als er ihnen schon mal ein Netz rettete, schwingt dabei unverhohlen Achtung durch ihre rauhen Kehlen. Davor zischte eher ein spöttisch-aggressiver Unterton mit, so, wie man hier das Wort Umweltschützer auszusprechen pflegt. Letztes Mal hatten sie bloß barsch geflucht – heute wünschen sie, daß alles gut gehe: fürs Netz, und den Buckligen, und den Herrn Doktor auch.

Mit dem Schlauchboot nähern wir uns, der umgekehrten Walfängerstrategie entsprechend, sehr bedächtig. Jon Lien zieht sich die Taucherbrille übers graubärtige Gesicht, legt sich mit dem Oberkörper außenbords, hält den Atem an und steckt den Kopf unter Wasser. Nach wenigen Sekunden kommt eine Faust mit gestrecktem Daumen hoch – alles klar, einfacher Fall. Ein junger Wal, vielleicht sechs Jahre alt, gerade geschlechtsreif, etwa elf Meter lang, ganz gefaßt, günstige Lage, kaum vertüddelt.

Er muß mit voller Geschwindigkeit und offenem Maul direkt in die Falle geschwommen sein, wird in dieser klassischen Haltung dahergekommen sein, wie Buckelwale Schwarmfische fangen: Mit einem Satz vorwärts, dem Ausfallschritt eines Fechters oder Boxers nicht unähnlich, katapultieren sie sich mit ihrer kraftvollen Fluke nach vorne, nehmen das große Maul ganz voll. Die Fische werden ihm diesmal glücklich entronnen sein, er erwischte nur die Oberkante des Netzes. Die Fluke verhedderte sich am Boden der Falle, der Wal zog einen Netzanker, der ihn nun seinerseits nach unten zieht.

Das oberste Tau des Netzes hat der Gefangene wie die Trense eines Zügels ganz hinten im Maul, welches er, als sei er trotzig, eisern geschlossen hält. Die giftgrüne Kunststoffleine hängt ihm zwischen den graubraunen, innen grobgefransten Barten, dort, wo sie am längsten sind, bei ihm etwa einen halben Meter. Der 30-Tonnen-Kraftprotz wird mit dieser Fessel, nicht einen Finger dick, perfekt im Zaume gehalten – unmöglich, mit eigener Kraft auszubrechen.

Für Jon Lien ist es ein leichtes. Mit dem Enterhaken holt er das Ankertau zu sich heran, befreit zuerst den Schwanz, der ungefähr so groß wie unser Schlauchboot ist. Keine Chance – meint der Entfesselungskünster, als er mal japsend

auftaucht –, die vordere Leine einfach aus dem Maul zu ziehen; das würde ihm weh tun und er werde verrückt spielen. Deshalb schneidet er sie an beiden Seiten des Maules ab.

Dabei könnte der Erlöser allerdings einen für den Wal tödlichen Kunstfehler begehen. Ließe er das Tau an beiden Seiten gleich kurz, würde der Wal es zu schlucken versuchen, sich die Speiseröhre verstopfen, den Magen oder den Darm lebensgefährlich verschließen. Damit sich das Tau beim nächsten Maulöffnen und Futterschnappen durch die Strömung von selbst löst, läßt Jon Lien an einer Seite anderthalb Meter überhängen – eine Zugabe, für die er sich, kaum wieder mit dem nassen Kopf aufgetaucht, sofort bei den Fischern entschuldigt. Sie lachen erleichtert und sagen: No problem – macht nichts.

Bedächtig nähern sich Jon Lien und seine Helfer im wackeligen Schlauchboot dem gefangenen Wal, inspizieren kopfüber vorsichtig, wie er im Netz hängengeblieben ist und zeigen dem Havaristen zu seiner Beruhigung den Enterhaken, mit dem er befreit werden soll

Undank ist des Walmanns Lohn. Es geht das Gerücht, die Buckelwale wüßten, daß ihnen geholfen werde und hielten deshalb still. Und ihren Rettern winkten sie zum glücklichen Ende noch ein Dankeschön mit der Fluke zu. Bei Jon Lien – weltweit jener, der die meisten aus ihrem Elend befreite – „hauen sie einfach immer nur ab, so schnell wie möglich. Gelegentlich zögert mal einer, weil er vermutlich noch nicht gemerkt hat, daß die letzte Leine weg ist“ – der erhält dann einen freundlichen, aber kräftigen Klaps mit dem stumpfen Ende des Enterhakens.

Schließlich soll der Youngster lernen, dies weder sich noch den Fischern je wieder anzutun – erklärt mir Jon Lien, als wir den Männern helfen, den Kabeljau aus der Falle zu bergen. Seinetwegen will er den Kopf nicht mehr ins kalte Wasser halten müssen, es kämen jeden Sommer genug leichtsinnige Halbwüchsige daher. Tatsächlich scheinen die Tiere aus Schaden klug zu werden, er mußte noch nie denselben Kandidaten ein zweites Mal befreien. Weil die charakteristischen Strichnarben von Fischernetzen jahrelang auf der empfindlichen Haut zu sehen sind, hätte er ihn zweifelsfrei wiedererkannt.

Die größere Herausforderung kommt nach jeder Befreiungsaktion. Jon Lien hilft den Fischern dann beim Flicken der Netze, läßt sich von ihnen je nach Tageszeit zum Tee oder zum Bier einladen. Es gibt meist Deftiges zu futtern, ganze Fischerfamilien sind um ihn geschart – der Walmann ist in seiner liebsten Rolle, er wird konspirativ tätig.

Jetzt ist Sonntagnachmittag, die Frauen kochen was und kriegen derweil zu hören, wie die Befreiung war. Der *hump* wird beim Erzählen immer größer und gefährlicher, die mächtige Fluke wedelte ganz gewaltig hoch durch die Luft – führen die Männer mit ausgestreckten Armen vor. Der hechelte wie ein Kettenhund, aber sie waren ganz nah dran, und dann bekamen sie ihn los und machten ihm Beine und er haute ab wie die Feuerwehr, berichten sie mit stolzer Stimme und leuchtendem Blick.

Die Kinder schleppen unterdessen jede Menge mächtigen Kuchen herbei, der Jüngste sitzt bei Jon Lien auf dem Schoß und zerrt an dessen Bart. Der Forscher stochert im Gebäck und im Gedächtnis der Männer, ermuntert sie, zu erzählen, wie es denn gewesen sei, vor gut zehn Jahren, als sie immer mehr Wale zu sehen bekamen.

Furchtbar. Rückenflossen überall, Tausende, ein Blas neben dem anderen, immer mehr. Schrecklich, wenn diese Ungetüme direkt neben ihren Booten auftauchten, doppelt so lang, angst und bang sei ihnen geworden, und wütend waren sie: „Verdammte Naturfreunde vom Festland. Diese Millionen von Walen, welche diese Großstädter so lieben, die bringen uns noch um.“ Besonders die neue Mode, Wale zu adoptieren, konnten sie nicht fassen. Diese Adoptiveltern

sollten sich gefälligst um ihren Wal kümmern, wenn er was anstelle, ihn doch abholen, wenn er im Netz hänge, ihn am besten mit nach Hause nehmen, lebendig oder tot.

Wal ist Wal, da machten sie damals keinen Unterschied, ob groß ob klein, ob glatt ob pockig, alle lästig, von allen zuviel. So pauschal wie das „Rettet die Wale“, war ihr „Zum Teufel mit den Walen“. Auch sie konnten da nichts auseinanderhalten.

Dann kam Jon Lien daher, lud zu Gemeindeversammlungen, verteilte Plakate mit Zeichnungen der verschiedenen Arten drauf, die regel-, aber nicht unmäßig rund um Neufundland herumschwimmen: Pilot- und Zwergwale, Buckel- und Finnwale. Die Fischer begegneten ihm mit großer Skepsis, hielten ihn für einen Regierungsbeauftragten, der ihnen nur einreden sollte, diese Kreaturen, die dauernd in ihren Netzen hängenbleiben, seien selten, gefährdet, sogar vom Aussterben bedroht. Pah! – brummelten sie höhnisch – wie wollt ihr die denn zählen, die sind doch meistens unter Wasser und sehen alle gleich aus?

Wer am lautesten schimpfte, der war für Jon Lien der rechte Mann. Der wurde vor versammelter Mannschaft gebeten mitzuhelfen, die Wale zu zählen, was gar nicht sehr schwierig sei: Der gesuchte Übeltäter ist an seinem kräftig buschigen Blas zu erkennen, macht – wie der Name schon sagt – einen Buckel, wenn er abtaucht und hebt dabei fast immer seine Schwanzflosse mit dem charakteristisch gezackten Rand hoch. Von hinten kann man erkennen, daß die Unterseiten der Fluken verschieden gefärbt sind, in allen Variationen

Beim Abtauchen zeigen Buckelwale meist ihre Fluke, deren Unterseite ganz individuell gefärbt ist und deshalb gut zur Foto-Identifikation taugt. Dadurch läßt sich nicht nur die Zahl der Tiere in einem Gebiet bestimmen, sondern auch ihr Wanderweg erforschen

Im tiefen neufundländischen Winter sammelt Jon Lien die Wirbelknochen eines gestrandeten Wals per Pferdeschlitten ein, um sie als Demonstrationsobjekt bei seinen vielen Vorträgen zu zeigen

zwischen ganz schwarz und rein weiß, daß sie meist ziemlich symmetrisch aussehen – und individuell ganz unverwechselbar sind, so eindeutig zu identifizieren wie der Fingerabdruck anderer Übeltäter. So also lasse sich sicherstellen, ob man hundert Wale einmal oder einen Wal hundertmal registriert habe.

Das wollten sie doch mal sehen, sagten die Fischer; zum Höhepunkt der Zählaktion waren 1500 von ihnen daran beteiligt. Sie wunderten sich, daß die Buckelwale nur sehr verstreut auftauchten, meist in der Nähe der Loddenschwärme, hinter denen der Kabeljau her war, also genau dort, wo sie ihre Netze wohlüberlegt gesetzt hatten. Und daß es wohl doch nicht ganz so viele waren. Aber immer noch zu viele.

Die Sache mit den sogenannten Schädlingen wurde spannend. Jon Lien, inzwischen vom Ethologen – dem Erforscher tierischen Verhaltens – zum Ethnologen, dem Völkerkundler, konvertiert, hatte seine pädagogische Ader entdeckt und ging mit „Humpty“ auf Goodwilltour. Ein junger Buckelwal, der einst in einem Fischernetz verschied, muß seitdem seine Knochen zur Demonstration im Biologieunterricht hinhalten. Seine Einzelteile werden im Autoanhänger herbeigekarrt und von Kindern zusammengesetzt. Zwölf der kleinen Schüler müssen gemeinsam anpakken, um den großen Schädel an die richtige Stelle zu schleppen. Ein Mordsspaß für alle.

Wer wildlebenden Tieren beim Überleben helfen will – inzwischen die Binsenweisheit aller Naturschützer –, muß möglichst viele Menschen dazu bringen, sie zu mögen, wenn schon nicht unbedingt hemmungslos zu lieben, so doch wenigstens interessant zu finden. Kinder und Stadtmenschen haben es da leicht, besonders mit den Buckelwalen, bereits zu den „Clowns des Meeres“ ernannt. Sie lassen sich zwar nicht streicheln, aber sie zeigen mehr als nur einen Blas, einen langen Rücken, eine kleine Finne, wie andere große Wale sich gemeinhin schlicht präsentieren. Diese verknubbelten Gestalten hüpfen und klatschen, platschen und prusten, daß es eine Freude ist. In Neufundland tun sie das vor der Haustür.

Wer nichts von ihnen weiß, oder wer ein Monsterbild im Kopfe trägt, den können sie angst und bange machen. Gespenstisch. Manche kommen so nah an die Bordwand, daß man sich der Illusion hingeben kann, sie wären an einem selbst interessiert. Gruselig. Man weiß nicht, wohin man zuerst gucken soll, wenn sie unter dem Boot durchtauchen, auf der einen Seite schon der monumentale Kopf, auf der anderen noch die kolossale Fluke zu sehen ist. Schaurig schön.

Der mögende Mensch fühlt sich förmlich geadelt, wenn sie ihn mit ihrem Blas naßspritzen, spürt sich göttergleich gesalbt, denn das fühlt sich ölig auf der Haut an – und man sieht darüber hinweg, daß es dabei streng nach altem Fisch duftet und womöglich ungesund ist, weil vermutlich Bakterien in der Lunge solchen Gestank verursachen.

Nicht genug, es ist schlichtweg atemberaubend, wenn diese 40-Tonnen-Ungetüme in ganzer Länge die Grenze zwischen ihrem und unserem Element durchbrechen, als Schaumgeborene in die Luft hüpfen, das Wasser wie einen Schleier hinter sich herziehend, sich ein wenig um ihre eigene Achse drehen, dann mit einem gewaltig donnernden Platsch in die Fluten zurückkehren. Da geht ein wohliges Stöhnen durch die Reihen der Walfreunde, auch wenn sie's gerade erst geworden sind.

Aber das ist nichts, womit Fischer besonders zu beeindrucken wären. Auf einem der vielen Meetings spöttelte einer von ihnen, genervt vom schlauen Umgangston, es sei zwar noch keine wissenschaftliche Erkenntnis, aber Fischerweisheit:

Die Liebe zum Wal wächst umgekehrt proportional mit der Nähe zum Meer und der Winzigkeit des Wohnorts — soll heißen, je größer die Stadt, je weiter weg vom Meer, desto mehr Walliebhaber gibt's. Also, was zu beweisen war: wenig Liebe in Neufundlands Fischerdörfern.

Doch so schnell gibt Jon Lien nicht auf. Sich selbst motivierend, glaubt er fest daran, Geschichte sei ein Wettlauf zwischen Kenntnis und Katastrophe. Also erzählte er viel an langen Nachmittagen: daß die Buckelwalmännchen zur Winterszeit im Paarungsgebiet in der Karibik lange, komplizierte und wohlgefällige Lieder von sich geben; daß sie sich um die Weibchen streiten, die ansonsten sanften Giganten dabei schon mal mit kräftiger Fluke Konkurrenten grob auf die verbeulten Nasen hauen; daß nach einer Tragezeit von zwölf Monaten dort die Anderthalb-Tonnen-Babies geboren werden — aber all das beeindruckte nur die Frauen und Kinder.

Die Männer waren wenig begeistert, als sie hörten, daß die Wale während der Wintermonate in südlicheren Gefilden nur von Luft und Liebe leben, sich also hierzulande eine dicke Speckschicht zulegen müssen. Das verbinde ja, warf einer versöhnlich ein, auch die Menschen hier müssen in wenigen Wochen ihren ganzen Jahresverdienst aus dem Wasser holen.

Spannend fanden die Fischer dagegen die Jagdmethode der Buckelwale, sich mit einem Netz aus Bläschen ihre Beute zusammenzutreiben. Entdecken sie — einzeln oder auch im Kollektiv — einen Schwarm von Fischen oder eine Ansammlung von Krillkrebsen,

Unverzüglich nach der Geburt wird das Buckelwaljunge – bereits anderthalb Tonnen schwer und fünf Meter lang – zum ersten Atemzug sanft zur Wasseroberfläche geschubst. Obwohl es sofort selbst schwimmen kann, ist ihm der Rücken der Mutter lange der liebste Platz

tauchen sie darunter, schwimmen einen Kreis, steigen in schraubenförmiger Bewegung auf, lassen dabei Luftperlen aus ihrem Blasloch entweichen. Dieser senkrecht im Wasser stehende kreisrunde Vorhang aus silbrigen Bläschen – meist zwischen zehn und dreißig Meter im Durchmesser – irritiert die schreckhafte Beute, treibt sie dicht zusammen.

Dann schäumt und brodelt die Wasseroberfläche vom kleinen, zappeligen Getier, und von unten kommen weit aufgerissene Mäuler – der Vergleich „Scheunentor" ist hier berechtigt – hochgeschossen, eins nach dem anderen, scheinbar wohlorganisiert, in offensichtlich abgestimmter Reihenfolge. Dabei sind ihre Kehlen – durch akkordeonartige Furchen, die fast bis zum Nabel reichen, extrem dehnbar – weit aufgebläht. Ein imponierender Anblick, schwärmte Jon Lien, sie sehen dann aus wie Monster-Kaulquappen. Und eine Fangmethode übrigens, vergaß er nicht zu erwähnen, mit der auch im modernen Fischereiwesen experimentiert werde.

Wenn sie denn schon so schlau seien, warf ein Fischer dazwischen, und sogar ihre eigenen Netze machten, warum übersähen sie dann die seinen? Uns Menschen gehe es nicht viel besser, entgegnete Jon Lien verständnisheischend, wenn von heute auf morgen überall Glastüren eingeführt würden. Im übrigen wisse man sehr wenig über sie, habe zum Beispiel keine Ahnung, auf welche Weise sie eigentlich ihre Beute fänden. Gucken alleine sei nicht genug.

Den größten Spaß machte es Jon Lien, einem besonders zugeknöpften Fischersmann die Tauchermaske über den Kopf zu ziehen und ihn zu überreden, mal den Kopf unter Wasser zu halten. Wie die meisten seiner Kollegen kannte er die Kabeljauschwärme bisher nur als dunkel flimmernde Wolken auf dem Bildschirm seines Echolots. Dem liefen nun vor Begeisterung die Augen über, zu sehen, wie die Fische in sein Netz schwimmen. Für den Mann habe sich förmlich eine neue Welt eröffnet, hoffte Jon Lien, und der hatte auch sofort eine Idee, wie er sein Netz noch günstiger setzen könne.

Sichtlich Spaß macht den Leuten jener Videofilm, in dem der Professor baden geht, von einem Fischerkahn aus sicherer Entfernung aufgenommen: Der Wal zappelt im Netz, hinter ihm ein kleines Gummiboot mit einem roten Männchen drin, eine gewaltige Fluke ragt breit und schwarz in den Himmel, platscht donnernd aufs brodelnde Wasser, immer schneller, immer heftiger. Im Hintergrund – im Off – flüstern Fischersleute entsetzt: „Der ist verrückt, das kann nicht gutgehen, der bringt sich noch um, und alles nur für diesen blöden Fisch, wir hätten ihn da nicht ranlassen dürfen, wir hätten das Vieh doch erschießen sollen..." Da macht's nochmal platsch, und das menschliche Wesen fliegt hochkant in die schäumende See. Während die Kamera noch vor Aufregung wackelt, ist der Mann schon wieder drin im Boot.

Sie hätten den Wal dann doch noch losbekommen, sich alle gefreut wie die Kinder, nicht nur aus Schadenfreude, glaubt sich Jon Lien zu erinnern, als wir den Streifen gemeinsam genießen.

Von den Fischern zu verlangen, daß sie die Wale ins Herz schließen, sei zuviel verlangt. Aber immerhin, sie fanden sie langsam – hin und wieder, dann und wann – ganz interessant. Der Erfolg seiner pädagogischen Bemühungen je-

Ihr gemeinsames Mahl haben
diese Buckelwale raffiniert vorbereitet.
Unter Wasser lassen sie zunächst
Luft aus ihren Blaslöchern entweichen.
Vor diesem glitzernden Bläschenvorhang
erschrecken sich die kleinen Fische;
sie flüchten allesamt schutzsuchend zur
Mitte und bilden so für die Wale einen
konzentrierten Happen

denfalls ließ nicht lange auf sich warten: Die Todesrate der ins Netz gegangenen Wale sank rasch von fünfzig auf zehn Prozent. Es könnten noch weniger sein, aber die meisten – tot oder lebendig – werden immer erst viel zu spät montags entdeckt, weil streng katholische Fischer sonntags nicht rausfahren, um ihre Netze zu kontrollieren.

Obwohl die Zahl der Netzhavarien über die Jahre stark gestiegen ist, bekunden die Fischer heute, es sei jetzt weniger schlimm mit den Walen. Manche wünschen sich sogar zusätzliche Aufklärung auch über die anderen Lebewesen des Meeres – um besser fischen zu können, betonen sie. Sie wollen nicht mehr dauernd Seehunde, Vögel aller Art, verschiedene Haie und Delphine, Schildkröten und anderen wertlosen Beifang so zeitraubend aus ihren Netzen fingern müssen.

Manchmal scheint es ihm einfacher, lacht Jon Lien auf der Rückfahrt nach St. John's verschmitzt, ein paar hundert jungen Walen etwas beizubringen als einigen tausend eingefleischten Fischern. Ein Alarmsystem müßte gefunden werden, das die Wale davon abhält, ins Unglück zu rennen. Dazu müsse man mehr über sie wissen. Deshalb hat er sich die letzten zehn Jahre intensiv mit den Sinnesorganen der Buckelwale beschäftigt.

Bis heute haben die Biologen keine Ahnung, wie die Bartenwale im weiten Ozean ihre Nahrung finden. Im Gegensatz zu den Zahnwalen – dem Pottwal und allen Delphinen – scheinen sie keine Ultraschallortung zu haben, zumindest hat man das charakteristische Klikken der Echopeilung von ihnen nie gehört. Unter Wasser funktioniert jeder Geruchssinn ganz schlecht, und auch die Sicht ist, besonders in den nähr- und schwebstoffreichen Gebieten, wo Buckelwale ihr Futter suchen, äußerst miserabel. Man weiß nicht, ob Waltiere im Wasser wesentlich besser sehen können als Menschen, hält das aber nach dem Aufbau ihrer Augen für wenig wahrscheinlich.

Als Jon Lien und seine Helfer Daten zu sammeln begannen, unter welchen Umständen die Wale ins Netz gehen, kam dabei zuerst nur eine Erkenntnis ans Licht: meistens bei Dunkelheit. So ließen sich die Forscher dazu verführen, mit Hilfe eines Tauchers recht aufwendig festzustellen, welche Netze unter Wasser überhaupt wie und wann gut zu sehen sind. Es kam nur heraus: gar keines, ganz gleich wie dick oder wie bunt es auch sein mag, wie hell oder dunkel es draußen auch ist. Also mag die nächtliche Häufung der Unfälle damit zu tun haben, daß auch die Lodden, hinter denen die Wale her sind, überwiegend im Schutz der Nacht zur Küste schwärmen.

Dann wurde festgestellt, daß innerhalb der ersten vier Tage nach dem Ausbringen der Fallen die meisten Kollisionen geschehen, danach entschieden weniger. Das könnte darauf hinweisen, daß die Wale im Laufe der Zeit lernen, die Netze zu meiden, nachdem sie ihnen mal nahegekommen sind; daß sich der Standort der Netze unter den Walen „rumspricht"; daß ihnen die Fischerboote suspekt sind, die sich alltäglich an dieser Stelle aufhalten; daß sich die Netze verändern – zum Beispiel durch Algenbewuchs – und nach einiger Zeit leichter auszumachen sind, mit welchem Sinnesorgan auch immer.

Es könnte aber auch alles ganz anders sein. Die alten Netze aus geteerter Baumwolle, die haben die Wale gerochen, behaupten die Fischer. Sie haben einfach ein Loch hineingerissen, meint Jon Lien, und sind weitergeschwommen.

Rätselhaft sind die Fähigkeiten ihres Tastsinnes. Früher wurden Wale ganz allgemein für gefühllos gehalten; man glaubte, durch ihre dicke Speckschicht könnten sie nichts spüren. Seitdem Jon Lien herausfand, daß sich unruhige Wale allein anhand einer Seepocke mühelos unter Kontrolle halten lassen, ist man über die Empfindlichkeit der Walhaut anderer Meinung als zu Walfängerzeiten.

Welchen Sinn die auffälligen großen Knubbel machen, die an Schnauze und „Nasenbein" sitzen – jenem strömungsgünstigen Grat, der zum Blasloch führt und es vor Überschwemmung schützt –, ist ebenfalls noch völlig schleierhaft. Auf diesen Beulen tragen die Bukkelwale ein bis zwei Borsten. Auch andere Cetaceen haben, meist direkt am Maul, einige wenige Haare. Die werden von Wissenschaftlern immer etwas geringschätzig „Resthaare" genannt, deren verkümmertes Dasein nichts als die Vergangenheit der Waltiere als Landsäuger verrate. Jon Lien ahnt, daß diese Borsten die Buckelwale irgend etwas empfinden lassen. Immer, wenn er dort anfaßt, reagieren sie sehr gereizt.

Beim Vergleich des großen Gehirns von Walen mit jenem des Menschen wurde entdeckt, daß es ähnlich kompliziert aufgebaut ist. Jener Bereich, der beim *Homo sapiens* für die Verarbeitung der vier Geschmacksreize süß und sauer, bitter und salzig sorgt, ist auch bei Cetaceen voll ausgebildet. Er würde sich evolutionär kaum entwickelt oder erhalten haben – so die Hypothese –, wenn er nicht auch genutzt wird. Also werden sie schon schmecken, was lecker für sie ist, womöglich bereits aus größerer Entfernung. Aber Buckelwale kann man schlecht testen, sie sind – was ihr Befreier Jon Lien ganz und gar nicht bedauert – wirklich verdammt unhandliche Labortiere.

Bleiben noch die Ohren. Vermutlich hören Bartenwale sehr gut, auch wenn man ihnen das nicht ansieht, die klitzekleinen Ohröffnungen sind kaum zu entdecken. Aber hinter den langen, durch die Speckschicht führenden Gehörkanälen – zum Schutz gegen Wassereinbruch mit Wachs gefüllt – verbirgt sich ein großes, funktionsfähiges Mittel- und Innenohr. Zwischen beiden Kopfseiten befindet sich eine besonders schallisolierende Schicht, wodurch die Wale allem Anschein nach entschieden besser als Menschen auch unter Wasser stereophon, also zielgerichtet hören können.

Mit Hilfe eines sehr empfindlichen Unterwassermikrophons machte sich Jon Lien auf eine akustische Entdeckungsreise unter die Wasseroberfläche. Nicht still ruhte die See, sondern ein Meer der Töne tat sich auf, ein Brausen und Rauschen allerorten, besonders in der Nähe der Netze. Die Schwärme der Lodden klingen anders als der hinter ihnen herhechelnde Kabeljau, die Buckelwale dagegen kommen mit ihren langen Flippern fast lautlos dahergesegelt.

Eines der Rätsel wurde sofort gelöst: Die Fischer hatten sich immer gewundert, warum sich die Wale nie in jenen engmaschigen Netzen verhedderten, die sie für die kleinen Lodden aufspannten – die Töne schwingen ganz anders, wenn die Gezeiten durch die engeren Maschen hindurchströmen. Der Klang ist um einiges höher in der Frequenz als das Rauschen der Kabeljaufallen. Selbst in ruhigem Wasser sind die Wände der Loddenfallen lauter, reflektieren den allgemeinen „Meereslärm" stärker als weitmaschigere Netze, die erst nach einigen Tagen durch natürlichen Bewuchs von Kleinorganismen lauter werden.

„Das haben mir die Fischer zuerst als stichhaltigen Beweis dafür unter die Nase gehalten, daß diese Buckelwale von ganz niederträchtiger Sorte sind", lächelt Jon Lien nachsichtig, „weil die gemeinen Kerle am liebsten die neuesten Netze ruinieren. Jetzt wissen die Männer es besser, und manche glauben's mir auch."

Nach vielen Experimenten mit verschiedenen Tonhöhen und Lautstärken wurde inzwischen ein Warngerät für Wale entwickelt, das sehr effektiv zu sein scheint – wenn auch keiner genau weiß, warum. In einem Ball aus Aluminiumspritzguß, am Fischernetz knapp unter der Wasseroberfläche als Schwimmer angebracht, sitzt ein batteriebetriebenes Schlagwerk, das alle paar Sekunden ein metallisches Klicken von sich gibt – wie der rhythmische Trommelschlag eines tropfenden Wasserhahns auf einer Konservendose. Enttäuschend fanden die Fischer die Erkenntnis, daß der Kabeljau dadurch nicht angelockt wird.

Zur Abschreckung der Wale installiert Jon Lien ein Warngerät an der Kabeljaufalle eines Fischers

Und die Wale? Zumindest tagsüber beobachteten Studenten – die Jon Lien, wie alle Ordentlichen Professoren, die seinen zu nennen pflegt – vom Ufer aus die Bewegungen der buschigen Blaswolken und krummen Finnen in der Nähe der Netze. Die meisten schwammen zuerst schnurstracks darauf zu, als wollten sie das ungewohnte Geräusch neugierig ausloten und machten erst kurz davor schlagartig kehrt. Der Walalarm scheint sie also nicht schlechthin abzuschrekken, sondern auf eine Gefahr aufmerksam zu machen wie den Autofahrer eine rote Ampel oder der Höcker in einer verkehrsberuhigten Straße.

Die Testergebnisse sind vielversprechend. Fast 200 Fischer mit mehr als 500 Kabeljaufallen beteiligten sich an der Versuchsreihe. Nur jene in der Kontrollgruppe, die keine Alarmbojen bekamen, grummelten ein wenig. Zu Recht. In ihren Netzen blieben zehnmal mehr Buckelwale hängen. Einziger Trost: Wen sie nicht selbst befreien konnten, den holte Jon Lien wieder heraus.

Die Sonne geht unter, als wir mit müden Augen und steifen Knochen nach St. John's zurückkommen. Acht Stunden im Auto gesessen, in einer Viertelstunde einen jungen Wal befreit und ein Netz gerettet, vier Stunden Fischer gnädig gestimmt und zuviel Kaffee getrunken – ein ganz normaler Sommersonntag im Leben des Jon Lien. „Meine drei Kinder sind ziemlich ohne mich großgeworden, die mögen keine Buckelwale." Aber alle anderen fänden sie wunderbar, die bleiben selten in Fischernetzen hängen.

VERSTECK-SPIEL MIT FINNE UND FLUKE

Die Erforschung der „Waltiere“ ist mühselig. Leicht und behende entziehen sie sich der Neugier des Menschen. Um das soziale Leben der Wale und Delphine zu erkunden, zwängen sich Biologen in winzige Boote und hautenge Taucheranzüge. Mit faszinierenden Einsichten kehren sie vom Meer zurück. Doch noch immer sind die Mysterien zahlreicher als die wissenschaftlichen Erkenntnisse

Zeigt her eure Fluken: Der kanadische Walforscher James Darling und sein Assistent vergleichen Identifikations-Fotos von Buckelwalen aus aller Welt, um die Wanderwege einzelner Tiere zu verfolgen

JUAN ISLANDS

Knochentrocken:
Die Rückenwirbel eines Zwergwals, der am Strand des St.-Lorenz-Golfs gefunden wurde, haben kanadische Cetologen säuberlich aufgereiht, um sie von der Sonne ausbleichen zu lassen

Gefangen zum Verhör:
Delphinforscher haben an Floridas Küste
Große Tümmler eingekreist und
Mikrofone an ihren Köpfen befestigt, um
das Kommunikationsverhalten
zu erkunden

Trockengelegt:
Um den Gesundheitszustand der freilebenden Großen Tümmler in Floridas Sarasota-Bucht zu ermitteln, werden sie vorübergehend festgehalten, ertragen gelassen den Nadelstich für die Blutprobe

Der goldene Schuß der Cetologie: Mit einem stumpfen, hohlen Pfeil wird einem Glattwal vor der kanadischen Atlantikküste ein bleistiftdickes Stück Haut entrissen, aus dem sich ein genetischer „Fingerabdruck“ analysieren läßt

Abgespeckt und entsorgt:
Die Fettschicht dieses Kleinen Tümmlers
– in einem Fischernetz ertrunken –
bringt es an den Tag, in welch vergiftetem
Gewässer er lebte und ob der Kadaver
als Sondermüll zu behandeln ist

Höret die Signale: Auf einer Eisscholle in der kanadischen Arktis lauschen Wissenschaftler per Hydrophon den Tönen der Narwale unter Wasser. Zugleich protokollieren sie das Geschehen an der Oberfläche auf Tonband

Tête-à-tête am Meeresgrund: Die Glattwale, einst des Walfängers liebste Beute, sind auch heute noch ziemlich vertrauensselig. Der erfahrene Taucher weicht vor der massiven Neugier dieses Südkapers nur zurück, weil es zu nah für eine Nahaufnahme ist

Man sollte das nicht allzu menschlich sehen — anthropomorphisieren nennen das die Wissenschaftler und fürchten es wie der Teufel das Weihwasser: Es ist nicht zu beweisen, aber auch nicht unwahrscheinlich, daß Wale und Delphine für das Engagement ihrer Erforscher ein leises Schmunzeln oder müdes Lächeln übrig haben. Egal, ob es stürmt oder schneit, die Sonne brennt oder der Klabautermann an die Planken klopft, diese besessenen Cetologen hocken freiwillig in kleinen, wackeligen Booten, redlich und oft vergeblich bemüht, nicht klatschnaß und seekrank zu werden, sich einen Sonnenstich einzufangen oder halb zu erfrieren. Alle reden vom Wetter, von dem Mangel an Erkenntnis und vom viel zu kleinen Budget, glotzen sich die Augen aus dem Kopf und sehen doch nicht viel. Nur ihre Untersuchungsobjekte haben gut lachen — Wale sind immer naß und frieren nie.

Im Prinzip — aber meist nur dort — sind sie einfach zu finden, wenn man weiß, wo und wie man schauen muß. Läßt man den Blick weitwinklig entspannt auf der See ruhen, verraten sich die Meeressäugetiere zuerst an ihrem Blas, dieser Unterbrechung des Horizonts, einer senkrecht flimmernden Wolke zwischen Wasser und Himmel. Je nach Art des Wales — und nach Wind und Wetter — ist diese Fahne kondensierenden Atemdampfes mehr oder weniger hoch, schmal oder buschig, aufrecht oder schräge; oder überhaupt unsichtbar. Danach muß dann mehr kommen als nur der stolz aufgeregte Schrei „Da bläst er!“: ein schwarzer, schmaler Streifen über der Oberfläche; dann eine Finne, nicht mehr als ein kleines gebogenes Dreieck; hinterher eine Fluke, die wie ein großartiger Schmetterling langsam im Horizont versinkt; oder es ist gar nichts zu sehen, denn es gibt auch Wale, die flach verschwinden, keine Rükkenflosse tragen, den Schwanz beim Abtauchen nicht aus dem Wasser nehmen.

Man lernt schnell, was eine Fata Morgana zu sein scheint — verwirrend, was alles über der Wüste des Wassers flimmern kann. Wolken spiegeln, die Sonne blendet, warme Luftschichten narren, Wellen und Wogen verunsichern, die Sinne täuschen. Alte Walfänger erhielten eine Tracht Prügel, wenn sie vom Ausguck mehrmals blinden Alarm brüllten, jedesmal die ganze Mannschaft an Deck scheuchten. Ein scheeler Blick ist dem Falschmelder auch heute noch sicher.

Die Kleinsten sind die Schlimmsten. Überraschend tauchen sie auf, nur ein kurz prustendes Schnaufen ist zu vernehmen, wenn der Wind still und das Wasser glatt ist und der Wal in der Nähe, was selten gleichzeitig geschieht. Kein Blas steht hoch in der Luft, nur ein flüchtig schneller Spritzer, ein winziges schwarzes Dreieck durchschneidet das Wasser, ein düsteres Huschen ist zu sehen, weg ist er wieder. Hysterische Gemüter erre-

Über den flüchtigen Anblick dieses kleinen Rückens vor der Ostseeinsel Fünen kann sich der deutsche Cetologe Harald Benke im Ausguck bereits freuen – unter Wasser bekommt er Kleine Tümmler nur im Aquarium zu Gesicht

gen sich: ein großer Hai! Delphinfreunde und Walforscher sind entzückt: ein Kleiner Tümmler, ein Schweinswal?

Harald Benke aus Büsum an der platten Nordseeküste hat unter all den Cetaceen-Forschern vermutlich den mühseligsten Job – das Ziel seiner wissenschaftlichen Leidenschaft ist so einfach zu finden wie eine Muschel mit Perle. Schweinswale sind klein – im Durchschnitt werden sie anderthalb Meter lang und 40 bis 60 Kilogramm schwer, die längsten erreichen zwei Meter und 90 Kilo –, unauffällig schwarzbraun, von offensichtlich trockenem Temperament, zumindest von ferne betrachtet wenig verspielt. Die pummeligen Kleinwale mit dem rundlichen Kopf, ohne den für andere Delphine so typisch spitzen Schnabel, sind überaus scheu und übermäßig selten geworden.

Der promovierte Biologe hat schon ganze Tage und halbe Wochen mit seinen blaugrünmelierten Augen vom Segelboot aus ins graublaue Nichts geschaut. Bereits bei Windstärke 2, was man eine leichte Brise nennt – Gewässer kräuseln sich sanft – und bei der das forsche Segeln noch gar nicht richtig losgeht, kann er seine Walsuche abblasen und wieder in sein Büro im Forschungs- und Technologiezentrum Westküste nach Büsum fahren. Dort liegt der Löwenanteil seiner Arbeit: Verwaltungskram, Vorbereitung von Konferenzen, Anträge zur Geldbeschaffung, um das Projekt über Wasser zu halten.

Erst im August 1990 begann die Bundesrepublik das Programm – als letztes Land der westeuropäischen Anrainerstaaten von Nord- und Ostsee –, nach ihrem einzigen heimischen Waltier suchen zu lassen. Fast hätte Harald Benke mit den „Untersuchungen über Bestand, Gesundheitszustand und Wanderungen der Kleinwalpopulationen in deutschen Gewässern" gar nicht anfangen können. Selbst einige jener Fachleute, die über die Förderung des Projekts zu entscheiden hatten, meinten, die gebe es doch schon lange nicht mehr.

„Das gab ein großes Ah und Oh, als plötzlich doch einige gesichtet wurden", lacht Harald Benke froh, „es sind nur noch wenige, aber mehr, als wir zu hoffen wagten." Wie viele es sind, weiß niemand. Zwei norwegische Forscher haben wohl etwas großzügig über den Daumen gepeilt: Nachdem sie in der nördlichen Nordsee gerade mal 123 Rückenfinnen gesehen hatten, schätzten sie, daß es dort 82 600 Kleine Tümmler geben müsse. Seitdem geistert diese tröstliche Zahl durch Zeitungsmeldungen und wissenschaftliche Arbeiten. „Wir kennen nicht einmal ihre Tauchzeiten", relativiert der Büsumer Biologe die Zuverlässigkeit jener Schätzung, „wissen also nicht, wie viele gerade unter Wasser sind, während wir ein paar Finnen sehen."

US-amerikanische Cetologen, die sich bereits seit den 70er Jahren mit dem *Harbor porpoise* beschäftigen, glauben, daß Kleine Tümmler sich ungestört dreimal länger unter als an der Wasseroberfläche aufhalten. Wer weiß, vielleicht kommen manche neugierig hoch, wenn sie die Motoren daherbrummen hören, oder gehen erschrocken auf Tauchstation. Schicksal aller Beobachter wildlebender Tiere ist es, sich selbst als Störfaktor ansehen zu müssen, nie sicher zu sein, ob sich die Forschungsobjekte nun so verhalten, wie sie sich verhalten, weil einer zuguckt.

Man weiß wenig über den Schweinswal, selbst die Herkunft seines populären Namens ist unklar. Seiner rundlich stumpfen Schnauze und seiner Speckschicht wegen mag er so genannt worden sein. Noch vor hundert Jahren titulierten ihn Zoologen als *Meerschwein* – ein Name, unter dem sich dann allerdings das knopfäugig haarige Kinderspielzeug durchsetzen konnte. Als *Phocoena phocoena* ordnen ihn Taxonomen heute ein, der Schweinswal aus der Familie der Schweinswale also, in der es noch fünf andere Arten gibt, die einander ähnlich sind. *Braunfisch* heißen ihn die Fischer an der Waterkant seit je, auch als *Saufisch* oder *Tummelschwein* ist er bekannt, an der britischen Küste wurde er zur konkurrierenden *Herings-Sau.* Englisch trockener Humor kreierte auch den Ausdruck *Puffing pig* – das paffend schnaufende Schwein.

Leichen pflastern seinen Weg zur Erkenntnis. Jedes Jahr würden mehr gefunden, 1991 waren es 130 an deutscher Nord- und Ostseeküste – erzählt Harald Benke –, woraus man aber leider nicht schließen könne, daß es mit den Lebenden rapide bergauf gehe. Womöglich werde nur besser gesucht. In Großbritannien, wo die Schweinswale zu den „Royal Fishes" gehören und jeder Fund registriert werden muß, soll die Zahl der Meldungen in den letzten Jahren nur deshalb zugenommen haben, weil Thronfolger Prinz Charles sein Interesse für die *Puffing pigs* bekundete und die Männer der Küstenwache ihre Nützlichkeit zu beweisen sich eifrig bemühen. Auch an deutschen Küsten wird, besonders seit dem großen Robbensterben im Winter 1987/88, intensiver Ausschau gehalten. In jenem Jahr wurden drei- bis viermal mehr Kadaver entdeckt als die üblichen zwei Dutzend, was über den tatsächlichen Bestand praktisch nichts verrät.

Über das Leben der Kleintümmler weiß man kaum mehr, als daß sie im Sommer zu Paarung, Geburt und Jungenaufzucht die wärmeren südlichen Küsten von Nord- und Ostsee und im Winter die nördlicheren fischreicheren Hochseegefilde zu bevorzugen scheinen. Doch die ersten systematischen Beobachtungen offenbarten, daß sich Tümmler auch im Winter vor den nordfriesischen Inseln wie vor Fünen in der Ostsee aufhalten. Ob sich verschiedene Gruppen mischen, etwa jene aus Westfriesland mit denen vom schleswig-holsteinischen Wattenmeer oder die aus der Nordsee mit denen aus der Ostsee, versucht man mit genauesten Untersuchungen kleinster Abweichungen – oder Gemeinsamkeiten – ihrer Schädelformen, Blutgefäße und anderer anatomischer Merkmale festzustellen. Bisher ist nur klar, daß die Schweinswale vor der niederländischen Küste mit jenen aus der Ostsee nichts zu tun haben, alle anderen sich in nichts zu unterscheiden scheinen.

Summa summarum: Nichts Genaues weiß man nicht, seit Aristoteles hat man kaum was dazugelernt. Der schrieb vor mehr als 2000 Jahren: *Delphin und Braunfisch haben Milch und säugen. Die Tragezeit dauert zehn Monate; er wirft im Sommer, sonst zu keiner Jahreszeit. Er begleitet die Jungen noch lange Zeit und hängt an ihnen. Seine Lebenszeit beträgt viele Jahre, was daraus hervorgeht, daß manche nach ihrer Geburt noch fünfundzwanzig bis dreißig Jahre gelebt haben. Manchmal schlagen die Fischer ihnen nämlich die Schwänze ab und lassen sie dann wieder los, so daß sie daraus ihre Lebenszeit erkennen können.*

Das recherchiert Harald Benke heute schneller und genauer. Am Längsschnitt der Zähne toter Schweinswale lassen sich durch Imprägnierung mit Silber die Jahresringe wie bei einem abgesägten Baumstamm abzählen – 15 bis 20 Jahre werden sie alt. Aber vielleicht lebten sie früher gesünder, wurden älter, zumindest tümmelte sich eine Vielzahl von ihnen auch in deutschen Gewässern.

Vor gut hundert Jahren schrieb der deutsche Zoologe Alfred E. Brehm: *Der Braunfisch ist es, welchem man auf jeder Reise in der Nordsee begegnet, welcher die Mündungen unserer Flüsse umschwärmt und, ihnen entgegen schwimmend, gar nicht selten bis tief in das Innere des Landes vordringt. Verbürgten Nachrichten zufolge hat man ihn in der Elbe noch oberhalb Magdeburgs gesehen und einmal wochenlang im unteren Rheingebiete beobachtet... Drei Braunfische ließen sich von den sie in Booten verfolgenden Fischern ohne weiteres treiben, schließlich auch in einer umzäunten Stelle des Flusses einsperren, zeigten sich fortan aber so bestürzt und unruhig und schrien so fürchterlich, daß man sich entschließen mußte, sie zu tödten...*

So nah, so vertraut – das wären selige Forscherzeiten gewesen! Aber für die Tümmler interessierte sich niemand außer jene Fischer, die sie alljährlich in Buchten zusammentrieben, schlachteten und zu Tran einkochten. Tausend tote Tümmler pro Saison waren nicht unüblich, im 19. Jahrhundert sollen es allein in der Ostsee 28 000 gewesen sein. Die gewöhnlichen Schweinswale konnten damals noch keinen Wissenschaftler verführen, seinen Elfenbeinturm zu verlassen. Da mußte schon was Größeres und Selteneres kommen. *Balaenoptera physalus* beispielsweise, etwa so lang wie 15 aufgereihte *Phocoena phocoena*, so schwer wie 1200 Kleine Tümmler.

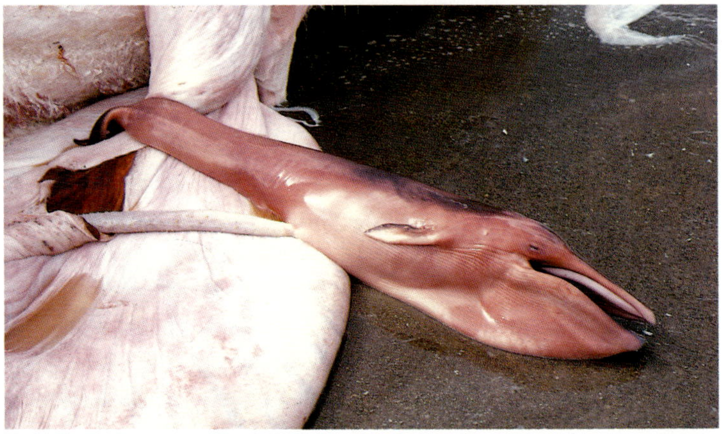

Diese elegant schlanken Finnwale durchqueren bei ihren Wanderungen zwischen kalten Gebieten mit reicher Nahrung und wärmeren zum Kalben gelegentlich die Nordsee – auch heute noch. Aber bereits zu Zeiten, als Walfänger noch keine Chance hatten, die mindestens 30 Stundenkilometer schnellen Schwimmer zu erwischen, waren sie äußerst seltene Gäste in deutschen Gewässern. Tauchten sie gar in der Ostsee auf, galt das schon vor mehr als 600 Jahren als Sensation.

Die altchristliche Frömmigkeit jener Zeit verhalf noch der modernen Wissenschaft zu biologisch-historischen Erkenntnissen. Die Strandung eines großen Wales wurde als Fingerzeig Gottes verstanden, der kolossale Kadaver zu profanem Nutzen und weltlichem Frommen komplett ausgeschlachtet, die Überbleibsel hat man ehrfürchtig behandelt. Einzelteile der Skelette wurden von Landesherren und Kirchenfürsten zur Aufbewahrung auf Schlösser und Kirchen verteilt, sind deshalb in einigen Fällen bis heute erhalten.

So wird über einen im Jahre 1365 gestrandeten Finnwal berichtet: *...ein großer Wallfisch im Land zu Usedom in Pommern gefangen, darauss 30 Last Fleisch, welche 360 Tonnen ausstragen, gehawen und zum Thran gesotten worden. Dessen Ribben die Hertzogen von Pommern, er und seine Herrn Brüder Wunder und Grösse halben, hin und wieder in die Kirchen zu hengen und zu verwahren, verschickt haben, wie noch heutigen Tages etliche derselben vorhanden, als zu Wittenberg in der Schloss-Kirchen, zu Brandenburg, zu Stralsund, zu Stettin... und an anderen Orten mehr.*

Hermann Karl Konrad Burmeister, in Stralsund geborener Zoologe, sammelte schon als 18jähriger Erfahrungen als Walforscher: *Die erste zoologische Unternehmung meiner Jugend war auf die Besichtigung eines Finnfisches gerichtet, der im April des Jahres 1825 an der Westküste der Insel Rügen auf den Strand geriet. Wie die Kunde dieses Ereignisses nach meiner Vaterstadt Stralsund gelangte, machte ich mich mit ein paar Bürgern, die merkantiler Gewinn trieb (der eine war ein Regenschirmfabrikant, welcher auf die Barten spekulierte) im leichten Se-*

Der klassisch schöne Kopf eines Finnwals, wie er sich einem Verhaltensforscher in freier Wildbahn präsentiert. Den deprimierenden Anblick eines Fötus bekommt man nur auf Walfangschiffen geboten

gelboot auf den Weg... sahen aber den Fisch nicht; die hochgehende See und der Regen verdeckten ihn noch am anderen Morgen unseren Blicken und ich konnte nichts weiter von dem Tier untersuchen als die abgeschnittenen Schwanzflossen nebst ein paar Hautstücken, welche die Fischer als Trophäen ihres Fanges mit nach Hause gebracht hatten.

Die Stadt Stralsund überließ den Kadaver – nachdem die Fischer durch ein angemessenes Fundgeld entschädigt waren – dem Museum der Universität Greifswald, *falls man darauf rechnen könne, daß das Thier einige Tage zur Befriedigung des wißbegierigen Publikums in Stralsund bleibe.*

Diverse Einzelteile des 16 Meter langen und etwa zehn Tonnen schweren Monstrums mußten von den Zoologen mühsam zusammengesucht werden. *Bei unserer Ankunft,* berichtete einer der Forscher, *hatten leider habsüchtige Fischer bereits ganze Boote voll Speck dem Thiere vom Rücken gehauen, und ein grosses Loch an letzterm bis in den Bauch von Mannes Tiefe gegraben, um, wie sie meinten, das Ungeheuer dadurch endlich zu tödten. Auch hatten diese Leute an anderen Stellen des colossalen Körpers noch weitere wesentliche Beschädigungen angerichtet, so wie auch den Bauch geöffnet und einen Theil der darin befindlichen Eingeweide zerstört.*

Als sich der frustrierte Gelehrte in einem Pfarrhaus einquartierte und bedauernd berichtete, daß es ihm durch die Zerstörungen des Wales unmöglich geworden sei, *Gattung und Art und das Geschlecht desselben zu bestimmen, welcher schlimme Umstand den Werth desselben sehr vermindere, bemerkten die anwesenden Kinder des Pastors, dass der Gastwirth im Orte sich auch Theile vom Walfische geholt und diese als grosse Seltenheit seinen Gästen bereits seit einigen Tagen vorzeige. Natürlich begab ich mich sogleich an den Ort dieser Ausstellung, und welche Freude wurde mir daselbst zu Theil, als ich da die Rückenfinne fand, welche der Mann aus seinem Schornstein holte, weil er dieselbe später nach geschehener Räucherung als guten Leckerbissen, etwa wie Lachs oder noch Besseres zu verspeisen hoffte! Hierauf brachte derselbe noch in einem grossen Gefässe... die Geschlechtsorgane des gestrandten Walfisches herbei, welche zusammen er bereits dem Letztern am Tage nach seiner Strandung mit grosser Mühe, wie er versicherte – und glücklicherweise auch mit viel Geschick, dachte ich – abgeschnitten hatte! Der Anblick der so wertvollen Gegenstände, die zur richtigen Bestimmung des Walfisches nothwendig waren, erhöhete bei mir natürlich den Werth des letzten um das Zweifache; denn die Rückenfinne bezeugte, dass das Thier ein Finnfisch... und die Genitalien, dass es ein männliches Individuum war. Mit diesen wichtigen Entdeckungen kehrte ich nun sehr zufrieden nach Greifswald zurück und zwar um so mehr, als der Besitzer dieser Theile sich bestimmen liess, nachdem ich ihm den Werth, den sie für die Wissenschaft und unsere Sammlungen hatten, begreiflich gemacht, solche mir gegen eine mässige Entschädigung an Geld zu überlassen.*

Mit Hilfe vieler Fischer, diverser Boote und eines unter den gewaltigen Leib geschobenen schlittenähnlichen Floßes wurde der Wal ins Diesseits befördert und abtransportiert, die Untersuchung und Zergliederung konnte – *da aus Gesundheitsrücksichten Hindernisse gemacht wurden* – nur au-

Als Paradestück des Meeresmuseums Stralsund hängt heute im Chor der Klosterkirche St. Katharinen das Skelett jenes Finnwals, der 1825 an der Westküste der Insel Rügen gestrandet und von Fischern ins Jenseits befördert worden war

1 Delphin
2 Grauwal
3 Atlantischer Fleckendelphin
4 Spinnerdelphin
5 Dalls Tümmler
6 Nördlicher Glattdelphin
7 Buckelwal
8 Cuvier-Schnabelwal
9 Pottwal
10 Zwergpottwal
11 Glattwal
12 Zwerggrindwal
13 Großer Tümmler
14 Rundkopfdelphin
15 Zwergwal
16 Finnwal
17 Nördlicher Entenwal
18 Rauhzahndelphin
19 Streifendelphin
20 Orca
21 Weißschnauzendelphin
22 Atlantischer Weißseitendelphin
23 Pazifischer Weißseitendelphin
24 Kleiner Tümmler
25 Fleckendelphin
26 Gewöhnlicher Grindwal
27 Indischer Grindwal
28 Kleiner Schwertwal
29 Blauwal

ßerhalb der Stadt vorgenommen werden. Im Meeresmuseum Stralsund sind heutzutage Luftröhre (dick wie ein Arm), Aortenbogen (groß und gekrümmt wie ein Abflußrohr) und Penis (lang und dünn wie ein Spazierstock) zu bewundern, alles etwas schrumpelig, aber fachmännisch getrocknet. Darüber hängt – würdevoll unter den frühgotischen Bögen des Chors der Klosterkirche St. Katharinen – an zwei Stahlseilen die Inventarnummer I-A/1248, das bleiche Skelett dieses Finnwals.

Es gibt mindestens 78 Arten von „Waltieren" in der Ordnung *Cetacea*, mal mehr mal weniger, je nachdem, an welche taxonomische Einteilung man glauben will. Die Unterordnung *Mysticeti* – die Bärtigen – ist in drei Familien und fünf Gattungen gegliedert, nicht ganz unumstritten, weil es insgesamt nur elf verschiedene Arten von Bartenwalen sind. Noch uneiniger sind sich die Cetologen über die etwa 67 verschiedenartigen Zahnwale. Beim mit Abstand größten Vertreter dieser Unterordnung *Odontoceti*, dem Pottwal, ist immer noch strittig, ob er *Physeter macrocephalus*, der Großköpfige Bläser, oder *Physeter catodon*, jener, der Zähne nur im Unterkiefer trägt, heißen soll. Dem Pottwal wird's egal sein, *Moby Dick* nennt ihn jedes Schulkind.

Alle anderen Zahnwale, vom zehn Meter imposanten Orca mit mächtigem, spitzem Gebiß bis zum Kleinen Tümmler mit seinen spatelförmigen Zähnchen, landeten noch vor wenigen Jahren ganz pauschal in der Familie der *Delphinidae*, gleich ob sie Wal, Tümmler oder Delphin heißen, was zusätzlich in verschiedenen Sprachen unterschiedlich gehandhabt wird. So wird der bekannteste aller Delphine, unter dem Namen Flipper populär geworden, auf deutsch Großer Tümmler geheißen, der klassische Kleine Tümmler aber offiziell auch Schweinswal – in der Taxonomie der Cetaceen geht es drunter und drüber. Nur die so andersartig aussehenden und vorwiegend im Süßwasser lebenden pinzettenschnabeligen Flußdelphine bilden schon lange eine Überfamilie. Uneinigkeit herrscht nur, ob sich die fünf Spezies in drei oder vier Familien versammeln sollen.

Sei's drum. Taxonomie ist keine starre Gliederung, jeder frische Fund eines alten Knochens, jede neue Detailinformation kann bisher gültige Schematisierungen verschieben. Die hohe Kunst, die Wissen schafft, besteht für die Forscher aus dem beharrlichen Wühlen in verwesenden Leibern und stinkenden Abfallhaufen. Da verbergen sich auch heutzutage noch cetologische Überraschungen.

Besonders die Familie der bis zu 13 Meter langen Schnabelwale – fern jeder genaueren Beobachtung auf hoher See und in tiefen Gewässern zu Hause – ist eine mysteriöse Sippe. In Bestimmungsbüchern wird einem wenig Hoffnung gemacht, eine der 18 Arten zu entdecken oder sie gar auseinanderhalten zu können. Dabei sehen speziell die Männchen der 13 Arten aus der Gattung *Mesoplodon*, dem „Zweizahnwal", auffallend skurril aus. Aus den Unterkiefern des spitzen Maules sprießen ihnen zwei herausragende Hauer – als wären sie mit den Wildschweinen verwandt –, die sich wenigstens bei einer Art so weit über den Oberkiefer krümmen können, daß der Wal sein Maul nicht mehr richtig zu öffnen vermag. In großen Tiefen lebende Kopffüßer erwischen sie dennoch, wie man aus den Mägen gefangener oder angeschwemmter Exemplare weiß.

Den Pazifischen Schnabelwal hat noch kein Mensch leibhaftig gesehen, zumindest kein walkundlich geschulter. 1926 wurde diese Art nach zwei verwitterten Schädeln wissenschaftlich beschrieben, ergo ist sie existent. Niemand weiß, wie groß diese Tiere werden können, ob sie eine Finne tragen, welche Farbe ihre Haut haben mag, ob sie lang und dünn oder kurz und dick sind. Von manchen prähistorischen Walen, die vor Millionen von Jahren gelebt haben, weiß man mehr als von dieser heutigen Spezies.

Vom erst 1991 entdeckten *Mesoplodon peruvianus* ist wenigstens das Skelett vollständig rekonstruiert – nur deshalb, weil eifrige Wissenschaftler auch heutzutage nicht davor zurückschrecken, zerstückelte Einzelteile mühevoll zusammenzusuchen. Ein peruanischer, ein US-amerikanischer und ein belgischer Biologe fanden, zusammengezählt, zehn Exemplare dieser neuen Art. Alle einigermaßen frischen Kadaver waren dunkelgrau an der Oberseite, etwas

Anpassung an die Bedingungen der Umwelt hat unterschiedliche Arten entstehen lassen: Der Boto fischt mit seinem Schnabel in den trüben Gewässern des Amazonas; der Nördliche Entenwal mit der ausgeprägten Melone sucht Tintenfische in den Tiefen des Nordatlantik; der an der Küste von Peru angeschwemmte Zweizahnwal wurde erst 1991 als neue Art wissenschaftlich beschrieben

heller am Bauch, der längste war 3,72 Meter lang. Drei waren angeschwemmt worden, die anderen in Stellnetzen ertrunken, die Fischer zum Fang von Haien auf hoher See ausgebracht hatten.

Die Biologen lungerten regelmäßig auf verschiedenen peruanischen Fischmärkten herum. Mit viel Glück erwischten sie noch ungeschlachtete Exemplare, einige Male fanden sie die Teile noch inmitten der Fischabfälle oder stöberten sie aus der städtischen Müllkippe. Ein Wal wurde gerade geschlachtet, der unverwertbare Rest ins dreckige Hafenwasser geworfen. Der Biologe zeigte keine Scheu hinterherzuhüpfen, den Schädel, den Verdauungstrakt und Stücke der Speckschicht aus den Wellen zu retten.

Der anatomische Vergleich mit den weltweit in naturwissenschaftlichen Sammlungen verstreuten Schädelknochen der zwölf anderen Arten von Schnabelwalen schließlich bewies, daß ihre peruanischen Exemplare von besonderer Sorte sein müssen und die kleinsten ihrer Gattung sind. Vor allem Größe, Form und Position der Zähne im Unterkiefer waren auffallend eigenartig.

Wie lange sich selbst in Küstennähe lebende Cetaceen vor menschlicher Neugier verstecken können, beweisen die Pazifischen Hafenschweinswale. Obwohl in der Baja California zu Hause – seit Jahren massiver von Walkundlern als von Walen okkupiert –, wurden diese mit 50 Kilogramm Gewicht wahrscheinlich kleinsten aller Wale erst 1958 wissenschaftlich belegt. Der Bestand dieses Golftümmlers, von mexikanischen Fischern *Vaquita*, die „kleine Kuh", genannt, wird auf wenige hundert Exemplare geschätzt. Damit wäre es, neben dem chinesischen Flußdelphin *Baiji*, die seltenste Walart.

Als Fundgrube für Wissenschaftler erwiesen sich immer wieder auch peruanische Fischmärkte wie der in Pucusana, wo heute noch Schwarzdelphine geschlachtet und verkauft werden

Der Wunsch, Wale und Delphine ihrer selbst wegen zu schützen und die besonders bedrohten Arten zu retten, wurde erst in den 60er und 70er Jahren laut, als der Walfang darniederging. „Rettet die Wale" wurde das Schlagwort. Davor hatte die Devise geheißen: „Rettet die Ressource". Biologen turnten damals über die glitschigen Schlachtdecks der Walfangmutterschiffe, suchten Einzelteile im Namen von Forschung und Lehre vor den Siedekesseln zu retten, mußten darauf achten, nicht mit verhackstückt zu werden, wenn ihr Untersuchungsobjekt in Null Komma nichts auseinandergenommen wurde.

Große Maße und schwere Gewichte wurden ermittelt, dicke Fettschichten und lange Mägen taxiert, die Knochenfestigkeit getestet – um danach die Stärke der Motorsägen festzulegen –, das Blut analysiert, Gehirne und Drüsen seziert, nach Grundstoffen für Heil- und Futtermittel gesucht. Frisch geborene Blauwal-Säuglinge wurden mit 6,5 bis 8,7 Metern aufgelistet, das Geburtsgewicht auf fast sieben Tonnen und die Tragezeit auf elf bis zwölf Monate geschätzt, am milchigen Mageninhalt von Jungtieren eine sieben- bis achtmonatige Stillzeit festgestellt. Mit 16 bis 17 Metern Länge sind sie entwöhnt, haben seit ihrer Geburt etwa 90 Kilogramm pro Tag zugelegt, sollen mehrere hundert Liter fetter Milch pro Tag ins Maul gespritzt bekommen haben. Der Reproduktionszyklus der Mütter wurde auf zwei bis drei Jahre kalkuliert – schlechte Nachricht für die Zukunft der Auftraggeber.

Der längste Blauwal war – so steht's im Guinness-Buch der Rekorde – weiblichen Geschlechts und 33,59 Meter lang. Aber das wurde Anfang dieses Jahrhunderts von einer unbekannten Person gemeldet und wird von konservativen Statistikern für eine angeberische Übertreibung der Fänger gehalten. So sollen nur die 29,87 Meter gültig sein, die 1946 von namentlich bekannten japanischen Wissenschaftlern in gerader Linie von der Schnauzenspitze bis zur Mitte der Fluke gemessen wurden.

Keine Waage dieser Welt konnte ein derartiges Monstrum im Ganzen aufnehmen, also wurde das Gewicht seiner zerstückelten Einzelteile zusammengezählt. Kannte man die genaue Kapazität der Transiedekessel, genügte die Addition, wie oft sie bis zum Rand gefüllt worden waren. Russische Walfänger registrierten so den schwersten aller Blauwale, ein Weibchen, mit 190 Tonnen. 66 Tonnen wog das Fleisch und 30 der Speck, die Knochen 26 Tonnen, allein die Zunge 4300 Kilogramm. Die beim Schlachten davonfließende Blutmenge konnte mit mindestens sechs Prozent veranschlagt werden, bei 190 Tonnen werden das gut hundert Hektoliter gewesen sein.

Alle diese statistisch eindrucksvollen Daten verrieten indes wenig über das Leben der Wale, waren Abfallprodukt ihrer Nutzung. Nur die gerade gejagten Spezies waren interessant, und die wichtigste Frage blieb: Wo gibt es wann wie viele davon, und wie lassen sie sich wirtschaftlich fangen, verarbeiten und wozu verwerten?

Bereits frühe Walfänger hatten recht genaue Kenntnisse über Weidegründe und Paarungsgebiete einzelner Walarten und stellten so nebenbei einiges fest, was auch allgemein von biologischem Interesse war. Da gab es zum Beispiel den amerikanischen Captain Charles Scammon. Um 1850 entdeckte der Kommandant eines Fangschiffes in geschützten Buchten an der südkalifornischen Küste viele Grauwale mit frischgeborenen Jungen. In den Leibern mancher Tiere fand er verbogene und verrostete Harpunen von Eskimos; er schloß daraus messerscharf, daß sich diese Bartenwale zur Sommerszeit vor Alaska aufhalten, 10 000 Kilometer weiter nördlich. Somit absolvieren sie jedes Jahr die – soweit bekannt – längste Wanderung aller Säugetiere, legen dabei durchschnittlich 180 Kilometer pro Tag zurück – und manche finden während der Reise noch die Muße zur Paarung.

Harpunierte, aber noch mobile Wale bewiesen eine enorme Leistungsfähigkeit. An der Fangleine schleppten sie schwere Boote, die mit voller Kraft den Rückwärtsgang eingelegt hatten, stundenlang schneller vorwärts, als die Fangboote selbst hätten laufen können. Ein verwundeter, aber den Fängern entkommener Seiwal soll 48 Stundenkilometer „gelaufen" sein. Regelrechte Ausdauertests mit erschrocken das Weite suchenden Blauwalen ergaben: 37 km/h für zehn Minuten, 27 km/h für zwei Stunden, 18,5 km/h für den ganzen Tag.

Die Frage, wie die Wale solche Leistungen schaffen, ist bis heute nicht restlos geklärt, aber mit technisch ausgetüftelten Methoden wurde es möglich, einige Indizien zu sammeln. Der Körper aller Cetaceen hat sich im Lauf ihrer Evolution dem Medium Wasser optimal angepaßt, wurde langgestreckt und rund im Querschnitt, der Hals so dick wie der Kopf, nahtlos in die Schultern übergehend, die Ohrmuscheln verschwanden, die Nasenlöcher wanderten nach oben, um das Atmen zu vereinfachen, das Arm-Hand-Skelett der vorderen Extremitäten wurde mit Bindegewebe zu einer Flosse ummantelt, die Hinterbeine als nutzlos und störend abgeschafft, der Schwanz am Ende der spitz auslaufenden Wirbelsäule zu einer Fluke verbreitert, die aus reinem Bindegewebe besteht, also keine stützenden Knochen enthält.

Ein schwimmender Wal ist ein majestätischer Anblick, besonders unter Wasser. Alle Bewegungen geschehen langsam, scheinen geradezu bedächtig, gehen fließend ineinander über, selbst wenn er schnell schwimmt. Er wedelt nicht hektisch mit der Fluke hin und her, sondern das ganze hintere Drittel seines Körpers schwingt auf und ab, der ganze Koloß scheint sich sanft wiegend vorwärtszuschieben – von wallen und wogen und wälzen soll das Wort Wal abgeleitet sein. Auch flink dahinflitzende Delphine bewegen sich nicht halb so hektisch durch ihr Element, wie man von draußen betrachtet zu vermuten geneigt ist.

Physikalisch gesehen ist die Schwimmbewegung des Wals recht komplex. Mit der starken Rückenmuskulatur wird die Fluke – im Querschnitt der Tragfläche eines Flugzeugs ähnlich – auf- und abwärtsbewegt, immer etwas schräg gestellt zum fließenden Wasser, „Angriffswinkel" nennt sich das. Dabei entstehen an Ober- und Unterseite unterschiedlich lange Wege des Wassers, somit schnelle und weniger schnelle Strömungen und verschiedene Druckverhältnisse, insgesamt ein Ungleichgewicht der Kräfte, das sich durch eine Vorwärtsbewegung des Körpers wieder auszugleichen sucht. Wer begriffen hat, warum ein Flugzeug fliegt, versteht auch dies; wer nicht, der halte bei der nächsten Autofahrt seine flache Hand aus dem Fenster oder wedle damit durchs Wasser, wenn er mal wieder in der Badewanne sitzt.

Darüber sind schon gelehrten Köpfen graue Haare gewachsen: Delphine erreichen höhere Geschwindigkeiten, als sie es eigentlich „dürften", als es die mit solcher Muskulatur zur Verfügung stehende Kraft eigentlich erlaubt – ein Phänomen, das nach dem britischen Biologen John Edward Gray, den das im 19. Jahrhundert besonders beschäftigte, das Graysche Paradoxon genannt wird. Der Widerspruch, der die Wale nie sonderlich zu kümmern schien, hat sich inzwischen durch eine Vielzahl neuer Erkenntnisse aufgelöst.

Es dauerte ein Weilchen, bis die Physiker dahinterkamen. Bei starren Körpern entstehen, gleichgültig wie stromliniengünstig sie auch geschnitten sein mögen, immer irgendwelche bremsenden Turbulenzen – bei Delphinen nicht. Sie scheinen den Traum aller Schiffsbauingenieure von der laminaren, der störungsfreien Strömung spielerisch zu verwirklichen. Die seidenglatte Haut bietet nicht nur einen geringen Reibungswiderstand, sondern unterdrückt durch ihre Elastizität auch die Bildung bremsender Wirbel und Turbulenzen, indem sie auf geringste Druckunterschiede reagiert, sich ausbeult oder eindrückt. Ob dies passiv geschieht, oder ob die Delphine eine solche Änderung der Hautoberfläche selbst aktivieren können, ist noch nicht sicher erkannt. Eine künstliche Walhaut, mit Kautschukmembranen unterfüttert und auf ein Schiffsmodell geklebt, zeigte bereits eine Reduzierung der Bremsverluste auf die Hälfte.

Das verspielt daherkommende Wellenreiten der Delphine ist – will man den Biomechanikern glauben – nichts als ein billiger Trick von Trittbrettfahrern, um schneller vorwärtszukommen und dabei auch noch Energie zu sparen. In dem vom Schiff verdrängten Wasser entsteht etwa zwei Meter vor der Bugwelle eine Druckzone, in die sich das Tier manövriert, um sich schieben zu lassen – ohne noch die Fluke zu bewegen.

Wissenschaftler der US-Marine scheuten nicht davor zurück, zwei Großen Tümmlern allerlei Geräte zur Messung von Puls und Atemfrequenz anzuschnallen und sie auf Versuchsfahrt mitzunehmen. Darauf dressiert, immer neben dem Boot herzuschwimmen, taten sie dies auch brav und locker; mit 76 Pulsschlägen pro Minute bei einer Geschwindigkeit von acht Kilometern pro Stunde verbrauchten sie dabei 1,3 Joule pro Kilo Körpergewicht. Damit sind sie zehnmal „energie-effizienter" als der

Volldampf voraus schwimmen zwei Große Tümmler – als „Flipper" beliebt und berühmt geworden. Sie nutzen die Bugwelle eines großen Frachtschiffes energiesparend zur spielerischen Fortbewegung

Mensch. Nachdem der Steuermann die Geschwindigkeit erhöhte, ließen sich die Versuchstiere elegant in den Druckbereich der Heckwelle abfallen, so wie ein Radfahrer – schlau, aber leichtsinnig – in den Windschatten eines Lastwagens. Sie verbrauchten dabei, trotz doppelter Geschwindigkeit, nur 13 Prozent mehr Energie.

Auch das spektakuläre Bild einer schnell übers Wasser flitzenden und springenden Delphinschule ist mehr als schöner Schein. Bis zu einer Geschwindigkeit von 2,5 Metern pro Sekunde ist es für Delphine sinnvoll, im Wasser zu bleiben, bei Verdoppelung des Tempos wird der Strömungswiderstand an der turbulenten Wasseroberfläche so hoch, daß es sich lohnt, in die Luft zu gehen. Die energiemäßig ebenso günstige Alternative, in ruhigere Wasserschichten abzutauchen, hat den Nachteil, daß sich dabei nicht nach Luft schnappen läßt.

Den großen Bartenwalen ist solch luftspringende Kraftersparnis verwehrt, sie müßten dafür, so wurde errechnet, ihre normale Reisegeschwindigkeit schon auf das Vierfache erhöhen. Statt dessen sind sie in der Lage, die von Meereswellen ausgehenden Kräfte knapp unter der Wasseroberfläche zu nutzen. Das kam schon den alten Walfängern wie Hokuspokus vor, wenn ihnen die getöteten Tiere davonzuschwimmen drohten. Als sie die noch mit Ruderbooten zum Mutterschiff abschleppen mußten, machten sich die Männer diese unheimliche Erscheinung zunutze, mußten den Schlag ihrer Ruder nur auf den richtigen Takt der Meereswellen abstimmen. Wurden die erlegten Tiere mit einer Fahne markiert, um später abgeschleppt zu werden, dann schnitt man ihnen vorsichtshalber die antreibenden Fluken ab.

Jon Lien, der Wissenschaftler, der in Neufundland allsommerlich Buckelwale aus Fischernetzen befreit, bemerkte bei Walen, zu denen er zu spät gekommen war, daß sich die Fluken der Toten einen Meter auf und ab bewegen, den Körper mit zwei bis drei Knoten – etwa Fußgängertempo – vorantreiben. Zusammen mit einem Schiffsbauingenieur, dem dieser Effekt von Tragflächenbooten bekannt war, errechnete der Verhaltensforscher, daß große Wale unter mächtigen Wogen ein Drittel ihrer Kraft sparen können, wenn sie sich dem Rhythmus der Wellen anpassen, was ihnen mühelos gelingen müßte.

Über dem grauen Gewässer stehen zwei helle Blaswolken nebeneinander, dünn und hoch im düsteren Himmel, zerflattern, kommen wieder, jede halbe Minute, fast synchron. Ich bin im Schlauchboot mit Richard Sears unterwegs, einem der emsigsten Walforscher in der Gegend. Über sein verwittertes Lausbubengesicht huscht ein Lä-

Unterschiedliches Futter erfordert verschiedene Freßtechniken. Der Buckelwal taucht mit offenem Maul schnell unter einem Fischschwarm auf; der Glattwal schöpft langsam den Krill an der Wasseroberfläche ab; der Pottwal faßt den Tintenfisch in der Tiefe; der Grauwal wühlt im Schlick des Meeresbodens nach Organismen

Andächtig lauscht der amerikanische Walforscher Roger Payne den „Klicks" der Pottwale, die unter ihm vor den Azoren tauchen

cheln. „Big Blues", raunt er nur und gerät in Fahrt. Wir hätten keine Chance, sie einzuholen – schreit der Vierzigjährige bei Vollgas –, sollten es aber dennoch versuchen. Nach einem halbstündigen wilden Ritt über die Wellen durch den Regen geben wir auf, sind pitschnaß und gut durchgeschüttelt, die Hände weiß und klamm, die halbgefrorenen Nasen fast so rot wie die grellen Überlebensanzüge.

Beim Kaffee aus der Thermoskanne mitten im St.-Lorenz-Golf erzählt mir Richard Sears, welcher Anblick mir entgangen ist. Nach dem bis zu zehn Meter hohen Blas hätte ich einen wunderschön blaugrau getüpfelten Rücken erblickt, der mir endlos erschienen sei; das sprenge alle gewohnten Bilder, etwas Vergleichbares gebe es nicht in der lebendigen Welt. Alte Urwaldriesen etwa oder achtstöckige Häuser seien so hoch, wie diese Wesen lang sind. Nur aus der Luft hätte man die elegant schnittige Gestalt in ihrer ganzen Schönheit zu überschauen vermocht, der stahlblau unbefleckte Kopf sei erhaben geformt wie ein gotischer Spitzbogen – und auch so ehrfurchtheischend wie ein kunstvolles Kirchenfenster. Dann, kurz bevor dieses Wesen wieder in sein wäßriges Reich entschwinde, mache es einen sanften Buckel, zeige eine klitzekleine Finne, ungefähr 30 Zentimeter hoch, die eher einem Delphin oder Tümmler zugehörig scheine. Manchmal komme die imposante Schwanzflosse hinterher hoch, wohlgemerkt erst, wenn der Kopf schon zirka zwanzig Meter unter Wasser sei. Diese überirdische Fluke hätte – wenn sie denn nur hätte! – einen fünf bis sieben Meter breiten Wasserfall vor uns hochgezogen, sei dann ziemlich flach und sanft entschwunden, nicht so theatralisch wie bei Buckel- oder Pottwal. Selbst die abgebrühtesten Menschen seien angesichts eines großen Blauen tief beeindruckt. Das wäre mir bestimmt auch so gegangen, meint Richard Sears, während sich mein suchender Blick im trüben Wasser verliert.

Aber die beiden Blauen, fährt Richard fort, deren Blas wir gesichtet hatten, atmeten mehr als einmal pro Minute, dümpelten nicht dösend vor sich hin, sondern schwömmen zügig mit etwa 15 Stundenkilometern, seien vermutlich auf der Durchreise zum nächsten Futtergebiet. Es sei noch völlig undurchsichtig, wie sie überhaupt etwas zu fressen fänden, ein so ausgetüfteltes Bio-Sonar wie die Zahnwale und Delphine scheinen sie nicht zu haben, und viel zu sehen wird es da drunten nicht geben. Durchschnittlich tauchten sie acht bis zwölf Minuten, könnten aber auch fast eine halbe Stunde verschwunden bleiben, und – weiß der Teufel wo – wieder auftauchen. Zwischendurch seien sie vermutlich fast ausschließlich mit dem Fressen von Krill der Arten *Meganyctiphanes norvegica* und *Thysanoesa raschii* beschäftigt.

Das Maul – so führt mein Informant im kleinen Schlauchboot aus –, das solle ich mir mal vorstellen, sei so groß wie ein ordentliches Wohnzimmer, fünf mal sieben Meter im Geviert und drei hoch, hundert Tonnen mit Krill angereichertes Wasser paßten da auf einmal hinein. Der Unterkiefer klappe fast rechtwinklig auf, die an der Unterseite bis zum Nabel reichenden 55 bis 70 Kehlfurchen würden sich

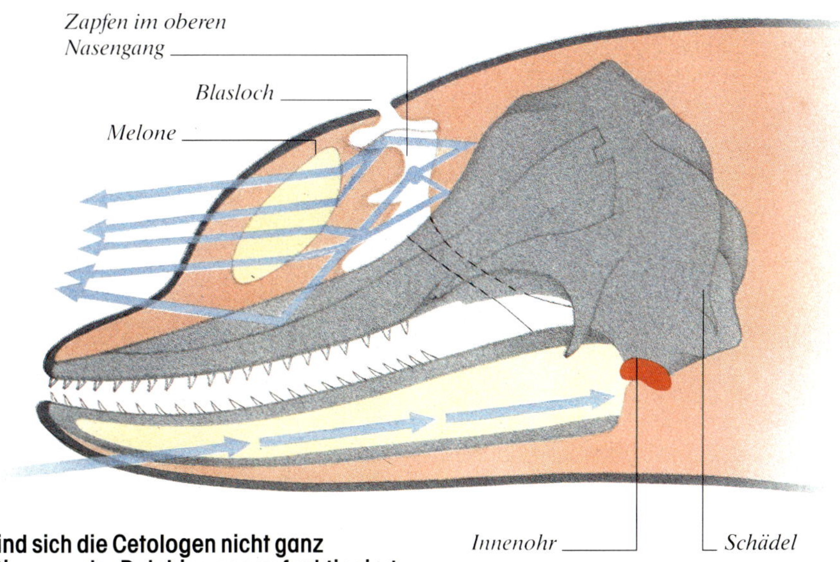

Noch sind sich die Cetologen nicht ganz einig, wie das Biosonar der Delphine genau funktioniert: ob die mit Fett gefüllte Melone zur Bündelung der Töne genutzt wird und ob der Unterkiefer tatsächlich akustische Schwingungen zum Innenohr leitet

wie bei einer Ziehharmonika – mir fällt ein Plissee-Rock ein – aufblähen. Dann werde das Maul geschlossen, das Wasser durch die Barten nach außen gedrückt, die Beute durch den kleinen Schlund verschluckt. Wie sie das machten, wisse kein Mensch genau, aber es klappe seit einigen Millionen Jahren. Bevor das Futter verschluckt sei, sehe das größte Lebewesen, das je diesen Planeten bewohnt habe, einer monströsen Kaulquappe nicht unähnlich. Der schwedische Naturforscher Carl von Linné hat das Mitglied der Familie der Furchenwale taxonomisch als *Balaenoptera musculus* eingereiht, aber der Nachwelt nicht hinterlassen, ob er dabei humoristischer Laune war, denn das lateinische *musculus* kann nicht nur als „Muskel", sondern auch als „kleine Maus" übersetzt werden.

Hier im kanadischen Golf von St. Lorenz – einer Wasserfläche in den Ausmaßen der Bundesrepublik, vom wetterwüsten Nordatlantik durch Neufundland etwas geschützt – sorgen lebhafte Strömungen in tiefen Rinnen und die Mischung unterschiedlich temperierter Wasserschichten für ein reichhaltiges Nahrungsangebot, das diverse Meeressäuger zu nutzen wissen. Im Mündungsgebiet des St. Lorenz-Flusses sind die kleinen Weißwale zu Hause, schwer geplagt von den Abwässern dieses gewaltigen Stromes im Ausflußbereich von Städten wie Montreal und Quebec. Weiter draußen im Golf suchen und finden Finn-, Buckel- und Zwergwale große Schwärme winziger Fische, Kleine Tümmler und Weißseiten- wie Weißschnauzendelphine fressen auch größere Beute, außerdem treiben sich hier Orcas herum.

Unweit der ländlich kargen, dünn besiedelten Küste der frankokanadischen Provinz Quebec bietet sich die seltene Gelegenheit, die ansonsten auf hoher See umherziehenden Blauwale zu erwischen. Von Frühjahr bis Herbst jagen sie an der 50-Faden-Tiefe entlang – es mag, könnte man es denn sehen, eher als gemächliches Grasen auf einer Bergweide beschrieben sein. Dort, an den steil fallenden Hängen der Unterwasserlandschaft, fühlt sich der daumenlange Krill am wohlsten, bis er in einem Scheunentor verschwindet, an der fransigen Innenseite schwarzer, bis zu einem Meter langen Hornplatten ausgesiebt hängenbleibt, zu Millionen verschluckt wird, einem Blauwal zum Leben dient.

Richard Sears weiß zwar noch nicht, ob jeder einzelne dieser Jäger alljährlich zurückkehrt und wie

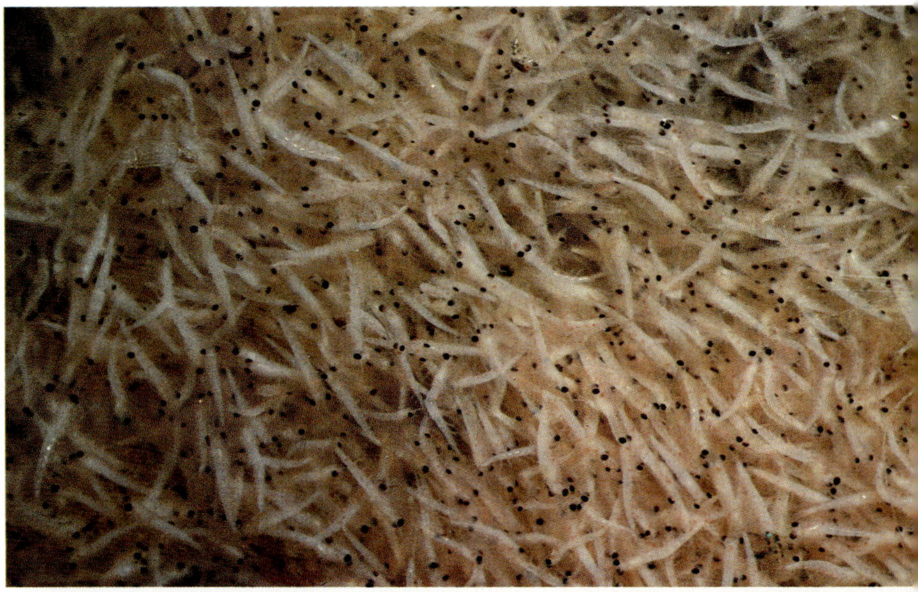

lange er in der Gegend bleibt, aber er kennt schon viele persönlich. Seit 15 Jahren ist er hinter Blauwalen her, unter Kollegen international als deren intimster Kenner angesehen, weil er die meisten Fotos von langen melierten Rücken geschossen hat. Dabei stellte er auf den Negativen der Filme unter dem Mikroskop fest, daß sie sich auseinanderhalten lassen.

Wale als Individuen zu erkennen, wurde der Schlüssel der modernen Cetaceenforschung. Auf künstliche Weise war dies schon lange und meist vergeblich versucht worden. Denn Wale lassen sich nicht wie Vögel greifen und beringen, um sie am anderen Ort wiederzufangen und die Buchstaben- und Zahlenkombination der Markierung abzulesen.

Ein solches Programm zur Erforschung der Wanderwege nach der Methode „jetzt markieren, später fangen" war in den 30er Jahren durchgeführt worden. Die zuerst verwendeten Kupferpfeile lösten sich jedoch schnell aus der Blubberschicht oder führten zu Infektionen. Besser waren Markierungen aus Edelstahl, zur Sicherheit mit Antibiotika präpariert. Doch

Das Maul vollgenommen hat dieser Blauwal; seine Kehlfurchen, die bis zum Nabel reichen, sind stark aufgebläht. Bevorzugt frißt er daumenlange Leuchtkrebse, verschmäht aber auch kleine Schwarmfische nicht. Als noch große Wale gejagt wurden, verriet der aufgeplatzte Magen auf dem Schlachtdeck die letzte Mahlzeit

alle verschossenen Pfeile, Metallhülsen und bunten Bänder erwiesen sich als wenig zuverlässig, versanken in den Tiefen des Specks, wurden durch das Gewebe als Fremdkörper abgestoßen, verrotteten schnell im aggressiven Salzwasser, fielen einfach ab, waren nur auf kurze Distanz erkennbar, wurden schnell unleserlich oder konnten nur ein einziges Mal wiederentdeckt werden: beim Schlachten des Tieres. Es mag sein, daß dabei manche der numerierten Metallhülsen über Bord fielen, weil das Tier nicht ganz legal – noch zu klein, außerhalb der Fangsaison oder bereits geschützt – geschossen worden war.

So wurden nur weniger als zehn Prozent jener Markierungen wiedergefunden und lieferten lediglich eine vage Idee, welche Wale wohin gewandert waren, bevor sie geschossen wurden. Sicher indes war nur der Ort ihres Todes.

Die pure Ratlosigkeit der Cetologen, daß sie bei der Beobachtung ihrer frei umherziehenden Objekte nicht einmal feststellen konnten, ob sie einen Wal dreimal oder drei Wale je einmal gesichtet hatten, war das beste Reizmittel, genauer hinzugucken. Nur augenfällige Merkmale, mehr oder weniger unnatürliche Unterschiede wie von Schiffspropellern verstümmelte Finnen oder von Orcas oder Haien angeknabberte Fluken, verschafften den Wissenschaftlern ein erleichterndes Déjà-vu-Erlebnis. Alle normal aussehenden Tiere ließen sie schier verzweifeln.

Steven Katona hatte es mit den knubbeligen Buckelwalen vor der Küste Neuenglands noch vergleichsweise einfach. Die machen beim bedächtigen Abtauchen erst einen Buckel und zeigen hinterher regelmäßig ihre Fluke. Da sie vor Forschern wie Fängern eher fliehen, als ihnen entgegenzukommen, hielten sie ihm ständig ihre Schwanzunterseite vor Fernglas und Teleobjektiv. Die eine Fluke ist ganz schwarz, die andere rein weiß, die meisten irgendwo dazwischen und irgendwie gefleckt, jedenfalls jede deutlich anders. Katonas „Nordatlantik-Buckelwal-Katalog" – zum schnelleren Vergleich auch digitalisiert im Computer gespeichert – enthält heute gut 4000 ungleiche Fluken, geknipst von mehr als 200 Biologen.

Die Erkenntnis ist fast gesichert, daß sich alle atlantischen Buckelwale – gleich ob sie sich im Sommer vor Boston, Neufundland, Grönland oder Island an großen Schwärmen kleiner Fische vollfressen – zur Paarung in der Karibik treffen, wo auch die Jungen geboren werden. Das würde Steven Katona allzu gerne mal beobachten. Aber obwohl sie die am häufigsten unter wie über Wasser fotografierten Wale sind, haben sie sich dieses kleine Geheimnis noch bewahrt, bisher keinen Mensch zusehen lassen.

James Darling beobachtete die Grauwale, die vor der Westküste Kanadas alljährlich vorbeikommen, im Herbst in den Süden ziehen, im Frühjahr nach Alaska zurückkehren. Dabei bemerkte er, daß er einzelne Exemplare über Jahre hinweg an dem Muster wiedererkennen konnte, das Seepokken und Schürfungen, gelbgraue

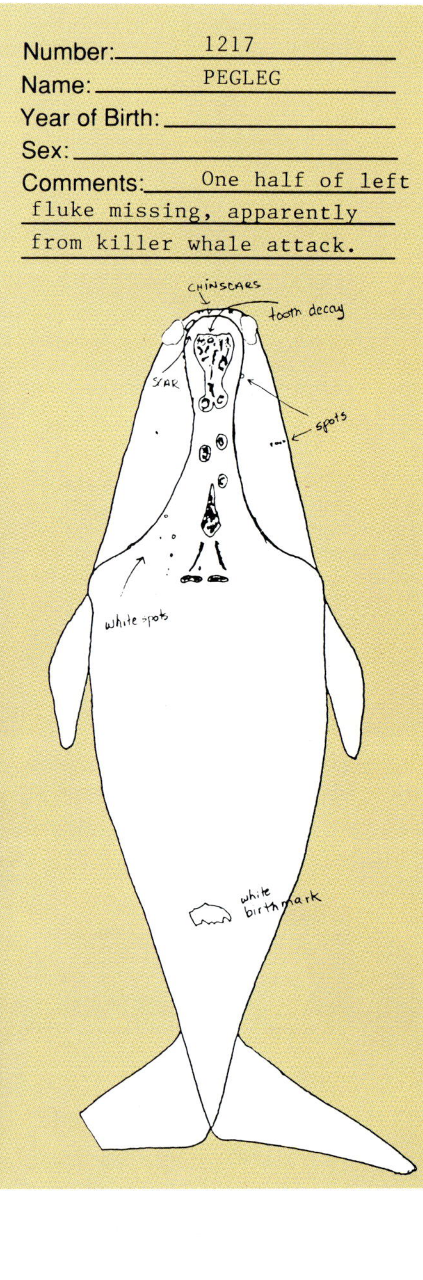

Borstenbüschel und Farbunterschiede auf der wie versteinert aussehenden Haut bilden. Bei einem Aufenthalt in den Paarungs-Lagunen an der mexikanischen Küste registrierte der Biologe, daß mehrere Wale – wohl in amouröser Absicht – zwischen den verschiedenen Buchten hin- und herpendeln. Also könnten alle 20 000 Grauwale zu einer genetischen Einheit gehören.

Michael Bigg von der Insel Vancouver war beauftragt zu zählen, wie viele Schwertwale es in kanadischen Pazifikgewässern gibt, bevor sie alle von Aquarien weggefangen sind. Er mußte erst durchs Mikroskop sehen, um auf seinen Fotonegativen der Rückenfinnen – mehr zeigen freilebende Orcas selten – feine Unterschiede in der Form, kleine Kratzer und dezente Grauschattierungen auf dem Sattelfleck dahinter zu durchschauen. Jeder der mehr als 300 Orcas, die in jener Gegend ganzjährig oder zeitweilig leben, hat heute eine Katalognummer, die auch verrät, zu welchem Rudel er gehört. Und Bigg entdeckte mit Erstaunen ein sanftes Matriarchat – nicht die mächtigsten Männchen mit der größten Finne, sondern die unauffälligeren ältesten Weibchen bestimmen den Kurs.

Roger Payne bemerkte, daß die Südlichen Glattwale – klassische Meeresriesen mit langen Barten und ohne Rückenfinne –, die er schon seit Jahren an der Küste Patagoniens auseinanderzuhalten versuchte, ungleiche „Mützen“ tragen, wie die Damenhauben des 18. Jahrhunderts Bonnets genannt. Diese hellen und hornigen Hautwucherungen auf dem höchsten Punkt des schwarzen schmalen Oberkiefers sind von Walläusen, Seepocken und Algen dicht besiedelt, was die kopfkissengroßen Bonnets in dezenten Farben leuchten läßt. Wenn diese Ungetüme mit halboffenem Maul langsam an der Oberfläche schwimmend Plankton durch ihre bis zu drei Meter langen Barten seihen, lassen sie sich mit Kennerblick auseinanderhalten. Knapp tausend der Südkaper, die sich an der entlegenen Küste zur

Mit weit geöffnetem Maul seiht sich ein mächtiger Glattwal kleinen Krill in die langen Barten. Die „Mütze“ auf dem Kopf ist ein individuelles Zeichen, das neben anderen Merkmalen in einem wissenschaftlichen Katalog festgehalten wird. Die Nummer 1217 aus dem Nordatlantik wurde „Stelzfuß“ genannt, weil ihm die Hälfte der linken Fluke fehlt, „anscheinend nach Killerwal-Angriff“

Paarung einfinden, hat Roger Payne schon identifiziert, konnte somit die Gesamtzahl auf 1200 taxieren – ungewöhnlich zuverlässig in der Cetologie. Seitdem kann man hochrechnen – *educated guess* nennen Biologen eine solch fachmännische Spekulation –, daß von den einst 50 000 Glattwalen weltweit nur etwa 3000 bis 8000 übriggeblieben sind und sich der Bestand nur schlecht erholt, obwohl sie bereits seit 1935 nicht mehr harpuniert werden dürfen.

Richard Sears kann schon mehr als 200 einzelne Blauwale wiedererkennen, von jedem gibt's ein schwarzweißes Identitäts-Foto, jeder bekam eine Registriernummer, manche einen nett passenden Namen, den sich auch Forscher einfacher merken können, aber in ihre wissenschaftlichen Papiere nicht hineinzuschreiben trauen. Wichtig war es nachzuweisen – erzählt er mir, zurück an Land, mit seinem Walkatalog in der Hand, als wär's das Familienalbum –, daß die Pigmentierung der Haut auch permanent ist, denn es nütze nichts, wenn sich die im Laufe der Zeit ändere. Einen Wal – B005 ist seine Nummer, „Kits" sein Name, unbekannt sein Geschlecht – kennt er schon seit mehr als zehn Jahren, hat ihn in sieben verschiedenen Sommern gesichtet. Das Tier mag zwar am Kopf älter aussehen als früher, aber die Färbung seines Rückens und seiner schlanken Flanken ist dieselbe geblieben.

Fast genauso lange kennt er „Pita" mit dem zerkratzten Rücken, Nummer B001. Dieser Wal muß mal im Frühjahr unters Eis geraten und ihm nur knapp entronnen sein – vermutlich an der Südwestküste Neufundlands, wo alljährlich mehrere Blauwale im Treibeis eingeschlossen werden und umkommen. Die Schürfwunden in Höhe der Rückenfinne sind lange verheilt, aber deutlich blieben weiße Schrammen zurück – eine natürliche, dauerhafte Markierung. Weniger natürlich sind die unveränderlichen Kennzeichen von „Noctop", dem ein Schiffspropeller die Finne verstümmelte, „Unilobe", dem auf dieselbe Weise ein Flügel der Fluke amputiert wurde, und „Bulletta", die ihren Namen einem vernarbten Einschußloch auf der ansonsten wunderschönen linken Flanke zu verdanken hat.

An die Katalogisierung der kleinen, schnellen, oft in großen Scharen auftretenden Delphinarten traut sich kein Biologe recht heran, aber von Finn-, Glatt-, Grau-, Pott- und Zwergwalen gibt es ebenfalls solche Bilderbücher; wenigstens ist der Anfang gemacht. Von der Antarktis über Australien bis Alaska ist eine Vielzahl von Leuten in meist sehr kleinen wackeligen Booten damit beschäftigt, verhuscht auf- und abtauchende Fluken und Flanken, Finnen und „Mützen" mit 1/1000stel Sekunde abzulichten. Abzüge und Ausdrucke werden über alle Welt verteilt, gehören mittlerweile zum Standardwerkzeug jedes ernsthaften Berufs- und Hobbycetologen.

Erst mit dieser individuellen Foto-Identifikation ist es möglich geworden, zusammengehörende Gruppen, deren Verbreitungsgebiet, ihre soziale Struktur, Nahrungsvorlieben, Wanderwege, natürliche Lebenserwartung, Paarungsverhalten, Geburtenintervalle und vieles mehr herauszufinden. Bereits vollständige Lebensgeschichten einzelner Wale – wobei die Weibchen allein der Jungen wegen immer interessanter sind als die Männchen – lassen sich in diesen Familienalben voller Schnappschüsse aufblättern. In der Zeit vor dieser Technik des Foto-ID

Der Pfeil im melierten Rücken eines Blauwals entreißt ein Stückchen Speck, anhand dessen später ein Molekularbiologe in der DNS-Analyse eine Reihe von Erbinformationen entschlüsselt

konnte man genauso viele Wale sehen wie heute, sich aber auf nichts einen Reim machen.

Doch heute wird auch wieder geschossen. Die Sehnsucht nach exakt aussehenden Daten in der Biologie und die berufsspezifische Passion, möglichst alles wissen zu müssen – oder eine Semester-, Diplom- oder Doktorarbeit schreiben zu wollen –, hat zu einer gewissen Aufweichung der sanften Walforschungsphilosophie geführt. Mit Armbrust oder Bogen werden schwimmfähige oder an einer Angelschnur befestigte Pfeile – die Spitze ist ein Metallröhrchen von Bleistiftdicke – den Walen in den Rücken geschnellt, um ihnen ein Stückchen Haut und Speck zu entreißen. Das tue ihnen nicht weh – behaupten jene, die es tun –, piekse etwa so, als setze sich unsereins auf eine Heftzwecke. Die getroffenen Wale verhalten sich ähnlich wie wir, springen erschrocken hoch. Dann tauchen sie hastig ab, doch fluchen hört man sie nicht.

Seit die nach Genen forschenden Molekularbiologen die Struktur der in jeder Körperzelle enthaltenen Desoxyribonucleinsäure (DNS) entdeckt haben, lassen sich aus Gewebeproben eine Reihe von Erbinformationen entschlüsseln. Cetologen wollen mit diesem „genetischen Fingerabdruck“ vor allem Verwandtschaftsverhältnisse klären. Das scheint besonders bei den vom Walfang so dezimierten Populationen wie den Nordkapern sinnvoll, von denen es im Nordatlantik nur noch etwa 350 geben mag. Die Weibchen werden lediglich alle drei bis fünf Jahre empfangsbereit, die Sippe erholt sich besorgniserregend langsam und wird schon verdächtigt, Inzuchtprobleme zu haben.

Eine weitere Methode der Wissenschaft, ziehenden Tieren auf die Spur zu kommen, bietet die Radiotelemetrie. Als ob ein Nagel eingeschlagen würde, so mag es sich für den Wal anfühlen, wenn ihm mit einem Gewehr ein Minisender in den Blubber geschossen wird, tief genug, daß nur noch die Peilantenne herausragt. Andere Befestigungsmethoden scheitern meist, sind nur bei kleineren Walen überhaupt denkbar, die man einfangen und wenigstens lokal betäuben kann. Bei großen Walen funktionierte diese totale Überwachung à la „1984“ bisher nur bei einem jungen Grauwal, der Anfang der 70er Jahre im Namen der Forschung seiner Mutter entführt wurde.

Schwierig ist die Verfolgung der wandernden Peilzeichen etwa durch Schiffe oder Flugzeuge, deren Reichweite durch die Größe ihrer Treibstofftanks und deren Einsatzfähigkeit durch die Unbilden des Wetters oft begrenzt wird. Doch den globusumkreisenden Satelliten – welche die Radiosignale auffangen und deren Position an Bodenstationen weitergeben – können die markierten Wale nicht entkommen. Erstmals klappte dies mit einem Buckelwal, der vor Neufundland in einem

An der Finne eines gefangenen Pilotwals wurde ein Sender befestigt, um per Telemetrie über Satelliten seinen Weg zu verfolgen

Fischernetz hängengeblieben und vor seiner Befreiung mit einem Sender bestückt worden war. Sechs Tage und 700 Kilometer lang meldete ein Wettersatellit seinen Weg: Er war schnurstracks dorthin geschwommen, wo sich Golfstrom und Labradorströmung, große Fischschwärme und andere Buckelwale treffen. Es war bereits bekannt, daß sie sich dort gerne ums Futter drängeln; das Experiment lieferte weniger neue Antworten, als es an alte Rätsel erinnerte: Wie finden die Wale dorthin? Auf welche Weise wissen sie von den Futterplätzen? Haben sie's von ihrer Mutter gelernt? Spricht sich das unter ihnen herum oder hören sie die anderen auch über weite Entfernungen schmatzen? Orientieren sie sich am Unterwassergelände, an Strömungen, Wassertemperaturen, Salzgehalt – oder woran sonst? Niemand weiß es, nur sie selber.

Die laufenden Kosten einer solchen satellitenunterstützten Telemetrie sind vergleichsweise günstig und der Phantasie, was man alles damit erforschen könnte, kaum Grenzen gesetzt. Mit entsprechenden Meßgeräten ausgestattet, kann der Sender melden, wie lange und tief und wie oft pro Tag und Nacht der Wal in welchen Wassertemperaturen taucht, wann und wie lange er an der Oberfläche ruht, wie viele Kilometer er täglich schwimmt, wie sich Blutdruck und Puls während des Tauchens ändern – und so weiter und so fort: Akademische Fragen gibt es genug. Mit landlebenden Säugetieren wird all dies schon erfolgreich praktiziert, aber an Cetaceen lassen sich schwerlich Radiokragen um den nicht vorhandenen Hals befestigen, und sie lassen sich nicht mit dem Betäubungsgewehr zum Stillhalten zwingen. Sie würden, kaum ohnmächtig geworden, versinken und ertrinken. Satelliten-Telemetrie bleibt dennoch der Traum manches wettergeplagten, seekranken Biologen: Er könnte im Warmen und Trockenen sitzen und ein neues wissenschaftliches Detail eruieren, ein Fitzelchen des Cetaceen-Puzzles an Land ziehen.

Richard Sears hat nach all den Jahren im Gummiboot keinen blassen Schimmer, was die Blauwale zusammenhält oder was sie miteinander treiben, ob sie eine „Herde“ oder ein „Rudel“, eine „Familie“ oder eine „Sippe“ sind. Er hat lediglich bemerkt, daß sich zwanzig bis vierzig Tiere gleichzeitig über wenige zig Quadratkilometer verteilen, dort eine oder zwei Wochen bleiben, für ihn ganz plötzlich und synchron verschwinden – und er mit der Suche von vorne beginnen kann. Bis zur Mündung des Saguenay-Flusses in den St. Lorenz-Strom, dort, wo er 25 Kilometer breit ist und die kleinen Weißwale zu Hause sind, hat er die Blauen schon gesucht und gefunden. Zwar sieht er da fast nur einzelne, in gebührlichem Abstand von einem bis zwei Kilometern voneinander, glaubt aber nicht, daß sie sich meiden, sondern hält dies für eine friedliche Strategie der konkurrenzlosen Futterverteilung.

Schon zwei eng beieinander blasende Wale sind selten, und meist – durch Größenunterschied offensichtlich – handelt es sich um eine Mutter mit ihrem Jungen. Das freut den Walfreund jedesmal. Dadurch hat er die Weibchen unzweifelhaft als solche identifiziert, durch ihre Färbung kann er sie auseinanderhalten, in ein paar Jahren ihren Fortpflanzungsrhythmus belegen – nur ein kleines Mosaiksteinchen, aber nicht unwichtig für den Populationstrend, wenn man abschätzen will, wie sich der heutige Bestand entwickeln könnte – der Konjunktiv hat Hochkonjunktur in der Cetologie. Fast alles ist eine Mischung aus genauer Beobachtung und wilder Spekulation, woraus sich – wie es Biologen nennen – eine berechtigte Vermutung ableiten läßt.

Wer nichts sehen kann, muß hören. Das gilt für Cetaceen wie Cetologen gleichermaßen. Verblüffend, was es in der zuvor für still gehaltenen See alles zu hören gab, als erst einmal die ersten Unterwassermikrophone entwickelt waren. Kleine Krabben schmatzen, Fischschwärme rauschen daher und dahin, bei Delphinen ist ein andauerndes Quietschen und Pfeifen im Gange. In einer kaum durchsichtigen Welt, in der nach wenigen Metern das Auge versagt, wird die Akustik zum wichtigsten Ortungs- und Kommunikationsmittel für diese sozialen Wesen.

Mit pulsierenden Klicks – tickenden bis schnarrenden Tönen konstanter Frequenz – orten alle Zahnwale ihre Beute, mit frequenzmodulierten, melodisch bis schrill klingenden Pfiffen verständigen sich die meisten Delphine untereinander. Noch weiß kein Mensch, was sie sich da mitteilen, aber jeder einzelne scheint stets seine individuelle Kennung zu pfeifen – so weiß jeder in der Gruppe, wer sich wo befindet. Es scheint ihnen auch möglich, die Kennung eines anderen zu rufen, dadurch Kontakt zu ihm aufzunehmen. Da Delphine Fischschwärme gemeinsam einkreisen, werden sie ebenfalls Positionsmeldungen hören oder sich Kommandos zuquietschen.

„Hau ab!“, „komm her!“, „hier gibt's Fische!“, „Achtung Haie!“ und ähnliches haben manche Wissenschaftler schon hineininterpretiert. Auch andere soziale Aktionen wie Weiterziehen, Schlafen, Spielen und Paarung mögen – wohl eher pfiffig als verbal – gemeint sein, und das zum Teil in einer Frequenzhöhe, welche unsere Ohren weit überfordert.

Roger Payne ist der große Maestro der Unterwassermusik. Er studierte früher, wie Eulen allein mit ihrem Gehör ihre Beute in totaler Dunkelheit finden. Seit er 1967 erstmals die Buckelwale singen hörte, hat der passionierte Cello-Spieler die meiste Zeit seines Forscherdaseins Kopfhörer auf den Ohren und – das gibt er unumwunden zu – nickt auch manchmal wohlig dazu ein und hebt ein bißchen ab. 1979 wurde seine „Sinfonie aus der Tiefe“ als Single-Schallplatte in einer Auflage von 10,5 Millionen Stück gepreßt und einer Ausgabe des Magazins *National Geographic* beigelegt – Popstars können von solchen Zahlen nur träumen. Seitdem zieren Ausschnitte aus dieser walischen Platte diverse Songs, weil solch urige Töne selbst mit Synthesizern nicht zu plagiieren sind.

Auf seinem ehemals bäuerlichen Anwesen in der Nähe von Boston lockt er mich mit geheimnisumwitterter Miene in eine schöne alte Scheune – einen großen hohlen Quader aus Beton hat er sich da hineingießen lassen, mit einer feuerfesten Tür davor. Drinnen lagern die Schätze seiner wissenschaftlichen Arbeit, Tonaufnahmen von Walen fast aller Arten, sofern sie nur irgendwelche Töne von sich geben. Wenn ihm denn die ganze Bude abbrenne – erzählt der Tonmeister aller Cetaceen mit entschlossenem Blick –, diese walischen Klänge sollen der Nachwelt erhalten bleiben. Selbst die Erde könne untergehen: Raumsonde Voyager 2, seit 1977 unterwegs und auf den Kontakt mit außerirdischen Zivilisationen vorbereitet, enthält auf einer vergoldeten Bild-Ton-Platte – Haltbarkeit tausend Millionen Jahre – neben Werken von Bach und Mozart und Grußbotschaften in 55 Sprachen auch ein paar Takte Walgesang, aufgenommen von Roger Payne. Damit, so meint er, wurden „die Wale zum Symbol für die Hoffnung, daß es noch intelligentes Leben auf der Erde gibt“.

Der Schrein aus Beton ist vollgepackt mit Tonbändern. Roger Payne zeigt auf die eine oder andere Schachtel im Regal, wie ein Dirigent mit dem Taktstock seine Musiker zum Einsatz ruft. Mit der Gebärde des verhaltenen Stolzes, als habe er alles selbst komponiert, läßt er vorspielen. Es grunzt und brummelt, ächzt und stöhnt, knirscht und knackt, piepst und zwitschert, rattert und schnattert, rumpelt und raspelt, krächzt und grummelt, plappert und blubbert zwischen meinen Ohren quer durchs Hirn. Kein irdischer Unlaut oder unirdischer Irrlaut scheint den Walen fremd – ich bin hingerissen von diesen mysteriösen Klängen. Eine animalische Mischung aus Frösteln und warmem Schauer macht sich unterhalb des Kopfes breit, himmelhochjauchzend und abgrundtiefbrummend.

Warum die Buckelwale so lautstarke und komplexe Tonfolgen von sich geben, ahnt man, seit James Darling Ende der 70er Jahre vor Hawaii dahinterstieg, daß es nur die Wal-Bullen zur Paarungszeit tun, also vermutlich, um andere Männchen einzuschüchtern und/oder den Weibchen zu imponieren – das sei in der Bedeutung so ähnlich wie ein Hirschgeweih oder die Schwanzfedern eines Gockels. James Darling – ein zurückhaltender Wissenschaftler der nüchternen Sorte – meint, wer von den Bullen das ausdauerndste Ständchen bringe, sozusagen am besten die Luft anhalten könne, der sei der attraktivste Paarungspartner: je länger, je lieber. Roger Payne, der forsche Schwärmer, glaubt dagegen, den Weibchen komme es auf den einschmeichelnden Klang der Melodie an: je schöner, je besser.

Aber – und das nennt der Neuengländer eine „brutale Wirklichkeit“ – die Lieder sind zwar wunderschön, doch verdammt monoton, werden endlos wiedergekäut. Schon rund um die Uhr hatte er – und die anderen Wale in weitem Umkreis – einen einzelnen Troubadour in den Ohren, dann klinge jede Botschaft simpel. Er tröste sich damit, daß es ihm gleichermaßen den Nerv raube, wenn eines seiner Kinder ein und denselben Schlager den ganzen Tag dudeln lasse – was schließlich auch nichts über dessen musikalische Qualität oder inhaltliche Bedeutung aussage.

Die Tatsache, daß alle Männchen dauernd dieselbe Komposition von sich geben, stützt beide Theorien: Die Melodie ist unwichtig, oder der beste Interpret wird laufend schamlos kopiert. Das allerdings will nur unvollkommen gelingen, denn Themen und Strophen der Darbietung einer Buckelwalpopulation ändern sich während einer Paarungszeit dauernd. Der Hit vom Anfang der Saison ist am Ende – zumindest für menschliche Ohren – kaum wiederzuerkennen, und bisher wissen nur die Wal-Kühe, wodurch sie sich becircen lassen.

Auf welche Weise die Wale ihren Minnegesang anstimmen, ist etwas undurchsichtig. Nicht ein Luftbläschen entweicht Blasloch oder Maul, Stimmbänder fehlen ihnen. Anatomisch sehr verzwickt sind Kehlkopf und Atmungswege; vermutlich schieben die Sänger die Luft zwischen verschiedenen Erweiterungen und Verengungen der Luftröhre hin und her. Erst ein solch geschlossenes System läßt die Buckelwale bis zu 30 Minuten ununterbrochen – und unter Wasser – singen. Wo die Töne austreten, ist ebenfalls nebulös, womöglich schwingt der ganze Kopf, immerhin ein Drittel des ganzen Körpers, das große Maul mag als verstärkender Resonanzkörper dienen.

Geheimnisumwittert sind auch die Laute der anderen Bartenwale. Erst seit einigen Jahren kann man einen wesentlichen Teil ihres Gebrummels und Gestöhnes überhaupt hören, wenn auch nur indirekt über elektronische Gerätschaften. Im Frequenzbereich von zehn bis zwanzig Hertz – Schwingungszahlen im Infraschallbereich, die sich für Menschen eher fühlen lassen, mehr einem Erdbeben gleichen denn einem Ton – sind besonders die großen Furchenwale stark. Blauwale produzieren die lautesten Töne eines Lebewesens überhaupt, 188 Dezibel wurden in einem Meter Abstand vor der Schnauze gemessen. Selbst der kleine Zwergwal liegt in seiner Lautstärke über 150 Dezibel – ein startendes Düsenflugzeug ist mit 140 bis 170 Dezibel ähnlich laut.

Die tieffrequenten Töne der Bartenwale können sich unter Wasser über Dutzende, vielleicht Hunderte von Kilometern ausbreiten, und fast fünfmal schneller als in Luft. In besonders gut leitenden, den Schall reflektierenden Wasserschichten könnten sie sogar den halben Erdball umkreisen, glaubt Roger Payne. Andere Wissenschaftler indes wagen das zu bezweifeln.

Einen Zusammenhang herzustellen zwischen Verhalten und gleichzeitigen Lautäußerungen, ist theoretisch simpel, aber praktisch schwierig. Obwohl sich gerade die Buckelwale im klaren Wasser ihrer sommerlichen Paarungsgebiete gut beobachten lassen und durch die ID-Fotos oft einzeln zu identifizieren sind, konnten die Forscher nur vorläufige Schlüsse ziehen aus dem, was sie in ihren Kopfhörern hören und jenem, was sie durch ihre Taucherbrillen sehen. Kein Wunder: Die Empfindlichkeit der Hydrophone reicht kilometerweit, aber jedem Wal genügt ein einziger sanfter Schlag mit der Fluke, um sich unsichtbar zu machen, sein Treiben zu verschleiern.

Bei *Balaena mysticetus*, diesem „bärtigen Seeungeheuer", gelang es aus der Vogelperspektive, die Tiere gleichzeitig zu hören und zu sehen. Die Grönlandwale, in arktischer Kälte zu Hause, können zwar zum Luftholen dreißig Zentimeter dicke Eisschichten aufbrechen, stupsen sich aber nicht mit der Nase durch die ewigen Treibeisfelder, um ihren Weg zu finden. Bei der Beobachtung einer ziehenden Herde dieser 50-Tonner vor Alaskas Nordküste wurde aus dem Flugzeug erkannt, daß ein einzelnes Tier eine Meile vorausschwamm. Durch abgeworfene, mit einem Sender ausgestattete Hydrophone hörten die Forscher, daß es dabei fortlaufend ein tiefes Stöhnen von sich gab. Angesichts – so sah es von oben aus – eines massiven Eisfeldes verstärkte dieser Pfadfinder plötzlich seine Laute, schien die nachfolgende Herde über das Hindernis zu informieren, eine Kurskorrektur zu empfehlen – so hörte es sich durch die Kopfhörer an. Jedenfalls wechselten die anderen Tiere bereits mehrere Kilometer vor der Eisbarriere ihren Kurs.

Was für den Menschen die Augen sind, mögen den Cetaceen die Ohren sein; damit machen sie sich ein Bild ihrer Welt, haben vielleicht so etwas wie eine akustisch-räumliche Landkarte im Kopf. Während wir auf eine Landschaft schauend Berge und Täler, Luftschichten und Wolken wahrnehmen, geben sie einen Ton von sich, dessen Echo ihnen Höhen und Tiefen, unterschiedliche Wasserschichten und Schwärme von Fischen signalisieren. Was für uns dichter Nebel ist, mag den Walen eine Erdölbohrung sein, ein über ihnen kreisender Hubschrauber oder der Wochenendverkehr von Motorbooten. Ein großes vorbeirauschendes Schiff, das unter Wasser eine Lärmwolke um sich herum verbreitet, muß für Wale so barbarisch sein wie für uns eine explodierende Tränengasbombe – es betäubt die Sinne.

Das mag den Kleinen Tümmlern an den platten deutschen Küsten noch schlimmer in den Ohren dröhnen und die Orientierung erschweren als den größeren Verwandten in offenen Meeren. Richard Sears grinste nur, als wir nach den Großen Blauen suchten und ich ihm stolz etwas über meine heimatlichen Schweinswale erzählte – *Orca popcorn* nannte er sie amüsiert. Das sei aber, fügte er schnell hinzu, weniger abfällig als mitfühlend gemeint.

Bissige Feinde wie Schwertwale und Haie fehlen in Nord- oder Ostsee, dafür gibt es eine Menge anderer Gefahren. Harald Benke aus Büsum will mit seinen „Untersuchungen über Bestand, Gesundheitszustand und Wanderungen der Kleinwalpopulationen in deutschen Gewässern" nicht nur feststellen, wie viele Kleintümmler vor unseren Küsten leben, sondern auch, ob sie früher sterben als natürlicherweise üblich. 27 Tiefkühltruhen stehen bereit, Kadaver zwischenzulagern, bevor sie unter die Messer der Forscher kommen, um virologisch und mikrobiologisch, parasitologisch und histopathologisch untersucht zu werden. Jeder noch halbwegs frische Fund wird restlos ausgewertet, Krankheiten und Parasiten, Schwermetalle und chlorierte Kohlenwasserstoffe, Plastik-Weichmacher PCB und Insektenvernichtungsmittel DDT werden aufgestöbert. Alles stinkt zum Himmel.

Bereits am „Schadstoffmuster" einer einzelnen Probe läßt sich diagnostizieren, wo das Tier gelebt hat – jedes aus der Ostsee enthält mehr DDT als eines aus atlantischen Gewässern. Die Tümmler sind genauso schwer belastet wie die Robben, erzählt mir der Biologe, scheinen aber vorerst besser damit leben zu können, lagern es in ihrer Speckschicht ab. So lange die nicht angegriffen werde, könne die Vergiftung harmlos bleiben.

Die seit den 60er Jahren zum Fang von Heringen und Makrelen eingesetzte Ringwade – ein Netz, mit dem sich ganze Fischschwärme einkreisen lassen – ist so wirkungsvoll, daß in kurzer Zeit die Bestände dieser fettreichen Fische zusammenbrachen. Nunmehr sind Schweinswale auf weniger nährstoffreiche Fische wie Dorsch und Sandaal, Kabeljau und Sprotte angewiesen. Das läßt sie zwar nicht verhungern, aber sie müssen länger als die üblichen zwölf Stunden Futter suchen. Säugende Weibchen, nicht selten bereits mit dem nächsten Nachwuchs trächtig, scheinen normalerweise 17 Stunden täglich jagen zu müssen, um sich und ihre Jungen satt zu bekommen – bei magerem Nahrungsangebot oder andauernder Störung könnten die 24 Stunden des Tages zu knapp werden.

Seit 1982 sind die Schweinswale geschützt, der Handel mit ihnen und ihren Einzelteilen ist verboten. Das nützt ihnen aber nicht viel, solange sie immer noch – wenn auch ganz unbeabsichtigt – in größerer Zahl in die Netze geraten. 50 Mark spendiert Harald Benkes Budget für jeden Tümmler – glücklicherweise zu wenig, um gezielt danach zu jagen, für Fischer genug, um den ansonsten wertlosen Beifang abzuliefern.

Durch die Auswertung aller Sichtungen – tot oder lebendig – wird versucht, die Wanderwege zu erkunden, selbst die der angeschwemmten Tiere. Um genauer feststellen zu können, wo und wann, wie und warum sie starben, wird naserümpfend, aber unverdrossen erforscht, wie sich die leblosen Körper während ihrer Verwesung „hydrodynamisch" verhalten, wann sie absinken und wieder auftauchen, wie sie von Meeresströmungen in unterschiedlichen Wassertiefen und Seegebieten verdriftet werden.

Harald Benke präsentiert vor seiner Arbeitsstätte in Büsum ein angeschwemmtes Jungtier, von dessen Autopsie sich der Schweinswalforscher Erkenntnisse über die Todesursache erhofft

Die Kleinen Tümmler machen den Forschern – ihren potentiellen Rettern – das Leben nicht leicht. Sie sind schwer auszumachen und sehr scheu, hüpfen nie aus dem Wasser, sind für die Foto-ID zu schnell und zu gleichartig im Aussehen. Selbst bei der Sektion toter Tiere lassen sich kaum Unterschiede in der Form oder Färbung der Finnen erkennen. Auch das Hydrophon ist ziemlich nutzlos, akustisch sind Schweinswale nicht viel aktiver als die sprichwörtlich stummen Fische.

Harald Benke sieht seine Kleintümmler, wenn überhaupt, immer nur vorbeihuschen. Aber wenigstens ein Ziel hat er klar vor Augen: den Schutz der Kinderstuben. Noch weiß er nicht, wo die Schweinswale ihre Jungen werfen, die mit einer Körperlänge von etwa 70 bis 80 Zentimetern geboren werden, also schon halb so groß wie die Mütter sind. In den flachen und wegen des geringeren Bootsverkehrs in der alten DDR auch ruhigeren Ostseegewässern scheinen sich gebärende Weibchen zwischen Wismarer Bucht und der Westküste Rügens besonders gern aufgehalten zu haben – zumindest läßt dies die hohe Zahl tot aufgefundener Säuglinge und Jungtiere vermuten. Wo sich die Schweinswale ansonsten herumtreiben, ist noch ihr Geheimnis.

Man könne nicht, meint Harald Benke realistisch, Küsten auf ganzer Länge für den Bootsverkehr sperren, aber einzelne Abschnitte für ein Weilchen, hie und da, dann und wann, wenn es wirklich darauf ankomme, die Tümmler in Frieden zu lassen; Unkenntnis sei willkommene Entschuldigung für Untätigkeit.

Diese Ignoranz unmöglich zu machen, ist der Sinn aller Walforschung.

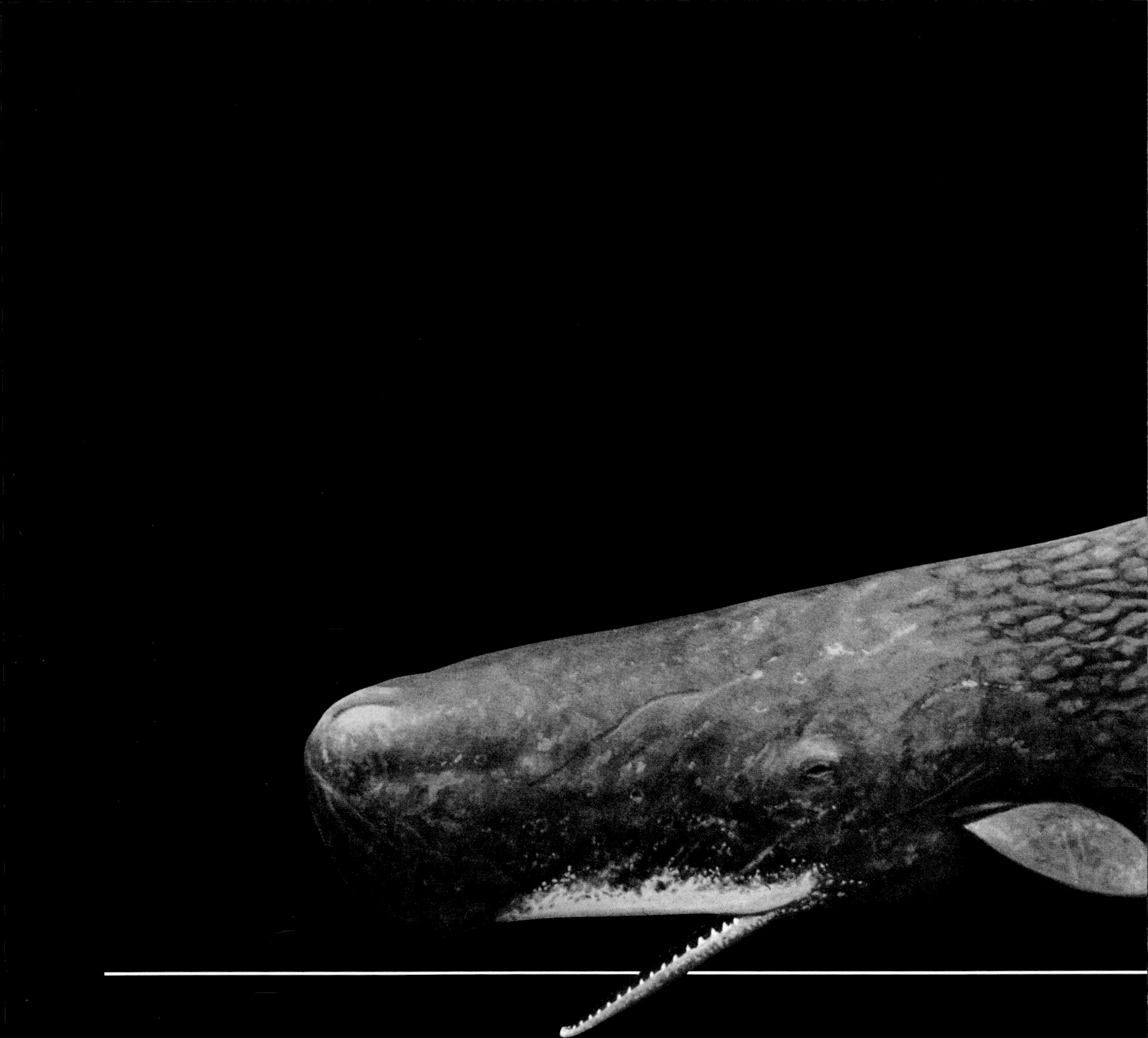

MOBY DICK DIE LEGENDE LEBT

Aus der Literatur sind die mächtigen Pottwale mit ihrem kantigen Schädel als zähnefletschende und bootezertrümmernde Ungeheuer bekannt geworden – Moby Dick, der Weiße Wal, ist ihr prominentester Vertreter. Eine atemberaubende Begegnung mit den größten Säugetieren der Erde in ihrem Element offenbart ein anderes Bild: das von sanften, sozialen, geradezu zärtlichen Giganten. Wie Elfen tanzen sie gelassen umeinander

Schwarzer Schmetterling:
Die bis zu vier Meter breite Fluke des Pottwals – hier kurz vor dem Abtauchen – war einst von Waljägern gefürchtet, da sie ein Fangboot samt Mannschaft mit einem Hieb zertrümmern konnte

Elfen von Gewicht: Wie schwerelos schweben 20 Tonnen wiegende Pottwal-Weibchen durch ihr Element. Ein Kleiner – bei seiner Geburt schon vier Meter lang und eine Tonne schwer – tanzt beim Unterwasser-Ballett verspielt aus der Reihe

Harem hat Ruh': Ganz entspannt liegt eine Pottwalherde auf hoher See. Früher glaubte man, sie seien von einem Patriarchen beherrscht, heute weiß man, daß alte Muttertiere die Gruppe zusammenhalten

Dickschädel und Großmaul: Beim Auftauchen zeigt ein Pottwal seinen bulligen Schädel, der etwa ein Drittel seiner Gesamtlänge bis zu 15 Metern ausmacht. Im schmalen Unterkiefer des weit geöffneten Rachens trägt er fünfzig eindrucksvolle Zähne

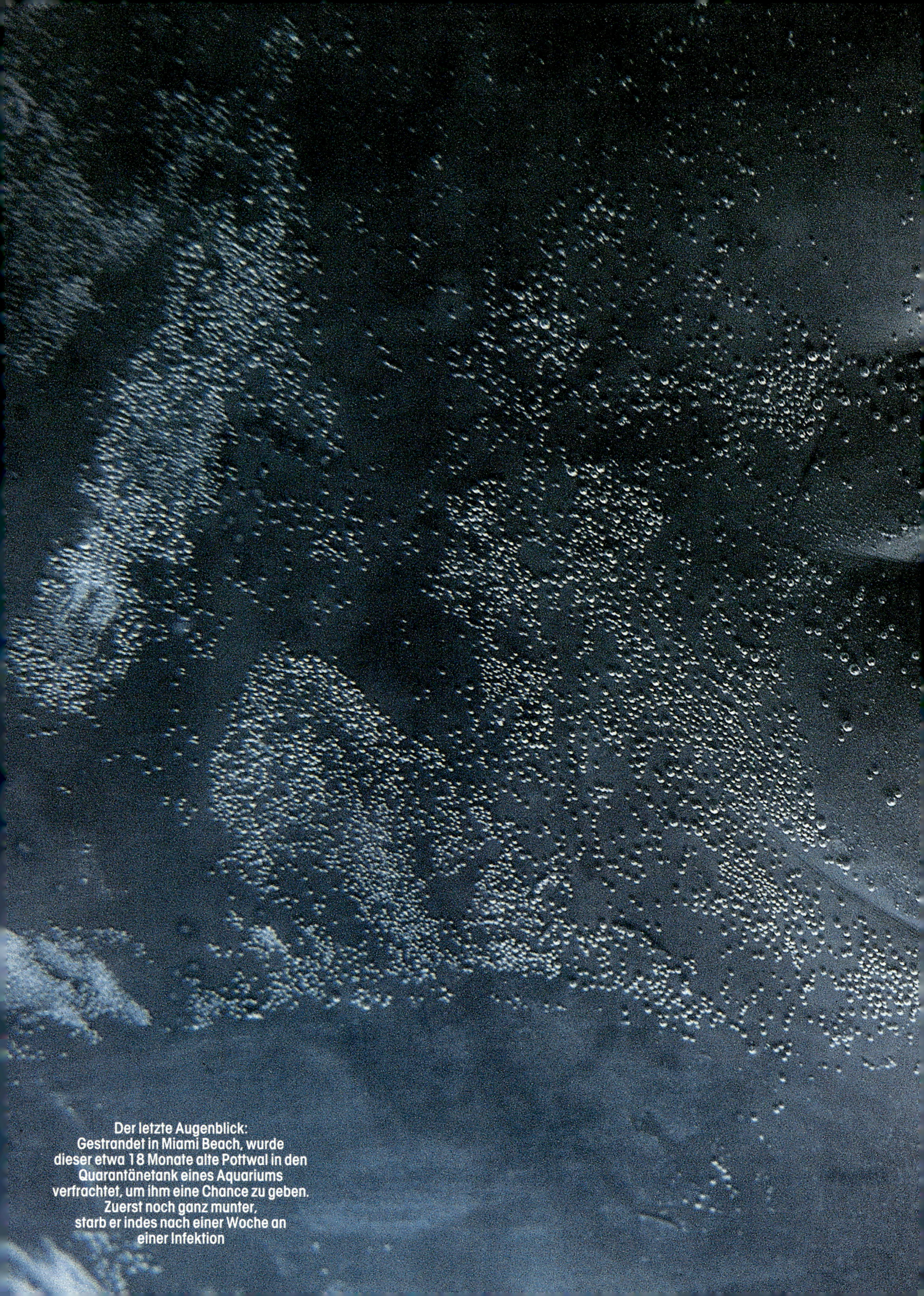

Der letzte Augenblick:
Gestrandet in Miami Beach, wurde dieser etwa 18 Monate alte Pottwal in den Quarantänetank eines Aquariums verfrachtet, um ihm eine Chance zu geben. Zuerst noch ganz munter, starb er indes nach einer Woche an einer Infektion

Sie kommen. Langsam, lautlos und düster wie alle Schatten. Mit dem gemächlichen Auf und Ab ihrer mächtigen schwarzen Fluken halten sie geradewegs auf uns zu. Mitten im Atlantik, zur hellen Mittagsstunde, knapp unter Wasser. So haben wir's gewünscht, davon geträumt, sie lange gesucht, endlich gefunden. Nun sind sie da, gut ein halbes Dutzend, mehr als wir erhofften, ganz ungeheuerlich, so nah, größer als wir dachten. Pottwale.

Massig die Schädel, nicht unähnlich der bullig schnittigen Stirn monströser Dampflokomotiven aus alten amerikanischen Filmen, die stromliniengünstig auf einen zurasen. So wuchtig und so schnaubend kommen auch sie daher, glücklicherweise nicht ganz so geschwind. Hier und jetzt gäbe es kein Entrinnen mehr, wenn sie denn was von uns wollten. Sie sind in ihrem Element, fast schwerelos, in allen drei Dimensionen flink und behende, groß und ungeheuer stark. Und im Unterkiefer sitzen etwa fünfzig eindrucksvolle Zähne.

Durch die Literatur der Walbiologie geistert bedrohlich der Begriff „Schallkanone“: Mittels eines scharf gebündelten starken Tons könnten die Pottwale ihre Beute betäuben, mit einem „Big Bang“ k. o. hauen. Ich habe es bis heute nicht glauben mögen.

Meine Gefühle schwanken, Vorstellungen torkeln hin und her zwischen zwei Bildern: dem alten, düsteren Gemälde vom Leviathan, dem männerbeißenden, bootezerquetschenden und schiffeversenkenden „Chaosdrachen der Urzeit“ – und dem leicht sinnigen, neumodischen Image vom sanften Riesen, dem man den Kopf tätscheln möchte. Beides wird falsch sein. Es gelingt mir immerhin, all mein leicht gläubiges Vertrauen auf das sagenhaft Gute im unverdorbenen Wilden zusammenzurappeln. Und das gesicherte Wissen, daß wir nicht zu seinen Grundnahrungsmitteln zählen, läßt mich halbwegs beruhigt sein. Unser Wort in Neptuns und Poseidons Ohr.

Wir sind – vor den Göttern der Meere läßt es sich kaum verbergen und vor den Pottwalen nun auch nicht mehr – etwas fehl am Platze. Mit Tauchermaske und Schnorchel, Flossen und schwarzem Anzug sind wir nur notdürftig zum kurzen Überleben gerüstet. Wir schlichen uns in ihr ureigenstes Territorium, ließen uns heimlich, still und leise aus dem Schlauchboot ins Wasser gleiten. Die bloße Neugier habe uns verführt, könnten wir als Begründung vorbringen, und erklären, wie es dazu kommen konnte.

Dieter Paulmann ist an allem schuld. Dieser auf den ersten Blick harmlos aussehende Diplomkaufmann mittleren Alters aus dem hessischen Darmstadt bedrängt seit Jahren weltweit urtümliches Meeresgetier aller Art und jedweder Größe, bringt es dazu, vor ihm und seiner Filmkamera Monster zu spielen. Besonders Schnecken und Krebse hat er in einer Weise auf Zelluloid gebannt, daß einem bei der Vorführung angesichts der glotzenden Stielaugen, der aufgerissenen Mäuler und zupackenden Scheren ganz blümerant werden könnte, wüßte man nicht, daß sie klitzeklein sind.

Diesmal soll's was Größeres sein. Statt des glasfaserigen Endoskops, mit dem Mediziner ansonsten das Innerste ihrer Patienten schauen, hat er an seiner 16-Millimeter-

Filmemacher Dieter Paulmann mit seiner 16-mm-Kamera, ausnahmsweise über Wasser. Meeresungeheuer jedweder Größe sind ihm die liebsten Motive

Filmkamera ein extremes Weitwinkel vorgesetzt.

Von den Azoren aus, jenen vulkanischen Inseln fast auf halbem Weg zwischen Europa und Amerika, stachen wir mit der 25-Meter-Ketsch „Foftein“ in See. So nennen alte Hamburger Hafenarbeiter ihre allmorgendliche Kaffeepause von fünfzehn Minuten. Eine Kaffeefahrt mit Klönschnack soll unsere Reise auf dem hochmodernen Segelschiff aber nicht bloß werden.

Einige literarisch dienstbare Geister stehen uns zur Verfügung, in durchweg dicke Schmöker mit Halbleder gebunden. Wir haben sie alle an Bord, die antiquierten Herren aus Dichtung und Wahrheit, die sich einst mehr oder minder einfallsreich über die Wale äußerten. Die gewichtige Runde steht unter Deck allzeit bereit, aus dem Regal und zu Rate gezogen zu werden: Aristoteles der Grieche und Plinius der Ältere und noch einige mehr, auch der gelehrige Phantast Herman Melville und der phantasievolle Gelehrte Alfred Brehm. Das „Thierleben“ dieses Zoologen aus dem 19. Jahrhundert weist uns den Weg zum Ziel:

Der Pottfisch ist Weltbürger. Als seine eigentliche Heimat betrachtet man die zwischen dem 40. Grade nördlicher und südlicher Breite gelegenen Meere, von denen aus, warmen Strömungen folgend, er nach Norden und Süden hin unregelmäßig wandert. Auch an den europäischen Küsten gehört er nicht zu den Seltenheiten.

Also sind wir hier, knapp südlich des 40. Grades, genau richtig und weit genug weg von Europas Küste, denn dort sind sie inzwischen, wie überhaupt überall, recht rar geworden. Der „alte Brehm", wie der Urvater der deutschen Zoologie von seinen Nachfolgern jovial genannt wird, will uns das forsche Mütchen kühlen. Er ist zwar selbst die Neugier in Person, war im Namen der Wissenschaft allzeit zu mancher Schandtat bereit, gibt aber zu bedenken:

Die Jagd auf den Pottfisch ist mit weit größeren Gefahren verbunden als der Fang des Grönlandwales. Ausnahmsweise nur versucht ein Bartenwal seinem kühnen Feinde Schaden zuzufügen, während jener, wenn er angegriffen wird, sich vertheidigt, muthig auf seinen Gegner losstürmt und beim Angriffe nicht allein seines Schwanzes, sondern auch seines furchtbaren Gebisses sich bedient.

Wir kämen zwar als Freunde, aber das mache keinen großen Unterschied, wie solle der „Pottfisch" das bitteschön herausfinden, denn… *er meidet die Nähe des Menschen ungleich ängstlicher als der den Schiffern so befreundete Delfin, vorausgesetzt, daß er sich nicht verfolgt oder angegriffen fühlt; denn dann tritt an die Stelle der Furchtsamkeit unbändiger Muth und eine Kampflust, wie wir sie bei anderen Walen nicht wiederfinden.*

Sollten wir uns jedoch nicht von unseren Plänen abhalten lassen, wäre Herr Brehm gerne zugegen, wolle endlich mal aus eigenem Anschein bestätigt sehen, was er vor mehr als hundert Jahren publiziert hat: *Wenn er nahe der Oberfläche schwimmt, kann man beobachten, wie er den Kiefer innerhalb eines einzigen Augenblicks öffnet und schließt; aber ebenso wie er ihn nach einer Richtung hin gelenkt, vermag er ihn auch seitlich überraschend weit zu bewegen. Gelingt es ihm dann, einen größeren Gegenstand aus dem Wasser zu fischen, so rollt er diesen sofort nach dem Schlunde zu oder zerfetzt ihn wenigstens bis zur Unkenntlichkeit.*

Kaum sind wir auf hoher See, kommt ein gewisser Olaus Magnus, weiland schwedischer Erzbischof, eilfertigst aus dem Bücherbord hervor, bezichtigt Alfred Brehm unverhohlen der Verharmlosung, zitiert, etwas wunderlich vorgetragen, aus seiner 1555 im römischen Exil erschienenen Schrift:

Under den Wallfischen ist der Physeter oder Priester / Sprützwall genennet / welches länge biß in die zweyhundert Ellenbogen ist, sehr einer grewlichen Natur. Er erhebet und thut sich bisweilen zu grossem schaden deren so im Schiff sein / hoch über die Segelstang / und schüttet das Wasser / welches er gesammelt / und in sich gesoffen / mit solch grossen hauffen aus den Röhren die er am Kopff hat in die Schiff / daß er bißweilen die allerstärckeste Schiff entweder durch solches Wasser versencket / oder…

Da poltert theatralisch der griechische Philosoph Mestrios Plutarchos dazwischen, rezitiert, was er keine hundert Jahre nach Christi Geburt in seinen „Moralischen Schriften" mahnend verhieß: *Und was auch außerdem in den klaffenden Rachen dieses Ungetüms gerät, sei es Tier, Boot oder Stein, hinuntergeschlungen wird alles unverzüglich in heillosem Schwall und verrottet im Abgrund seines Wanstes.*

Plinius der Ältere tritt hinzu, will die Diskussion versachlicht sehen. Nonchalant wischt der römische Gelehrte die für ihn im Jahre 79 todbringende Asche des Vesuv vom 9. Band seiner „Historia naturalis" und trägt vor:

Die Walfische haben an der Stirn Öffnungen, aus denen sie, wenn sie an der Oberfläche des Meeres schwimmen, ganze Wasserströme in die Höhe blasen… eine Auffassung, die, wie ich sehe, auch Aristoteles hatte und viele ausgezeichnete Gelehrte davon überzeugt hat. Ich will nicht leugnen, daß ich dieser Ansicht nicht ganz zustimme, denn…

Da räuspert sich Aristoteles, fast vier Jahrhunderte älter, pocht in

Diese Seefahrer haben sich auf einem ruhenden Meeresmonster als einer vermeintlichen Insel niedergelassen, doch sie werden schnell eines Schrecklicheren belehrt – so sah das 16. Jahrhundert die Begegnung mit Walen

klassischer Weisheit auf seine griechische Tierkunde:

Delphin, Walfisch und andere Seeungeheuer, die nicht Kiemen, sondern ein Spritzrohr haben, gebären lebende Junge... Man kann diese Tiere weder einfach zu den Wassertieren rechnen, noch zu den Landtieren, wenn als Landtiere die anzusehen sind, die Luft einnehmen, die aber, die Wasser einnehmen, als Wassertiere. Diese sind nämlich an beidem beteiligt, sie nehmen Wasser ein und geben es durch das Spritzrohr wieder von sich, und außerdem Luft durch die Lunge. Denn diesen Teil haben sie und atmen.

„Thar she blows!“ ruft eine Stimme wie Donnerhall im altmodischen Englisch der Yankees aus luftiger Höhe, als käme sie vom Ausguck. Es ist Herman Melville. Tatsächlich, da bläst einer. Leicht schräg steht die weißlich buschige Wolke über dem Wasser, verhuscht wie ein Geysir im Wind, streift uns fast, so nah ist er.

Er zerteilte die See; Welle um Welle löste sich von seinen feuchtschimmernden Flanken und flutete hinaus in weite, weite Fernen, und mit jeder Welle sandte er Zauber aus... doch heiter, bedrückend heiter, o Wal, gleitest du vor dem Auge all derer dahin, die dich zum ersten Mal schauen, wie viele du mit deinen Zaubern auch zuvor geäfft und vernichtet haben magst.

Ein dunkler runder Körper wölbt die Wasseroberfläche, kommt hoch, bernsteinbraungranitgrau, eine wäßrig spiegelnde Fläche mit helleren Flecken abgeblätterter Farbe, dazwischen einige weiße, kreisrunde Ringe auf der Haut. Das sind die letzten Spuren von den Saugnäpfen seiner Opfer, den Tiefseekraken, als sie ihren Jäger zu ihrem ganz persönlichen Finale umarmten, habe ich gelesen.

Nach dem flüchtigen Anblick des welligen Rückens und der kleinen Finne hinterläßt der Pottwal dem Betrachter durch das Abtauchen meist einen solchen „Flukenabdruck“, einen runden Fleck glatter See. Dann bleibt er bis zu anderthalb Stunden verschwunden

Viele Schauergeschichten gibt es über den Kampf der Giganten in den Abgründen des Meeres. Auf den Azoren hat man dem Vernehmen nach im Magen eines 14-Meter-Pottwals einen 400 Pfund schweren und inklusive der Arme zehn Meter langen Tintenfisch der Gattung *Architeuthis* gefunden. Ich will's einfach mal glauben.

Dann kommt der gerunzelte Rükken empor, gewellt wie ein Waschbrett, darauf die Finne, nicht mehr als ein verknubbeltes, zusammengestauchtes Dreieck. Dahinter ganz scharfkantig und dreieckig die in der Mitte eingekerbte Fluke, die

Spannweite vielleicht vier Meter. Hoch ragt sie auf, das Wasser strömt von ihr ab wie ein Bach, und weg ist er wieder. Einen runden Fleck glatter See hinterläßt er uns nur, einen Flukenabdruck, durch die Strömung geschaffen, die das Auf und Ab der Schwanzflosse erzeugt. Das Meer liegt wieder da, als wär' nichts gewesen.

Physeter macrocephalus wird der Pottwal zoologisch geheißen, schon Aristoteles hatte ihm den Gattungsnamen *Physeter* gegeben, dabei auf das einzelne „Blasrohr" angespielt, *macrocephalus* verweist auf den großen Kopf. Manche Biologen bevorzugen die Artenbezeichnung *catadon*, der Zähne wegen, die nur im Unterkiefer sitzen.

Ganz falsch, aber am weitesten verbreitet, ist der Name Spermwal. Walfänger, oder eher die Finder gestrandeter Wale, hatten einst die wachsähnliche Substanz in der pottähnlichen Höhlung des Schädels aus unerforschlicher Phantasie für den Samenvorrat der monströsen Kreatur gehalten. In noch warmem Zustand flüssig und farblos, verfestigt sich diese Masse später weißlich wie Wachs. Man ließ sich auch nicht weiter davon verwirren, daß beide Geschlechter — die sich als angeschwemmte Kadaver äußerst deutlich unterscheiden lassen — solche Substanz im Kopfe haben. Ansonsten schnell mit der Änderung offensichtlich falscher Begriffe bei der Hand, wollten die Biologen an dieses *spermaceti* nie ran und blieben, vor allem im Englischen, fest daran kleben.

Der besondere Inhalt dieses Dickschädels, der ein Drittel der Körperlänge des Pottwals ausmacht, wurde sein Verhängnis. 1712 entdeckte der Walfänger Christopher Hussey auf der vergeblichen Ausschau nach den bereits stark dezimierten Nordkapern einen einzelnen schrägen Blas in der Luft vor Neuenglands Küste. Das war schon von weitem ungewöhnlich, da alle Bartenwale zwei Atemlöcher auf dem Kopfe tragen. Er harpunierte das Tier mit dem gewaltig großen Kopf und den prächtigen Zähnen im Maul.

Zurück auf der Heimatinsel Nantucket wurde probiert, was aus diesem Meeresschatz zu gewinnen sei. Das Wachs aus dem Kopf, das nicht einmal wie der übliche Tran aus dem Speck ausgekocht, sondern nur aus dem „Kasten" geschöpft werden mußte, erwies sich als ein sensationeller Stoff. Er brannte länger, ruß- und geruchsfreier als alle bisher bekannten Leuchtmittel.

Mit dieser Entdeckung begann für anderthalb Jahrhunderte das, was als „Yankeewhaling" in die Geschichte einging, denn die Neuengländer beherrschten den Pottwalfang weltweit und die Absatzmärkte wie sonst keiner. Noch vor wenigen Jahren wurde diese Zeit als ruhmreich interpretiert, „Lucem Diffundo" war das gebildete Motto der Walfänger: Wir verbreiten das Licht. Und zur gleichen Zeit, als Nebeneffekt der Walfängerei, wurden alle Meere befahren, neue Gestade entdeckt, frische Rohstoffquellen erkundet, herrenlose Gebiete kolonialisiert.

Das nennt sich aus heutiger Sicht weniger verklärt ausgebeutet, unterdrückt und annektiert, und die heroische Jagd auf die furchtbaren Monster wird eher als Schlächterei großartiger friedlich-sanfter Kreaturen empfunden — obwohl die Jagdmethoden erst in diesem Jahrhundert, besonders seit den 50er Jahren, eine solch derbe Titulierung wie „Massaker" angebracht erscheinen lassen. Herman Melville räuspert sich.

Wir schätzen uns glücklich, ihn mit an Bord der „Foftein" zu haben, mehr als 900 Seiten schwer ist sein „Moby Dick". Der Amerikaner, die wortgewaltige Stimme vom Ausguck, ist vermutlich der einzige unserer mitreisenden Autoren, der je lebende Pottwale zu Gesicht bekam und ihnen auf ähnlich sehnsüchtige Weise wie wir, wenn auch mit ganz unterschiedlicher Absicht, hinterhergefahren war. Er wollte sie in Fässern nach Hause bringen, wir in Filmrollen. Das Problem der Suche und der Annäherung auf Wurfweite, so Melville, sei aber dasselbe.

Dasselbe sage ich, weil in allen diesen Fällen der Amerikaner großmütig sein Gehirn beisteuert, die übrige Welt aber nicht minder freigiebig ihre Muskeln. Eine ganze Anzahl Waljäger kommt von den Azoren, wo die von Nantucket ausgefahrenen Walfangschiffe oftmals anlegen und ihre Mannschaft aus den wetterharten Landleuten dieser Felseneilande ergänzen.

Nach Lektüre seines 27. Kapitels mit dem Titel „Ritter und Knappen" sind wir froh, nicht ausschließlich auf verblichene Berater angewiesen zu sein. Auf den Azoren wurde der Walfang erst Mitte der 80er Jahre dieses Jahrhunderts eingestellt, nicht aus eigenen Stükken oder weil keine Wale mehr zu finden gewesen wären, sondern aus europäisch-portugiesisch-politischen Gründen. Das wurde von den Insulanern als Freiheitsberaubung empfunden und goß einen weiteren Tropfen Öl auf ihre gelegentlich aufflammenden Unabhängigkeitsbestrebungen – aber es reichte dann doch nur zur öffentlichen Maulerei und nicht zur offenen Meuterei.

Wir laufen Ribeira de la Cruz an, von See aus so schwer zu finden wie ein verstecktes Piratennest. Direkt am schlüpfrigen Slipway sitzen wettergegerbte Männer vor dem größten Schuppen und spielen Karten. Einige von ihnen tragen bunte Baseballmützen, reden mit uns ein munteres Neuenglisch, haben in den USA als Fischer gearbeitet, genießen jetzt ihre Rente in Dollar.

Hinter ihnen, im Halbdunkel verborgen, liegen die Walfangboote. Sie sehen gut aus, bis auf eines, dem fehlt das Heck; das sei von einer Fluke zertrümmert worden, hören wir, aber es sei nichts weiter

passiert, das bleibe aus nostalgischen Gründen so. Die anderen Boote sind frisch gestrichen, lange schlanke Riemen liegen zum Pullen bereit, alles ist in einem Zustand, als solle es morgen wieder losgehen. Nur die Harpunen scheinen an geschützterem Ort aufbewahrt.

Den Walfang lernten die Azorianer von den Yankees im 18. Jahrhundert, blieben bis zuletzt bei der archaischen Jagdmethode mit handgeworfenen Lanzen aus offenen Ruderbooten. „Die Wale kamen bei uns sehr dicht an die Küste", erzählt einer der alten *baleeiros*, ohne sich beim Kartenspiel weiter stören zu lassen, „wir hatten auf dem Hügel einen Beobachter, und wenn er Pottwale sah, zündete er eine Signalrakete. Unten im Ort haben wir es uns gegenseitig *baleia! baleia!* zugerufen, und dann ging es los. Wir ruderten das *canoa* mit aller Kraft, bis wir über ihm waren. So einfach ist das." Aber viele hätten sie nicht erwischt, oder sie seien ihnen mit der Harpune im Rücken entkommen – der *coup de grace*, der Gnadenstoß, dem *baleeiro* also verwehrt geblieben.

„Das ist der Zeitpunkt, wo es für uns gefährlich wird", erzählt ein anderer alter Herr, der dreißig Jahre harpunierte – viele Krähenfüße um die Augen vom scharfen Blick gegen den Wind auf die gleißende See. „Sie schwimmen aufgeregt im Kreis um das Boot, heben ihre Köpfe aus dem Wasser und rammen das Boot manchmal auch. Wenn sie sterben, heben sie den Kopf aus dem Wasser – immer in Richtung zur Sonne! Ja wirklich, so ist es. Und wenn sie die Brustflossen eng an den Körper anlegen, dann wissen wir, daß es mit ihnen vorbei ist."

Herman Melville raunt mir ins Ohr, der Fischer zitiere ihn ganz vortrefflich, das habe er im 116. Kapitel seinen Kapitän Ahab sagen lassen: *Ganz allmählich, aber unaufhaltsam wendet er das Haupt und huldigt der Sonne mit seiner letzten Lebensregung. Auch er betet das Feuer an, ein höchst gewaltiger und getreuer Gefolgsmann der Sonne! Das Schauspiel könnte einen harmloseren Geist irremachen.*

Und – was er jetzt niemandem vorwerfen wolle – es müsse sich um die Jagd auf Weibchen und Junge gehandelt haben, wie im 88. Kapitel beschrieben:

Die Hafenstadt Horta auf der Azoreninsel Faial zeigt dieser Ausschnitt aus einem Panoramagemälde, in der hohen Zeit des „Yankee-Whaling" Mitte des 19. Jahrhunderts entstanden. Auf den vulkanischen Inseln mitten im Atlantik schwingen noch heute nostalgisch gelaunte Ex-Walfänger ihre Handharpunen, mit denen sie bis vor wenigen Jahren selbst Pottwale erlegten

Nehmen wir an, deine Harpune trifft einen Vierzig-Faß-Bullen – ach, der arme Kerl! Alle seine Kameraden lassen ihn im Stich. Doch triff eine Haremsdame – und ihre Gefährtinnen schwimmen mit allen Zeichen echter Teilnahme um sie her und verweilen manchmal so nahe und so lange bei ihr, daß ihr Mitgefühl ihnen selbst zum Verderben wird.

Mitte der siebziger Jahre harpunierten die Azorianer höchstens 200 Pottwale pro Sommer, wenig, verglichen mit den alljährlich etwa 20 000, die alleine Japan und die Sowjetunion zu jener Zeit mit ihren Fangflotten einbrachten. Seit 1938 war der Hochseefang – durch Festsetzung einer erlaubten Mindestlänge von etwa elf Metern – praktisch auf Männchen begrenzt worden, woran sich aber die urtümlichen Küstenfischer nicht zu halten brauchten.

Doch von Bullen – wie Biologen die männlichen Wale nennen, als wären es Rindviecher – konnte man auf den Azoren nur träumen. Im Sommer sind sie als Junggesellen in Gruppen oder als Einzelgänger in nördlicheren Gewässern auf Futtersuche, lassen sich zu dieser Zeit nur kurz zur Paarung blicken, die aber – zum Leidwesen der Ausgucks an Land – nie in Küstennähe stattzufinden pflegt.

Kein besonders einträgliches Geschäft für die Männer auf den Azoren waren kleinere Pottwale, oder weibliche ganz generell. Kühe und Kälber lieferten lediglich zwischen 12 und 18 Faß Öl, ausgewachsene Männchen dagegen 35 bis 80 Faß; gut 4000 Liter Walrat wurden aus manchen Schädeln geschöpft. Nach Beginn der industriellen Förderung des Erdöls 1859 in Pennsylvania wurde Tran als Brennstoff langsam unattraktiv, der Bedarf an Walrat in der Wasch- und

Das legendäre Ambra – ein Sekret im Pottwalmagen und teuer wie Gold – w nicht nur als Parfümträger begehrt, sondern wurde Ende des 16. Jahrhunderts auch zu dieser „Gebetszählschnur" verarbeitet

Elfenbeinartige Pottwalzähne zu „scrimshaws" zu verwandeln, mit fein gravierten Walfangmotiven zu verzieren, war beliebte Beschäftigung der Yankees während der langen Fangreisen

Schmiermittelindustrie nahm ab, und die kosmetische Industrie hatte inzwischen Ersatzstoffe für das im Pottwaldarm produzierte legendäre Ambra – bis dahin teuer wie Gold – als Träger für flüchtige Düfte entwickelt.

Der Markt für Walrat als extrem hitze- und druckbeständiges Schmiermittel, auch in automatischen Getrieben und bei der Stahlherstellung verwendet, erlebte nur in den 60er Jahren noch einmal einen gewissen Aufschwung; als die USA ihr Raumfahrtprogramm verkündeten, stieg der Preis auf das Fünffache.

Aber zur Verwertung als Dünger und Tierfutter taugten die Wale allemal, und die elfenbeinartigen Zähne sind noch heute ein gutes Geschäft, erzählen uns die Fischer. Sie werden bisweilen verdächtigt, zu stürmischen Zeiten, wenn sich keine Hobby-Seefahrer aufs Wasser trauen, noch Wale zu fangen. Dann und wann würden, so geht das Gerücht, tote Pottwale ohne Unterkiefer angetrieben. Kein Wunder, meint die Herrenrunde: Jeder, der einen gestrandeten Wal finde, hole eine Säge, um sich die Beißer zu sichern. Seit der Artenschutz den Handel kontrolliere, seien die Preise für „scrimshaws" mit fein gravierten Walfangmotiven steil gestiegen; Sammler halten gaunerhaft den bereits seit 1972 illegalen Markt am Leben.

Wir sind nicht erpicht auf schnöden Schnickschnack für Kaminsims und Schreibtisch, solche Devotionalien von Männerwahn und Fernweh, und die Fischer nehmen uns das mitnichten übel. Wir danken für das freundliche Gespräch und werfen die Leinen los.

„Laß es uns lieber mit dem Hydrophon versuchen, ihnen auf die Spur zu kommen und dranzubleiben, möglichst genau dort auf sie zu warten, wo sie wieder hochkommen", verkündet Dieter Paulmann unsere neue Strategie und läßt das Unterwassermikrophon über Bord gleiten, schließt das Ende des hundert Meter langen Kabels an ein Tonbandgerät mit Kopfhörerbuchse an. Als ich bald darauf das Gesicht des gestandenen Geschäftsmanns zwischen den Hörmuscheln sehe, glaube ich an die verjüngende Wirkung akustischer Impulse. Selig ist das Kind im Manne. „Hör dir das an!" schreit er mich jubelnd an.

Umwerfend! Es gibt nichts zu sehen, und doch stockt der Atem. Totenstille über dem glatten Wasser, darunter ist die Hölle los. Himmlische Töne aus den Tiefen der See: Kastagnettenklänge, Steptanzklappern, das Schmatzen metallischer Lippen, stählerne Zähne knabbern an Blech: Pottwale, überall Pottwale, wir sind umzingelt von ihrem lautstarken Orchester, dazwischen das dünne Piepsen von Delphinen.

Alle Zahnwale – vom Pottwal bis zum Schweinswal, dem kleinsten der Unterordnung *Odontoceti* – finden ihre Beute mittels Echoortung, ähnlich wie Fledermäuse, wobei die Wale einen größeren Frequenzbereich zu nutzen scheinen, Ultraschalltöne bis 32 000 Schwingungen pro Sekunde aussenden können.

Bisher weiß man wenig über die Funktionsweise dieses Biosonars. Weder, wie die Töne entstehen, noch, ob das Echo nur durch die dünnen Ohrkanäle oder auch durch die ölgefüllten Kieferknochen empfangen wird. Walforscher zerbrechen sich seit langem die Köpfe darüber und sägten Schädel schon zu Hunderten auseinander. Der Kehlkopf der Wale hat keine funktionsfähigen Stimmbänder, und die Impulse werden vermutlich in Nasendivertikeln – Ausbuchtungen der Luftröhre – erzeugt. Luftbläschen nach draußen entweichen dabei jedenfalls nicht.

Die derzeit weitgehend akzeptierte These behauptet, daß die Klicks der Pottwale mit einem knorpeligen Klappensystem an der Vorderseite des Kopfes produziert werden.

„Affenschnauze" haben Walfänger dieses rätselhafte Organ im Kopf bildhaft getauft. Die Klicks werden von dort – so glaubt man – nicht nur nach vorne, sondern durch das Walrat auch nach hinten ausgesandt, treffen dabei wohl auf den hoch aufragenden Schädelknochen, der in seiner Form dem Parabolspiegel eines Scheinwerfers nicht unähnlich ist und vermutlich eine ähnliche Funktion hat: den Strahl des Schalls zu bündeln und damit in einer Richtung zu verstärken. Diese Ortungssignale werden regelmäßig alle halbe Sekunde ausgesandt und sind von Hydrophonen über mehrere Kilometer zu empfangen.

Das hört sich zwar schön für uns an, aber eine gezielte Ortung ist dabei kaum möglich. Die Wale sind so nah und doch so fern, können fünf Kilometer neben uns sein oder tausend Meter unter uns – nicht gerade das, was Dieter Paulmann eine brillante Nahaufnahme einbringen würde.

Plötzlich, beim Abendessen an Deck, mir bleibt der Bissen fast im Halse stecken, zuckt unvermittelt wie ein Blitz ein unidentifizierbares Objekt mit weißem Schweif in den düsteren Himmel, da hinten, am Horizont. „Ein breach", stöhnt Dieter in deutsch-englischem Kauderwelsch, weil uns immer noch kein angemessenes deutsches Wort für diesen „Durchbruch" eingefallen ist; „Hüpfer" ist einfach zu schlapp für diese Eruption.

„Zu weit weg", ächzt der Naturfilmer und sinkt wieder nieder, selbst für sein längstes Teleobjektiv bleibt der Koloß zu klein. Wir müssen uns, wie schrecklich, mit dem bloßen Zuschauen begnügen. Dreimal springt der Wal, wobei der letzte Satz etwas müde ausfällt.

Wale beobachten, filmen und fotografieren kann sich zur Sucht entwickeln. Immer mehr will man haben, immer stärker muß die Dosis sein. Zuerst freut man sich über jeden verwehenden Blas, ist selig, einen flüchtigen Blick auf flache Rücken und kleine Finnen erhascht zu haben. Dann will man die Fluken sehen, die Flipper sichten, das hell umrandete Maul bestaunen – möglichst offen, der Zähne wegen –, dann ihnen ins Auge schauen, die ganze Gestalt in voller Größe in der Luft erwischen, formatfüllend wenigstens, nicht unbedingt nach den Regeln des Goldenen Schnittes sich ästhetisch auf dem Bilde verteilend, aber wenigstens von links nach rechts in eleganter Haltung hüpfend, genau im Scheitelpunkt des Sprungs eingefangen, ein bißchen Gegenlicht vielleicht.

Es kann zur Seelenpein geraten, ein Bild, das man im Kopf trägt, auf Zelluloid bannen zu wollen. Man sieht die Wale selten kommen, bemerkt sie erst, wenn sie mit gewaltigem Platsch wieder verschwinden – ein Vulkanausbruch ist einfacher abzulichten, der grummelt wenigstens vorher.

Trefflich in Worten festgehalten hat einen solchen grenzüberschreitenden Durchbruch Herman Melville:

Da kommt der Pottwal mit äußerster Geschwindigkeit aus den tiefsten Tiefen heraufgeschossen und wirft seinen ganzen ungeheuren Körper empor ins reine Element der Luft; und solch ein Gebirge von blendendem Gischt türmt er auf, daß er seinen Ort auf sieben Meilen und mehr in der Runde verrät. Wie eine Mähne umflattern ihn die zornigen zerfetzten Wogen, die er von sich abschüttelt; oft ist dieser Sprung seine Herausforderung zum Kampf.

Da ist er, dieser ersehnte Klang! Whuuff, whuuff, und noch mal whuuff, und noch mal, er hört gar nicht mehr auf – ein Sextett ersaufender, wacker weiterblasender Posaunenengel. Keine fünf Meter

neben uns liegt ein halbes Dutzend grauer Köpfe, mittelgroße Pottwale. Es könnte eine Gruppe von Junggesellen sein. Sie hängen ruhig schnaubend an der Oberfläche, stecken die Köpfe zusammen, drehen sich um die eigene Achse, dabei kommen die Flipper zum Vorschein, die Augen auch, sehen geschlossen aus, vielleicht kneifen sie die des blendenden Lichts wegen zusammen – wir an Bord werden uns nicht einig, ob sie selbstvergessen vor sich hintrudeln, ein Nickerchen machen oder starr vor Schreck verharren.

Dieter Paulmann zwängt sich hektisch in seinen Tauchanzug. Während ich mit dem Normalobjektiv an der Kamera einen Film nach dem anderen belichte, geht mir meine Lektüre von gestern abend durch den Kopf. Herman Melville, seine „Zerrbilder des Wals", 55. Kapitel:

Es war dem Naturwissenschaftler Frédéric Cuvier vorbehalten, den Vogel abzuschießen. Er hat 1836 eine Naturgeschichte erscheinen lassen, worin angeblich auch eine

Fast nur aus kräftigen Muskeln besteht das hintere Drittel des Pottwals, das zu einer fast makellos dreieckigen, in der Mitte eingekerbten Fluke ausläuft. Biologen haben ihre Antriebsleistung grob auf mehrere hundert PS geschätzt

Abbildung eines Pottwals zu finden ist. Bevor einer dieses Bild einem Bewohner von Nantucket zeigt, wird er gut daran tun, Vorkehrungen für seine schleunige Abreise zu treffen.

Dieter sitzt schon im Schlauchboot und zerrt sich die Flossen an die Füße. Da gibt Meville zu bedenken, *daß die wissenschaftlichen Zeichnungen meist nach gestrandeten Tieren angefertigt worden sind. Ebensogut könnte man erwarten, von der Zeichnung eines auseinandergeborstenen Wracks ein richtiges Bild von dem stolzen Wesen eines vollgetakelten Segelschiffes zu erhalten ... und es wird dem Menschen ewig versagt bleiben, ihn aus seinem Element heraus leibhaftig an Luft und Licht zu heben, ohne dem gewaltigen Schwall und Fluß seiner Form Abbruch zu tun.*

Dieter ist weg, untergetaucht, nur gelegentlich erscheint sein heller Kopf als kleiner Punkt zwischen den granitgrauen Körpern, ziemlich nah an den wie Fächer auf und abwiegenden Fluken. Melville: *... im Schwanz drängt sich gleichsam die ganze unermeßliche Gewalt des Ungetüms an einer einzigen Stelle zusammen. Wahrlich, ein Werkzeug, um eine Welt aus den Angeln zu heben.*

Kaum hat Dieter sich die Tauchermaske vom Gesicht gerissen, sprudelt ihm schon, noch nach Luft japsend, ein Wortschwall schierer Begeisterung aus dem Mund. Es wogen und wallen die massigen Leiber, die ungeheuren Leviathane tanzen wie leichtfüßige Elfen umeinander, rubbeln und reiben, knubbeln und kuscheln sich Rücken an Rücken, Bauch an Bauch. Dieter meint, da sei etwas im Gange, das habe noch kein Mensch gesehen.

Plinius: *Die Art ihrer Fortpflanzung darf der Neugierde und Bewunderung der Menschen nicht vorenthalten werden. Die Fische*

Kopfüber mit den Schwimmflossen strampelnd, versucht sich der schnorchelnde Kameramann Dieter Paulmann den Pottwalen zu nähern, um sie für eine Filmsequenz festzuhalten

begatten sich durch das Aneinanderreiben ihrer Bäuche mit so großer Geschwindigkeit, daß es sich dem Blick entzieht; die Delphine und übrigen Walfische tun es auf ähnliche Weise, nur etwas länger.

Aristoteles könnte sich beschweren, das sei schlecht bei ihm abgeschrieben: ... *denn bei den lebend gebärenden dauert der Akt länger als bei den Eier legenden. Auch Delphine und alle Seeungeheuer verfahren ebenso, das Männchen streift zur Begattung am Weibchen entlang, weder allzu kurze Zeit, noch eigentlich lange.*

Alfred Brehm, zweitausend Jahre frischer: *Vor der Begattung zeigt das Männchen seine Erregung durch Plätschern mit den gewaltigen Flossen an und verursacht bei stillem Wetter Donnergetöse. Gar nicht selten wirft es sich auf den Rücken, stellt sich senkrecht auf den Kopf und bewegt die Wogen auf weit hin, springt auch wohl, mit der riesigen Masse seines Leibes spielend, über die Oberfläche des Wassers heraus, taucht senkrecht in die Tiefe, erscheint von neuem und treibt andere Scherze zur Freude des Weibchens.*

Die ganze Männerrunde lacht, als wir diese Zitate am Abend wiederbeleben. Wir schließen einen Kompromiß: Jeder sieht halt, was er glaubt; schreibt ab, wo er kann; interpretiert, wie's ihm paßt; erzählt, was er will.

Nach dieser denkwürdigen Begegnung sehen wir tagelang nichts Warmblütiges mehr im Meer. Nur nachmittags rührt sich etwas an der Oberfläche, die Haie kommen hoch, verwirrend schnell zerteilen dann zwei scharfgeschnittene Rückenflossen hintereinander seitlich wedelnd das Wasser. Eine gute Zeit, an Bord zu bleiben.

Friedlicher kann das Leben kaum sein. Wir segeln dahin, ich sitze

„Hier in New Bedford steht eine Waljägerkapelle, von den ernstgestimmten Männern ... versäumen nur wenige, ihr am Sonntag einen Besuch abzustatten", schrieb Hermann Melville in „Moby Dick". Die Kapelle gibt es heute noch

vorne am Bug, lasse die Beine außenbords baumeln, mein Blick schweift gedankenverloren zum Horizont. Melville geistert mir schon wieder durchs Hirn: *Da stehst du, einsam im unendlichen Reigen der Meere, nichts regt sich als die Wellen. Das schlaftrunkene Schiff rollt träge, müde weht der Passat. Dein ganzes Ich löst sich in Sehnsucht und Selbstvergessen.*

Stimmt. Ich gestehe, etwas zögerlich, daß ich kürzlich in New Bedford an der amerikanischen Ostküste auf seinen Spuren wandelte. Diese Stadt wäre ohne ihn und seinen weißen Wal nichts weiter als eine etwas langweilige, halb industrielle Hafenstadt, denn heute stehen nicht mehr ... *wirkliche Kannibalen an den Straßenecken herum, regelrechte Menschenfresser, von denen manche ihrer angestammten Kost noch nicht allzu lange entwöhnt sind.*

Klar, ich besuchte die hölzerne Seemannskapelle, schon vor Melvilles Zeit gebaut, um wüsten Walfängern noch zur Abreise eine Prise Anstand in Herz und Hirn zu trichtern. Die kleine Kirche ist heute besonders bei Hochzeitspaaren beliebt.

Das Haus daneben ist seit 140 Jahren ein Seemannsheim; wäre der Vater des „Moby Dick" zehn Jahr später zu seiner Walfangreise auf der „Acushnet" angemustert, hätte er sich nicht in einer Spelunke zu dem tätowierten Wilden Quiqueg ins Bett legen müssen, was ein Jammer gewesen wäre, weil es so eindringlich beschrieben ist. Gegenüber der Kapelle liegt ein Walfangmuseum, in dem auch dauernd seiner gedacht wird. „Moby Dick" verkauft sich nicht schlecht.

Das Haus, in dem Melville einst für ein Weilchen bei seiner Schwester wohnte, ist jetzt ein vornehmer Bed and Breakfast Inn und nach ihm benannt, und die Touristenführer der Stadt zitieren ihn vor manchem Gartenzaun: *Man sehe sich jene eisernen Harpunen an, die manch ein hochherrschaftliches Haus sinnbildlich umgeben. Gewiß, alle diese biederen Bauten und Blumengärten stammen aus dem Atlantischen, dem Stillen und dem Indischen Ozean. Samt und sonders sind sie mit der Harpune eingebracht und vom Meeresgrund heraufgeholt worden.*

Die Zeiten haben sich erstaunlich gewandelt. Als das literarische Monument, aus dem da ehrfürchtig zitiert wird, 1851 erschien, waren die Kritiken vernichtend. Tran ist Tran, schrieb Melville selbst an einen Freund, die Feuilletonisten rümpften die Nasen: „trauriger Kram, flau und langweilig und lächerlich“ sei das Buch, meinten die Amerikaner. Londoner Zeitungen verloren jedwedes Understatement, bezeichneten den Autor als wahnsinnig, total verrückt, geschwätzig, überspannt oder unheilbar geisteskrank.

Ein Brand in seinem Verlag, gut genährt von seinen nicht verkauften Büchern, ließ Herman Melville auf eine Weise verzweifeln, daß seine groben Kritiker bald recht bekommen hätten. Obwohl er danach in schneller Folge noch fünf weitere Bücher schrieb, war er genötigt, sich in seiner Heimatstadt New York als Zollinspektor zu verdingen. 1891 starb er, völlig vergessen.

Erst zu Melvilles hundertstem Geburtstag 1919 wurde „Moby Dick“ wieder ausgegraben, als klassische Literatur gewürdigt. Die Kritiker griffen in die Harfe: In der Literatur finde man solche Kraft des Ausdrucks sonst nicht, da müsse man bei Beethoven oder Wagner nach Vergleichbarem suchen. Seit langem gibt es das Werk in verschiedenen, zum Teil gnadenlos greulichen Filmfassungen, als Comicreihe kennt es jedes nordamerikanische Schulkind.

Was Melville heute beliebt macht, ist nicht nur sein erfrischend abenteuerlicher Schreibstil, sondern besonders sein zeitgemäß populärökologischer Ansatz. Vortrefflich ist ihm das beispielsweise im 105. Kapitel gelungen:

Dank den kläräugigen Ausgukkern im Mast all der Walfänger... schwirren auf allen Meeren die Harpunen und Lanzen zu Tausenden, und es fragt sich, ob der Walfisch auf Dauer einem so ausgedehnten und unerbittlichen Vernichtungsfeldzug standhalten kann, ohne ausgerottet zu werden; ob nicht früher oder später einmal der letzte Wal, wie dereinst der letzte Mensch, auf dem letzten Loch blasen und dann ins Nichts zerflattern wird.

Ein schemenhafter Schatten im Wasser schreckt mich auf, direkt auf Kollisionskurs, ein Pottwal kommt auf uns zugeschwommen – rammen wir ihn? Die Schraube, denke ich, „Leerlauf!“, schreie ich nach hinten und starre gebannt und bang nach unten. Wir vermeiden den Zusammenprall, aber er benimmt sich wie verrückt, ändert seine Richtung, als ob er uns keinesfalls verfehlen wollte. Der ist heller als die Alten und viel kleiner, vielleicht fünf bis sechs Meter nur, ein Junges.

Nach 14 bis 16 Monaten Tragezeit werden sie geboren, sind dann eine Tonne schwer und vier bis fünf Meter lang. Etwa 22 Monate lang werden sie gesäugt, nur jedes vierte bis sechste Jahr wird ein Junges geboren, der Pottwal scheint die niedrigste Vermehrungsrate aller Cetaceen zu haben. Mit acht bis zehn Jahren werden sie geschlechtsreif, die Lebenserwartung wird auf 50, vielleicht sogar 70 Jahre geschätzt. Die Männchen werden 15 bis 20 Meter lang und durchschnittlich um 45 Tonnen schwer, obschon diese Gewichtsklasse nach den Zeiten des Walfangs heute nur noch selten vorkommt. Die Weibchen bleiben wesentlich kleiner, länger als 12 Meter ist selten eines.

Der Kleine rammt uns. Geradeaus stupst der dicke Kindskopf sachte gegen die Bordwand, verharrt scheinbar erstaunt, dreht sich gemächlich zur Seite, als wolle er nach oben schauen. Was ist das denn?, scheint er mich zu fragen. Er wird unseren Schiffsrumpf doch nicht mit seiner Mutter verwechselt haben!

Ich ertappe mich dabei, gerührt zu sein. Das Kindchenschema funktioniert auch angesichts dieses Tausend-Kilo-Babys, jene Schlüsselreize also, die nach Konrad Lorenz bei Mensch und Tier beschützendes Brutpflegeverhalten auslösen – große Augen, volle Wangen, rundliche Körperformen, betonter Hirnschädel –, also all das, was niedlich macht.

Hoffentlich hat er sich nicht gar zu sehr erschreckt. Denn dann – man kann's kaum glauben, muß es aber auch nicht – wird's gefährlich, wie heute noch in „Grzimeks Enzyklopädie“ angedroht wird: *...gibt es verbürgte Fälle, daß Schiffe ernsthaft angegriffen, Kleinfahrzeuge umgestürzt, Metallboote eingebeult wurden – meist im Zusammenhang mit dem Beistandsverhalten, das beim Pottwal besonders ausgeprägt zu sein scheint. Abgesehen von säugenden Weibchen, die ihr Junges zu schützen (vielleicht gar im Mund wegzutragen?) versuchen, können auch erwachsene Artgenossen Gegenstand gemeinschaftlicher Hilfs- und Verteidigungsmaßnahmen werden.*

Keine Alte kommt hoch, das Junge taucht ab, hinterläßt uns einen knallig rotbraunvioletten Fleck auf dem Wasser. Bei näherem Hinsehen entpuppt er sich als ein schon etwas zerfledderter Kopffüßer, die Lieblingsbeute der Pottwale, welche sie in größeren Tiefen finden. Es will uns kaum gelingen, das mannsgroße, schleimige Teil ins Schlauchboot zu holen, um es im Namen der Wissenschaft zu retten. Solange auch nur ein Zipfel der meterlangen Arme über Bord hängt, zieht es den zähen Brocken wieder nach draußen, strebt der schlaffe *Octopus* mit dem harten Papageienschnabel wieder dem Meere zu, als lebte er noch.

Wir können nur vermuten, was da vorgegangen ist. Die Mutter brachte dem Kleinen einen Brokken von ihrer Beute aus der Tiefe hoch, damit es sich an feste Nahrung gewöhne, sie das lästig werdende Stillen bald einstellen kann, selbst wenn das Junge noch nicht eigenständig so tief zu tauchen vermag. Nicht mehr als eine These, soll beweisen, wer will.

Und dann treffen wir, welch' ein seltener Umstand, einen leibhaftigen Walforscher auf hoher See. Wie ein Harpunier steht Dr. Jonathan Gordon am Bug seines Schiffes, schaut durch ein Fernglas und sucht offensichtlich Wale. Der breitrandige Strohhut auf seinem Haupt, die hochgeklappten Sonnengläser an der Goldrandbrille und der Namenszug „Song of the Whale“ am blauen Segelboot lassen vermuten, daß er in gar friedlicher Mission unterwegs ist.

Der englische Forscher Jonathan Gordon hält gut behütet nach Pottwalen Ausschau, während Dieter Paulmann und sein Skipper Sven Harder die Überreste einer Walmahlzeit, eines großen Tiefseekraken, untersuchen

Bei spiegelglattem Wasser steigen wir über von Bord zu Bord, und der Mittdreißiger, schon in frühen Jahren mit altenglischer Schrulligkeit gesegnet, bittet uns in den Bauch seines Schiffes. Dort sieht es aus wie in dem Studierzimmer eines zerstreut karikierten Professors. Mit dem Strohhut voraus stolpert er über verhedderte Kabel und versalzene Unterwasserkameras, sucht uns händeringend und bartkratzend zu erklären, was er – in Diensten einer internationalen Tierschutzorganisation – da macht, also herauszufinden, was die Pottwale da unten machen.

Sein Kontakt zu ihnen ist elektronischer Natur. Er findet seine Forschungsobjekte mit einem sensiblen Richtmikrophon, begleitet sie bei ihren Tauchgängen mit seinem feinfühligen Echolot, kann aufzeichnen, wie lange sie sich in welcher Wassertiefe aufhalten und welche Töne sie von sich geben. Selbst die Zeitverschiebung zwischen dem Klick und dem Echo im Kopf des Pottwals wird registriert, womit, ein erstaunliches Rechenexempel, die Länge des Kopfes genau, die Gesamtlänge ziemlich genau bestimmt werden kann.

Er führt uns das bildhaft auf dem Oszillographen vor, hat einen Wal im Visier, hundert Meter unter uns: 2,6 Millisekunden mißt das Gerät, also ein Acht-Meter-Wal, ziemlich klein. Für ihn – den Wissenschaftler – sei diese Information aber weniger wichtig als gegebenenfalls für die Wale untereinander. Die nähmen das bestimmt genausogut wahr, wüßten also immer, welche Artgenossen welcher Größe in der Nähe seien. Das helfe vielleicht, Auseinandersetzungen zu vermeiden, es könne aber auch sein, daß sie sich gar nicht um Reviere oder Partner streiten.

Der Biologe wollte seine Doktorarbeit eigentlich über „kleine, sehr kleine englische Fische“ geschrieben haben, wechselte dann aber zum Pottwal, „weil zwar jedes Schulkind weiß, wie er aussieht, aber allen Kollegen unklar ist, wie er lebt.“

Wie er frißt, ahnt Jonathan Gordon schon. Bei seinen elektronischen Verfolgungsjagden hat er festgestellt, daß die Wale klickend abtauchen, ein Weilchen in größerer Tiefe verweilen, ihre Klicks beschleunigen, um ihre Beute genauer zu identifizieren, dann verstummen, plötzlich sehr schnell um einige hundert Meter höher kommen, nach einer kurzen Pause wieder klickend tiefer sinken, ohne zum Atemholen an der Oberfläche gewesen zu sein.

Da bisher unklar ist, wie die Pottwale größere Kraken, Tintenfische, auch Rochen und sogar mehrere Meter lange Haie unzerkleinert ins Jenseits – also in ihren Magen – befördern können, hat Jona-

than Gordon eine neue, spannende Theorie: Haben sie ein Opfer geschnappt, dann halten sie es mit ihrem Maul fest – wobei eine Beute mit Saugnäpfen sich hilfreich an den Wal klammert – und schwimmen rasant hoch, womit der Fang durch den schnellen Druckwechsel zumindest in Ohnmacht fällt und sich dann leicht schlucken läßt.

Es scheint ziemlich sicher – Walfänger haben oft genug lange gewartet –, daß Pottwale problemlos eine Stunde unter Wasser bleiben können. Keiner weiß, wie tief sie zu tauchen vermögen, aber bis 2800 Meter wurden sie schon verfolgt, mit ähnlichem Equipment, wie es Jonathan Gordon verwendet. Dann, wenn sie wieder zum Luftholen kommen, möchten wir gerne in ihrer Nähe sein.

Ich schiebe Nachtwache, soll das Schiff auf Kurs halten und ausschauen, ob andere unseren Weg kreuzen. Doch kein künstliches Lichtlein weit und breit, nur der volle Mond wirft seinen kalten Schein grell glitzernd auf das Wasser.

Geisterstunde. Das Meer schlägt leise Wellen an den Rumpf, alles schläft, auch die Maschine steht still, das laue Lüftchen hängt schlapp im Segel. Wir treiben mehr, als daß wir fahren, die lange Dünung läuft unter uns durch, wiegt uns sanft auf und ab. Das Gemüt dümpelt mit.

Alle Sinne sind hellwach ins leere Dunkel gerichtet, es riecht nach Salz, schmeckt nach Meer, fühlt sich einsam an. Die grenzenlose Wahrnehmung – nicht mal ein Horizont in Sicht, an dem sich der Blick festhalten könnte – wird durch Phantasie ersetzt. Käpt'n Ahab aus „Moby Dick“, der irre finstre Held mit seinem Stelzbein aus einem Pottwalknochen geschnitzt, mag ähnlich inbrünstig von seinem weißen Wal geträumt haben. Geheimnisvoll gruselig, schaurig schön, Schwamm drüber. Denn die Wirklichkeit schäumt über.

Wenn das Käpt'n Ahab wüßte – den Filmschauspieler Gregory Peck 1956 vortrefflich finster mimte –, daß man einem genießerisch auf dem Rücken schwimmenden Pottwal auf derart friedliche Weise begegnen kann!

Eine Horde Delphine kommt wild daher, kündigt sich durch das schnelle Schnaufen und kurze Platschen herzergreifend an. Die schnittigen „Sendboten des Himmels“ kommen aus der düsteren Tiefe längsseits, ziehen einen grünlich phosphoreszierenden Schleier hinter sich her. Lumineszenz nennt sich diese anregende Leuchterscheinung, womit der kalte Feuerschweif nur verschwommen beschrieben ist.

Mit der Taschenlampe versuche ich festzustellen, welche Art es ist. Pilot- oder Grindwale wären kaum so schnell, Fleckendelphine würde ich wohl erkennen, die charakteristisch zerkratzten Rissodelphine erst recht, Kleintümmler kämen nicht so zuhauf. Gewöhnliche Delphine kann ich von Streifendelphinen auch tagsüber kaum unterscheiden. Egal, wie sie heißen. Es ist einfach wunderbar. Fünf Minuten reiten die rasanten Tiere unsere schlappe Bugwelle, finden sie allem Anschein nach etwas langweilig, weg sind sie wieder, verweht wie eine Fata Morgana in der flimmernden Wasserwüste unter dem Mond.

Alle halbe Stunde setze ich mir den Kopfhörer auf, um in die Tiefe zu lauschen. Von Walen umzingelt wollen wir frühstücken, heißt die Devise einer jeden Nacht, aber meist entschwinden sie uns. Ein einzelnes kräftiges Schmatzen und viele leise Echos sind jetzt zu hören. Der Meeresgrund reflektiere das Signal, hat uns Jonathan Gordon erzählt, die Grenze zwischen Wasserschichten verschiedener Dichte eventuell ebenso, wahrscheinlich auch die Berge des Mittelatlantischen Rückens. Der liegt hier etwa 1500 Meter tief, von ihm aus haben sich einst Vulkane über das Wasser erhoben, der stattlichste unter ihnen, Pico sein Name, ragt 2355 Meter hoch in den Azorenhimmel. Es muß eine wilde Landschaft sein, dort drunten.

Während mir die unirdischen Töne durch die Ohren in den Kopf geistern, versuche ich mir vorzustellen, wie dieser offenbar einzelne Wal, womöglich eigenbrötlerisch gestimmt, durch die zerklüfteten Täler schwebt. Viel zu sehen wird es in diesen Tiefen auch für ihn nicht geben, und wie seine Ultraschallwahrnehmung funktioniert, kann ich zwar theoretisch begreifen, aber nicht nachvollziehen. Wie ein Echo Gestalt annimmt, zum Bild im Kopf sich wandelt, das mögen Fledermäuse verstehen. Keine Ahnung, wie sich das akustische Bild eines schmackhaften Oktopus von dem eines versunkenen Gummistiefels unterscheiden könnte. Mich tröstet nur, daß auch Pottwale da manchmal unsicher zu sein scheinen – beides wurde schon in ihren Mägen gefunden.

Ich versuche nicht, mir zu denken, was der Wal da drunten denkt, wenn er denn denkt. Aber nur zur Steuerung von Flipper und Fluke, zum Futtersuchen, Fressen, Verdauen, Fortpflanzen brauchte er wohl kaum das größte und schwerste Gehirn im ganzen Tierreich. Sieben Kilogramm kann sein Grips wiegen, ähnlich kompliziert gefaltet wie meiner, der höchstens drei Pfund auf die Waage brächte.

Alfred Brehm sah das Verhältnis vor hundertdreißig Jahren so: *Was schadet es dem Menschen, wenn man dem Thiere zuerkennt, was ihm gebührt, also Verstand? Das Säugethier besitzt Gedächtnis, Verstand und Gemüth... es bewahrt sich gemachte Erfahrungen auf und benutzt sie; es erkennt Gefahren und denkt über Mittel nach, um sie zu vermeiden; es beweist Neigung und Abneigung, Liebe gegen Gatten und Kind, Freunde und Wohlthäter, Haß gegen Feinde und Widersacher, Dankbarkeit, Treue, Achtung... hat von Geselligkeit sehr hohe Begriffe und opfert sich zum Wohle der Gesammtheit; es pflegt Kranke, unterstützt Schwächere und theilt mit Hungrigen seine Nahrung. Es überwindet Begierden und Leidenschaften und lernt sich beherrschen, zeigt also auch selbständigen Willen und Willenskraft. Es erinnert sich der Vergangenheit jahrelang und gedenkt sogar der Zukunft, sammelt und spart für sie.*

Ich widerspreche nicht, wenngleich seine nüchternen Zoologie-Nachfolger solche Sentenzen aus den späteren Ausgaben seines „Thierleben" gestrichen haben, weil ihnen das plötzlich peinlich war. Anthropomorphisieren nennen sie das heutzutage zungenbrechend und stirnrunzelnd, ein unwissenschaftliches Vermenscheln tierischer Eigenschaften sei das.

Melville war über solche Skrupel erhaben: *Genie und Pottwal? Hat denn ein Walfisch je ein Buch geschrieben oder eine Rede gehalten? Nein, seine Überlegenheit bekundet sich darin, daß er sich nicht erst anzustrengen braucht, um sie zu beweisen.*

Das Lebensgefühl der Wale muß – gänzlich unberührt von solch irdischem Zank – ganz großartig sein, da sind wir uns über anderthalb Jahrhunderte schwärmerisch einig. Man stelle sich das nur einmal vor: diese Schwerelosigkeit des Seins, gelassen durch Zeit und Raum zu schweben, sich ohne Atemnot dahinsinken zu lassen, mühelos wieder aufzutauchen...

Ein Rumpeln an Bord. Dieter ist aus der Koje gefallen, kommt an Deck, kann nicht schlafen. Seit letztem Sommer ist er mondsüchtig, murmelt er, tastet sich zum Kopfhörer. Nichts los, nur ein einziger Klick, melde ich. Das muß Moby Dick sein, flüstert er beschwörend. Klar doch, wer sonst, Käpt'n Ahab, denk' ich mir. Bei Vollmond im Juli, wie jetzt, habe er ihn das erste Mal gesehen, im vergangenen Jahr, den weißen Wal.

Da ist endlich das ureigenste Stichwort für Herman Melville, drunten in der Tiefe der Bordbibliothek: *...in solchen Längen und Breiten, in denen der Walfänger einsam seinem Tun und Treiben obliegt, ist er von Mächten umwoben, die samt und sonders dazu beitragen, den Keim zu manch einer überlebensgroßen Ausgeburt der Phantasie in ihm zu legen. Was Wunder deshalb, wenn die aufgebauschten Gerüchte über den Weißen Wal auf ihrem Weg kreuz und quer durch die Wüste des Wassers ständig weiter anschwollen und sich zuletzt mit allen möglichen Hirngespinsten und lichtscheuen Mutmaßungen anreicherten, bis Moby Dick nachgerade mit einem überirdischen Schrecken umflort war, der nicht mehr aus seiner sichtbaren Erscheinung stammte.*

Genau so war's, erzählt Dieter, zuerst hätten sie ihn für einen verlorengegangenen Container oder ein gekentertes Boot gehalten, was auch beides wahrscheinlicher gewesen wäre. Aber dann habe ein Blas ganz deutlich im blauen Himmel gestanden. Sie seien ihm hinterhergefahren, aber leider habe niemand ein Foto von ihm gemacht.

Der weiße Wal! Kurz nach der Jahrhundertwende hatte mal ein Fischer von den Azoren behauptet, einen gesehen zu haben – seitdem war er nur noch nachsichtig belächelt worden. Uns geht es nicht besser, als wir im nächsten Hafen von unserer Entdeckung erzählen. Auch Jonathan Gordon, der strohbehütete Biologe, meinte, ganz britisch freundlich, das sei recht unwahrscheinlich: Wenn es denn einen hier gäbe, müßte er ihn doch schon entdeckt haben …

So bescheiden wir uns mit der genaueren Beschreibung des Phänomens von Herman Melville: *Denn was diesen vor anderen Pottwalen auszeichnete, war nicht so sehr seine ungewöhnliche Größe als die absonderliche schneeweiße, faltige Stirn und der hohe pyramidenförmige weiße Höcker. Sein übriger Körper war mit derselben Leichentuchfarbe über und über gestreift, gefleckt und marmoriert, und daher nannte man ihn zur Unterscheidung von anderen den Weißen Wal; tatsächlich rechtfertigte er diesen Namen durch das blendende Bild, das er bot, wenn man ihn am hohen Mittag durch die dunkelblaue See gleiten sah, eine Milchstraße sahnigen, mit Goldfunken gestirnten Schaumes als Kielwasser hinter sich.*

Jetzt hat Dieter Paulmann den Film vom vergangenen Jahr als Videokassette mitgebracht, führt ihn im Hinterzimmer einer kleinen Gaststätte vor. Fast schneeweiß zieht der Wal über den großen Bildschirm – noch heller als jener in der Phantasie von Herman Melville –, taucht hinab zwischen die Mitglieder seiner Gruppe. Jeder in der Kneipe nennt ihn Moby Dick, alle glauben, es ist ein alter Bulle. Vielleicht ist er ein Weibchen und heißt ganz anders, aber das kann man mit Dieter nicht vernünftig diskutieren. Seitdem er seinen weißen Wal gefunden hat, heißt er in der Runde nämlich Käpt'n Ahab, und mit dem war nie zu spaßen.

Bei den Pottwalen, das ist mittlerweile wissenschaftlich erwiesen, gibt es keine Patriarchen. Die uralte Haremsidee ist passé. Lange hatten Walfänger und Cetaceenforscher gleichermaßen fest daran geglaubt, daß selbstverständlich das größte Männchen der Chef eines Rudels sei. Das allerdings war weniger der Beobachtung als der Phantasie entsprungen, denn die meiste Zeit des Jahres sind Gruppen von Weibchen, Jungen und Jugendlichen beiderlei Geschlechts ohne Patriarch unterwegs, brauchen ihn mitnichten.

Zur Paarung – wozu Männchen zweifelsohne erforderlich sind – kommen sie kurzzeitig zu Besuch, durchschnittlich für sechs Stunden, wurde während eines Forschungsprojekts vor den Galapagosinseln gestoppt. Aggressives Verhalten der Männchen untereinander wurde nicht bemerkt. Beruhigend zu wissen.

Es bläst mit 20 Knoten, und wir segeln hart am Wind, so daß die Wanten pfeifen und die Segel summen, die See vorne überkommt, wie eine Mähne auf dem Deck leewärts verweht. Schlechtes Wetter, um Wale zu sichten, sei's drum. Doch plötzlich sind sie vor uns, wie kleine Granitbrocken ragen ihre glatten Köpfe stahlblau aus dem kabbeligen Wasser; wir hätten sie fast über den Haufen gesegelt. Das geschieht – nicht uns, aber ganz allgemein – leider öfter.

Am Tag zuvor hatte im Hafen von Horta, dem Treffpunkt der Atlantiküberquerer, eines dieser schnellen, dreirumpfigen Kunststoffboote gelegen. Von einem Wal seien sie gerammt worden, behauptete die Besatzung des Trimarans, zeigte vorwurfsvoll auf den Riß im mittleren Rumpf. Wer weiß – aber das ist allemal die bessere Geschichte im „Café Sport", wo Hunderte bunter Wimpel von der Decke hängen, das Bier durch die Kehlen fließt, das Seemannsgarn durch die Geschichten spinnt.

Die Zeiten sind etwas besser geworden, wenigstens für die Wale. Ein paar Vorurteile sind verschwunden. Noch vor wenigen Jahren hätte dieser Unfall als weiterer Beweis für die aggressive Gefährlichkeit der Pottwale hergehalten, heute fragt schon mal einer, ob die Seefahrer nicht hätten besser aufpassen können.

Wir schleichen uns wieder ins Wasser mit unseren Taucheranzügen. Die Wale entdecken uns rasch. Keine Ahnung, wie und als was sie uns registrieren. Vielleicht so, wie ein Elefant eine Maus wahrnimmt, mit der er nicht viel anzufangen weiß, die ihn aber dennoch nervös machen kann. Der gleichmäßig ruhige Schlag ihrer großen Fluken hält inne. Bedächtig, aufmerksam heben sie ihre Köpfe. Gewiß richten sie nun den Strahl ihrer Ultraschallortung auf unsere Körper.

Klick-klick-klick, meldet mein Ohr, und meine Brust spürt ein Pochen.

Die Wale erlösen uns schnell von dem Übel der Ratlosigkeit, senken ihre dicken Schädel, tauchen bedächtig, aber zügig hinab, verschwinden in der Tiefe, ihre Silhouetten lösen sich auf in blauer Unendlichkeit.

Wir kehren zurück an die Oberfläche, blasen mit der letzten Luft das Wasser aus den Schnorcheln, sprühen kleine Fontänen. An der Reling stehen verschwommen grinsend die alten Gelehrten.

DIE JAGD AUF DAS FLÜSSIGE GOLD

Als Geschenk des Himmels empfanden die Menschen in vorgeschichtlicher Zeit die Strandung eines Wales – frisch genug gefunden, konnte er ein ganzes Dorf lange ernähren. Seit mehr als tausend Jahren werden Wale systematisch gejagt, sie wurden zur industriellen Ware, zur Ölquelle und Goldgrube, zur gar vielseitigen Ressource – und fast ausgerottet

Der wundersame Wal: Der irische Heilige Brendanus aus dem 6. Jahrhundert wurde im Mittelalter als legendärer Held einer fantastischen S

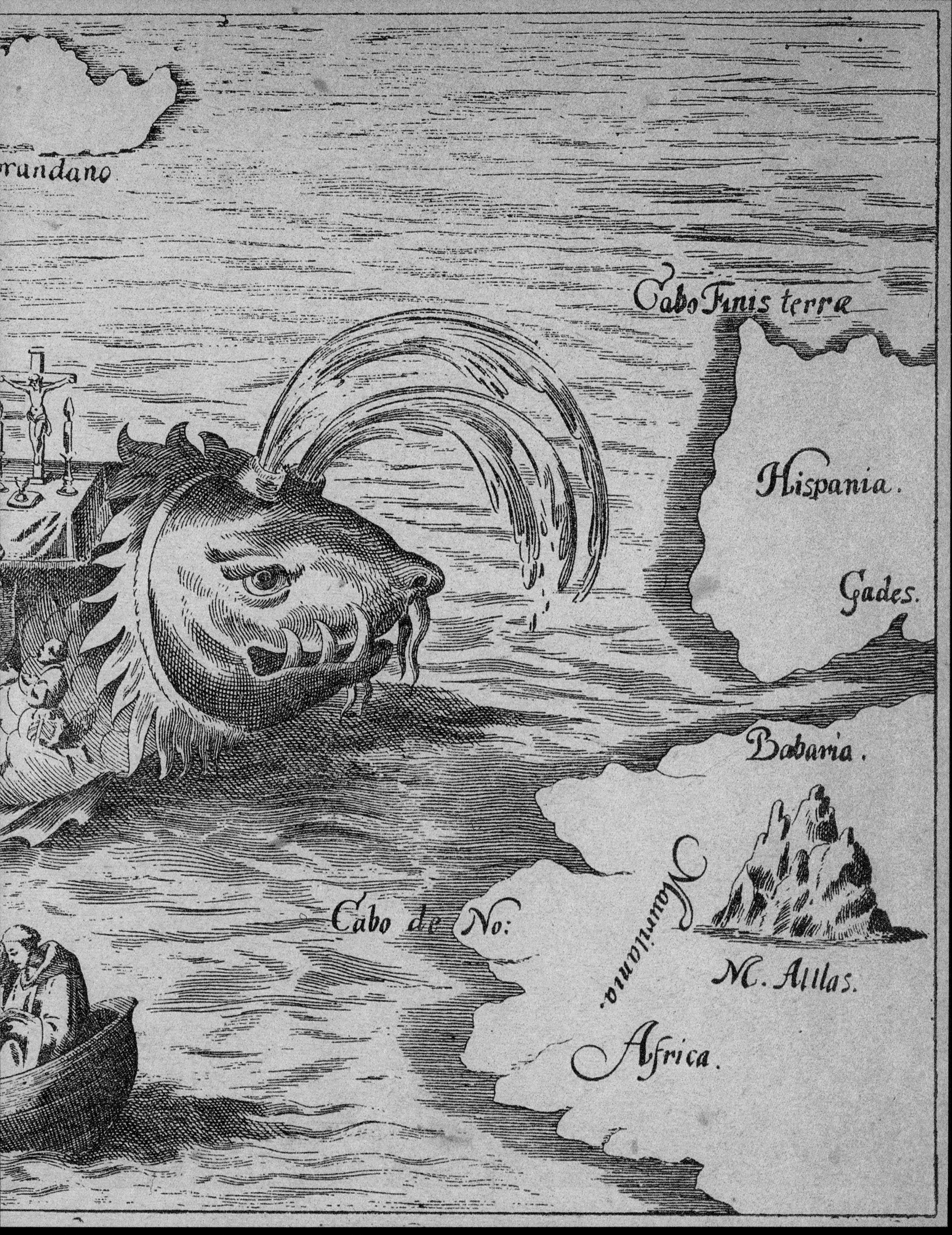

...rgestellt. Die Heilige Messe zelebrierte er auf dem Rücken eines Wales

Strandspaziergang zur Sensation: Ein 1617 bei Scheveningen an der niederländischen Küste angetriebener Pottwal erregte auch in bess

en allergrößtes Aufsehen. Esaias van de Velde setzte das Ereignis grandios in Szene

Reise um die Welt: Auf der Suche nach profitabler Beute landeten amerikanische Walfänger im 19. Jahrhundert auch auf den polynesische

ist das voluminöse Gemälde, benannt nach einem Faßbinder, der die Skizzen lieferte, und einem Anstreicher, der das Werk in Leimfarbe

asinseln, wie es dieser Abschnitt aus dem sogenannten Purrington-Russell-Panorama darstellt. Fast 400 Meter lang und 2,5 Meter hoch …

Das glückliche Ende zeigt die Rückkehr der vollbeladenen „Kutusoff" in ihren Heimathafen New Bedford

Heldenepos in Bunt: Diese wilde Schlachtszene – 1835 im Goldenen Zeitalter der Pottwalfänger als kolorierter Stich ersch

e von Cornelius Hulsart gezeichnet, der bei der Waljagd einen Arm verloren hatte

„Thar she blows!“:
Ein weiterer Ausschnitt aus dem Purrington-Russell-Panorama präsentiert den Höhepunkt einer Fangreise, das Jagen und Schlachten. Sobald ein Wal vom Ausguck ausgerufen war, hüpften alle Mann der Freiwache hektisch aus den Kojen in die Klamotten, wie die Skizze aus einem Logbuch zeigt. Ein Querschnitt durch ein Fangschiff offenbart den prosaischen Teil des Geschäfts: In Wolken von Gestank wird Tran eingekocht und unter Deck in Fässern gestapelt

a
c
b

Hundert Mann und ein Wal: Im 17. Jahrhundert benutzten japanische Küstenfischer Netze, um die großen Glattwale einzufangen. Aber er

ahl von Hand geworfener Lanzen ließ die Beute den letzten Blas aushauchen

Der Schrecken des Winters: Hoffnungslos eingekeilt in gewaltige Eismassen der Arktis, muß dieser Walfänger aufgegeben werden. Alle M

l einiges Gerät – werden von dem im offenen Wasser liegenden Schiff der Kollegen aufgenommen

Schweres Geschütz: Erst mit der Harpunenkanone am Bug eines schnellen Dampfschiffes – hier ein norwegischer Waljäger nach der Einfü

ethode 1868 – wurde die Jagd auf die flinken Blau- und Finnwale aussichtsreich

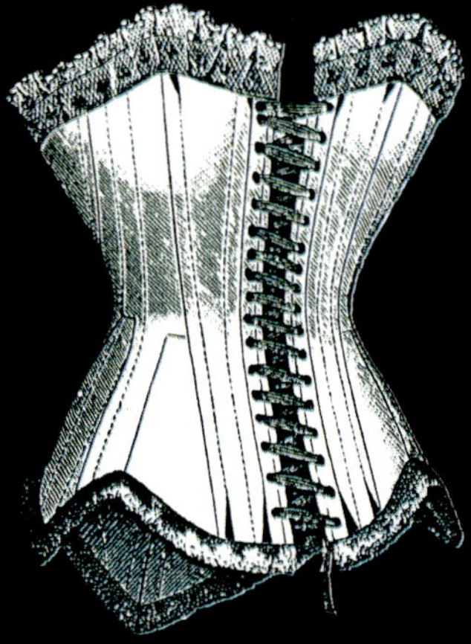

„Fischbein" formt: Viele Wale mußten am Ende des 19. Jahrhunderts sterben, damit die Damen im Korsett unter der Mode der Wespentaille gepflegt leiden konnten. Lediglich wegen des biegsamen Rohstoffs – der Barten – wurde der Grönlandwal noch gefangen. Im Hafen wurden sie gereinigt und getrocknet

VINEGAR BITTERS

Geld stinkt nicht: Die im Hafen von New Bedford aus den Fangschiffen entladenen Fässer voll übel riechenden Waltrans begründeten im 19. Jahrhundert den Reichtum der Stadt. Bereits an Deck war der Blubber zu handlichen Stücken geschnitten und in großen Kesseln ausgekocht worden. Tran wurde nicht nur zur Erleuchtung der Städte gebraucht; auch das Geschäft mit mariner Seife lief wie geschmiert

Am aufragenden Bug steht die geladene Kanone. Die Widerhaken der Harpune sind fein säuberlich zusammengeklappt, als sollte es gleich wieder losgehen. Doch der „Schießer" hat längst Feierabend. Ganz oben am Mast hängt die Tonne für den Ausguck, aber niemand schreit mehr: „Da bläst er!" „Aussingen" nannten sie dieses petzende Rufen über die Wasserwüste. Das Heck des Fangbootes liegt tief, als wäre es unter Volldampf hinter einem Wal her, aber der morsche Kahn an den südgeorgischen Klippen läuft langsam voll. Ein tröstliches Bild des Jammers. Der Zahn der Zeit ist rot wie Rost. Caput mortuum im Südlichen Eismeer. Wal hat Ruh'.

Südgeorgien ist voll herber Schönheit, Eisberge umgeben das schroffe Eiland wie eine glitzernde Kette hochkarätiger Diamantbrocken. Subantarktisches Klima herrscht hier, eisige Winde kommen aus dem Süden angefegt, bestürmen die mehr als tausend Gletscher und die scharfkantigen, bis zu 3000 Meter hohen Gipfel, ohne sich nennenswert daran zu erwärmen. Die Durchschnittstemperatur liegt selbst im Sommer nur knapp über dem Gefrierpunkt.

Das ist heutzutage die Heimat für eine Million Seebären, 360 000 See-Elefanten, drei Millionen Goldschopfpinguine und eine ungezählte Menge von Sturmvögeln. Sie alle haben sich hier einen Platz für die Aufzucht der Jungen ergattert, kuscheln sich im Windschatten des hohen Tussockgrases aneinander. Hier wird gefaulenzt und für Nachwuchs gesorgt, gefressen wird im Meer. Die Pelzrobben waren im 19. Jahrhundert nahezu ausgerottet, inzwischen haben sie sich – vermuten Biologen – fast wieder auf ihre ursprünglichen Bestände erholt. Die großen Wale nicht, die brauchen länger.

Einige Tage bin ich hier schon herumgeschippert, habe keinen einzigen Blas über dem eisigen Wasser gesehen. Einsam ist's auch an Land, Grytviken heißt der unheimlich verlassene Ort, „Kesselbucht" genannt, weil Robbenschläger einige Siedetöpfe hinterlassen hatten. Captain James Cook hatte sie hierher gelockt, nachdem er 1775 die Inseln für die britische Krone per Fußtritt in Besitz genommen und von reichem Robbenvorkommen berichtet hatte.

Bis 1966 arbeiteten und lebten hier bis zu tausend Mann in den kurzen Sommern. Der norwegische Kapitän Carl Anton Larsen war 1904 mit ein paar hölzernen Fertighäusern und den Gerätschaften zum Einkochen von Speck gelandet, wollte viele Wale fangen und schnelles Geld verdienen. Anfangs kamen die Buckelwale zahlreich und freiwillig bis nah vor die Rampe geschwommen, brauchten nur aufgespießt und an Land gezogen zu werden.

Ungemein groß und mächtig liegt ein bleiches Gebein im Dreck. Es könnte der Wirbelknochen eines Blauwals sein. 1964 hatten alle Walfänger zusammen nur noch zwanzig von ihnen entdecken können – so meldeten sie betrübt – und alle abgeschossen. Von der folgenden Saison an standen sie unter Schutz, aber das hat ihnen wenig genützt. Und Grytviken gab dies den Rest, seitdem ist es – bis auf jene des kleinen Friedhofes – von allen Geistern verlassen.

Die Stürme haben die Häuser inzwischen schief- und die Fenster eingedrückt, die Schneelasten manche Dächer einstürzen lassen.

Mit letzter Schlagseite liegt ein altes Fangboot am Kai von Grytviken. Das Kino der Bretterbuden-Stadt ist in Wind und Wetter mit elegantem Schwung zusammengebrochen. Ein See-Elefant aalt sich vertrauensvoll vor verrostender Maschinerie. Von Norwegern 1904 gegründet, wurde diese Walfangstation auf Südgeorgien bis 1962 durch Engländer genutzt, danach noch ein paar Jahre an japanische Walfänger verpachtet. Mit den Walen verschwanden ihre Jäger

KINO
1930

Die lutherisch hölzerne Kirche wurde von nostalgisch frommen Forschern der nahen britischen Station renoviert, das 1930 gebaute Kino überließen sie den Elementen der wüsten Winter. In elegantem Schwung liegt das Dach darnieder, nichts gibt es jetzt vorzuführen.

Stahlfedermatratzen liegen herum, Kisten ungebrauchter Harpunenspitzen, verbogene Schiffsschrauben, Planken und Spanten von Booten, in den Häusern stehen noch die Bettgestelle, zusammengebrochene Tische in der Küche, halbvolle Regale. Die einst eingeschleppten Ratten wurden mittlerweile ausgemerzt, weil sie den Vögeln die Eier wegfraßen.

Sanfter Nebel schwebt grau und gnädig über der Ansiedlung. Still ist's, nur ein paar Königspinguine plappern zwischen Maschinenteilen, die halb im Schlamm versunken sind. Robben liegen schnarchend auf abgesackten Pontons und stöhnen im Traum, Türen klappern und quietschen im Wind, Wellblechdächer ächzen leise. Jenseits der engen Bucht äsen einige Rentiere, das einzig Lebendige, was die Walfänger der Insel hinterlassen haben. Anfang des Jahrhunderts hatten sie die angesiedelt, um sich mit Frischfleisch zu versorgen, als Abwechslung zu Fisch und Walsteak.

Eine Tafel hängt an der Wand, die letzten Kreidestriche sind längst verwischt, jedoch die mit Ölfarbe gepinselten Kategorien blieben deutlich lesbar, von links nach rechts, in norwegischer Sprache: Blå, Finn, Sperm, Sei, Total Hval, Olje fat – wieviel Faß Öl aus dem Fang eines Schiffes zu kochen war. Danach richtete sich die Gewinnbeteiligung der Männer, prozentual fein abgestuft, vom Harpunier bis zum Speckschneider, Verwalter bis Heizer, von oben nach unten. In sogenannten guten Jahren wurden hier 100 000 Wale an Land gezogen, auseinandergenommen, eingekocht, verwertet.

Es stank zum Himmel, habe ich in einem Buch der 30er Jahre gelesen: *Aus vielen hohen Schornsteinen quillt dicker, schwarzer Rauch, aus Kesseln und Luken steigt weißer Dampf, und überall wälzen sich graue, braune und giftgelbe Dunstschwaden. Ein geradezu höllischer Gestank steigt stechend in die Nase, legt sich süß und widerlich auf die Zunge und kratzt in der Kehle ... der Magen droht dauernd zu revoltieren.*

Heute ist die Luft rein. Auf den großen Winden liegt noch das Drahtseil, mit dem die Wale an der Fluke aus dem Wasser gezogen wurden. Beruhigend vergammelt ist alle Maschinerie. Die großen Silos für die Unmengen von Tran stehen noch, doch ihre Fundamente bröckeln. Vorsichtig, fast andächtig gehe ich über die weite Plattform, die stellenweise von zähem Grünzeug zurückerobert wird. Die dicken Holzbohlen sind morsch, an manchen Stellen von tiefen Messerschnitten übersät, einige sind durchgebrochen. Dieser „Plan" – nichts weiter als das norwegische Wort für eine ebene Fläche – war der Hauklotz der Walschlachterei, auf ihm wurden die mächtigen Körper in Stücke gesägt und geschnitten, zerhackt, zerstükkelt.

Der Anblick bleibt mir erspart, ich muß mich auf anderer Leute Erzählung verlassen. Es gibt einige davon, diese scheint mir die erträglichste:

Der Pottwal, der jetzt auf dem Plan liegt, ist ein etwa zwanzig Meter langes Tier. In seinem Rücken klafft ein mächtiges rundes Loch, aus dem ein Stück der gekappten Walleine heraushängt. Die lange eiserne Harpune ist völlig im Leibe des Tieres verschwunden. Die Ge-

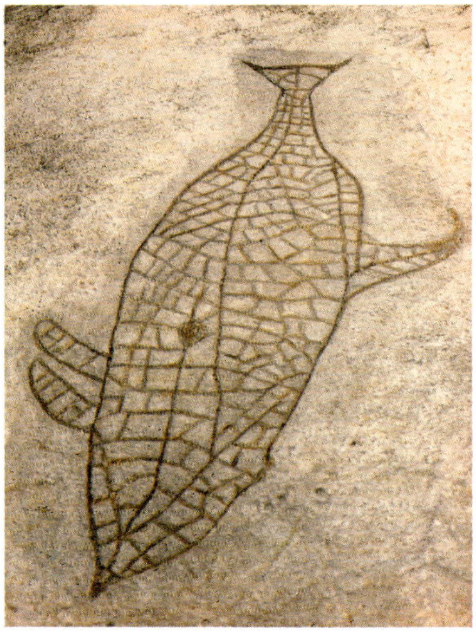

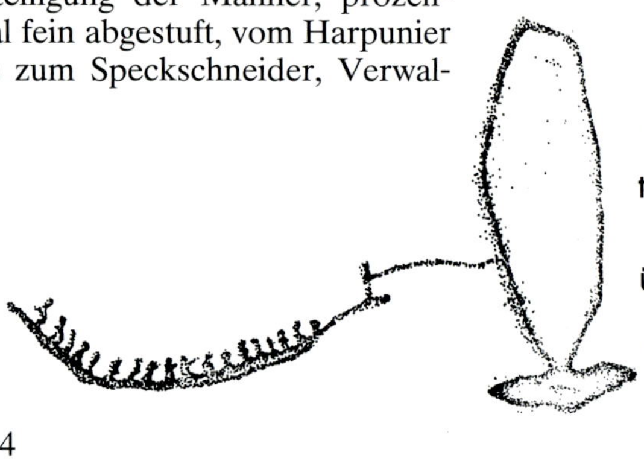

Wale wurden bereits in alten Zeiten beschworen. Die geritzte Felszeichnung vom Oslo-Fjord wird auf 5000 v. Chr. datiert. Die neolithische Wandmalerei auf Sandstein in Korea gilt als die älteste Walfangdarstellung überhaupt. Der Kupferstich von 1582 zeigt die Anfänge des kommerziellen Walfangs, wobei die Tiere mit Booten an den Strand getrieben und dort getötet wurden

därme sind wohl von der Sprenggranate völlig zerfetzt, und so hat die moderne Technik ganze Arbeit getan.

Einige Männer schlitzen mit großen gebogenen Messern die Haut längs des Körpers auf. Einer schneidet sich Stufen in den Speck, um den riesigen Körper hinaufzuklettern. Die dicke Haut springt unter den Messern knallend auseinander und der weiße Speck tritt hervor. Das Blut rinnt noch warm in Strömen heraus. Die Männer haben lange, spitze Eisen unter die Hacken geschnallt, um auf den glitschigen Planken nicht auszugleiten. Der Speck wird mit Hilfe der Dampfwinden in großen Streifen abgezogen. Er sitzt ziemlich lose auf dem Körper. Ein Mann genügt, um mit einem Messer etwas nachzuhelfen. Nachher werden die großen Speckfladen zerkleinert und mit Elevatoren in die Kessel der Siederei befördert, um dort ausgekocht zu werden. Dann machen sich einige Männer mit Äxten und großen Messern über den abgezogenen Kadaver her, um ihn kunstgerecht zu zerlegen. Zunächst wird der gewaltige Kopf abgetrennt und in einen Schuppen geschleppt. Er wird angeschlagen, das flüssige Walrat fließt aus und wird in besonderen Tanks gesammelt. Es soll später zur Fabrikation hochwertiger Kerzen und als Beigabe zu Arzneien eine spezielle Verwendung finden.

Kaum sind die Männer vom Plan verschwunden, so stürzen sich ganze Wolken von Vögeln auf die Reste.

Die Vögel Südgeorgiens fressen jetzt wieder Fische.

Die uralte Geschichte der Nutzung der Wale zeigt anschaulich, wie sich der Mensch vom Sammler zum Jäger und schließlich zum Zerstörer entwickelte. Bereits in vorgeschichtlicher Zeit wird hin und wieder ein Wal gestrandet, von den Findern mit Erschrecken ob seiner Gestalt und Größe erst nur vorsichtig beäugt worden sein. Sehr schnell haben die Küstenbewohner dann festgestellt, daß sich die gewaltigen Fett-, Fleisch- und Knochenmassen nutzen lassen – sozusagen ein Geschenk des Himmels sind. Ein einziger großer Wal konnte, wenn er nur frisch genug gefunden wurde, einen ganzen Volksstamm, ein Dorf, eine Sippe wohlbehalten durch den Winter bringen. Er lieferte reichlich Nahrung, Brennstoff, Baumaterial für Unterkünfte und Rohstoff für Bekleidung.

Gelegentlich mag es gelungen sein, dem Zufall etwas nachzuhelfen, im Flachwasser festgeschwommene Wale zu überwältigen. Nach dem Bau von Booten und der Erfindung einschlägiger Waffen wurde das Monstrum des Meeres auch gejagt, in die ewigen Jagdgründe und ans Ufer befördert. Kultivierte Völkerschaften pflegten sich nach vollbrachter Ar-

beit ehrfürchtig zu bedanken – beim Wal selbst, daß er gekommen war, bei den Göttern, die ihn geschickt hatten. In den unterschiedlichsten Kulturen, in Mythen, Märchen und göttlichen Schöpfungsplänen hatten die Wale als mystisch umranktes Symbol einen festen Platz.

Diese Ehrfurcht vor dem Lebewesen, das zu Nutzen und Frommen gestorben war, hat dann nachgelassen, die Sitten verrohten, etwa tausend Jahre ist's her. Der Wal wurde Ware, die Ehrfurcht zum Gewinnstreben, das Rätsel zum Rohstoff profanisiert, als natürliche Ressource, Ölquelle, Goldgrube, Handelsgut, Gebrauchsartikel und/oder Spekulationsobjekt wohlgefällig betrachtet.

Es ist nicht ganz sicher, wem das Verdienst gebührt, als erster derart Walfang betrieben zu haben. Die Wikinger könnten es gewesen sein, denn sie haben schon im Jahr 890 dem englischen König Alfred vom Walfang bei Tromsö berichtet. Um das Jahr 1100 begannen die Basken, den gemächlich an den Küsten der Biskaya entlangschwimmenden Nordkaper zu fangen. Dazu benutzen sie eine Harpune; vom baskischen Begriff „arpoi" für „lebendig fangen" soll das Wort für dieses Werkzeug abgeleitet sein. Praktischerweise gehen diese Wale, wenn sie denn tot sind, nicht unter, konnten also auch mit kleinen Ruderbooten an Land gezogen werden.

Nach dreihundert Jahren Stecherei ließen sich die bis zu 18 Meter langen und fast hundert Tonnen schweren Riesen nicht mehr an jenen Küsten blicken – entweder waren sie weitgehend ausgerottet, oder sie hatten sich vorsichtshalber in fernere Gewässer zurückgezogen. Es lohnte jedenfalls nicht mehr, auf sie zu warten, von den Beobachtungstürmen aus auf die stürmische Biskaya nach dem schnell verwehenden doppelten Blas der *Baleine de Sardes* Ausschau zu halten.

Bald nach der Einführung des Kompasses in die Seefahrt steuerten Basken 1372 nach Norden, erreichten Neufundland, mauerten sich an Labradors Küste aus mitgebrachten roten Backsteinen eine Transiederei – als „Red Bay" wurde der Ort berühmt, nachdem er 1977 ausgegraben und dabei auch das recht gut erhaltene Wrack einer Galeone entdeckt worden war. Die Segelschiffe wurden vorwiegend zum Fortschaffen des Trans gebraucht, die Wale ließen sich per Ruderboot von der Küste aus mit widerhakigen Eisen erlegen.

In der Mitte des 16. Jahrhunderts – so rekonstruierten es Archäologen – produzierten hier tausend Mann in einer fünfmonatigen Saison bis zu zwei Millionen Liter Lampenöl, schufen es in einmonatiger Schiffsreise nach Hause, Europa zu erhellen. Bis daß die Wale auch hier verschwunden waren.

Die eigentliche Heimat des Walfisches sind jetzt die arktischen Meere jenseits des 66. Breitengrades, während er früher auch an deutschen und franz. Küsten gefunden wurde. Die Ursache dieses Zurückziehens liegt in dem Walfischfange... wußte die 1855 in Leipzig erschienene „Real-Encyklopädie für die gebildeten Stände".

Holländische Seefahrer blieben bei der Suche nach einer Nordostpassage 1569 auf Novaja Semlja im Packeis stecken, mußten überwintern, entdeckten dabei den Grönlandwal – viel schwerer und mit längeren Barten als der Nordkaper, also wirtschaftlich attraktiver – und berichteten von den Küsten Spitzbergens über riesige Bestände von Walen, die zeitgemäß schlicht als „Fische" bezeichnet wurden, ... *daß man nach Belieben nicht allein an den Fisch hinrudern konnte, sondern auch, wenn er geschossen war, vielmals die anderen Fische wegscheuchen oder mit dem Riemen auf den Leib schlagen und aus dem Weg jagen mußte, damit man dem vestgemachten Fisch beikommen konnte. Es war sodenn nichts seltsames, daß an einem Orte viele Fische, weil sie einfältig waren, gefangen wurden.*

Engländer gründeten die „Moscovian Company", danach Holländer eine „Noordsche Compagnie" – beides Monopol-Gesellschaften –, und zogen los in die „Goldminen des Nordens". Die Fachleute an Bord waren Basken, die „Baienfischerei" so einfach und erfolgreich wie zu Anfang in der Biskaya und vor Neufundland. Wieder konnten die dicken „Fische" vom Ufer aus an Land gezogen werden, *denn diß Thier ist so ungeschickt als groß und stark es ist.*

Da witterten auch Hamburger Reeder ein Geschäft und schickten Walfänger los, nachdem ihnen Dänemarks König Christian IV. das 1643 endlich genehmigt hatte. „Grönlandfahrt" hieß dieses kühl kalkulierte Unternehmen, weil Spitzbergen anfänglich für die Ostküste Grönlands gehalten wurde. Es gab ein ziemliches Gewimmel – 1680 fuhren allein 260 Schiffe aus Holland mit 14 000 Mann nach Spitzbergen – und ein schweißtreibendes Geschäft.

Der Fang war zwar einfach, aber das Wetter schlecht. Noch gefährlicher als die Hinfahrt war die Rückkehr. Lauerten zuerst nur furchtbare Stürme, gigantische Eisberge und zufrierende Treibeisfelder den Schiffen auf, so lungerten auf dem Heimweg bald unge-

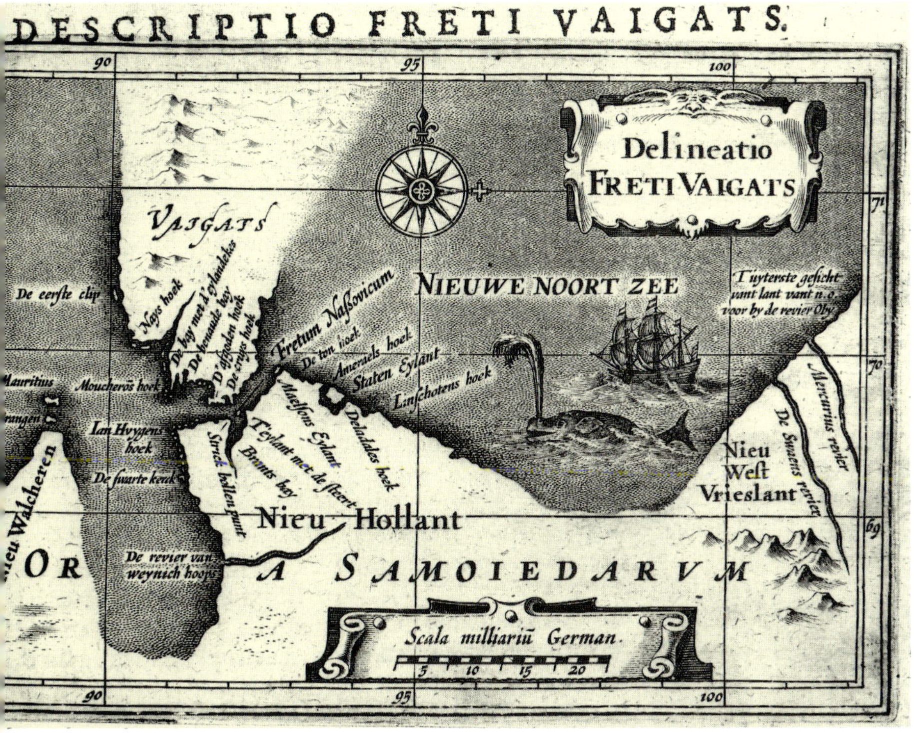

mütliche Piraten jedweder Nationalität in der Nordsee herum, die Tribut verlangten, ganze Schiffe haben oder sie wenigstens um die Ladung erleichtern, sich jedenfalls die Mühen des Walfangs ersparen wollten. Die Hanseaten mußten sich von bewaffneten Konvois begleiten lassen, was sie im Jahre 1697 ganze 51 000 Mark Courant kostete – heute fast eine Viertelmillion Mark –, aber „20 fransche capers" in Schach hielt. Es war ein gutes Jahr, 54 Hamburger Schiffe brachten von 515 „Fischen" 18 344 Quard Speck nach Hause – mehr als 17 000 Liter.

Fürs Jahr 1672 wurden solche Zahlen in einer Chronik vorgerechnet: 516 Wale ergaben 350 Tonnen Barten und 37 500 Tonnen Tran, für die Hamburger Reeder einen Gewinn von 231 978 Mark Courant – also auch heute mit knapp einer Million Mark ein schönes Geld.

Trotz aller Leichtigkeit – die Monstren zu töten, bereitete gelegentlich einige Mühe, wie ein Besatzungsmitglied des Hamburger Grönlandschiffes „Der Schwartz Adler" im Jahre 1648 zu berichten weiß:

Den 26. May als Freytags Morgens, ohngefehr um 4 Uhr, ließen sich wiederum 3 Fische sehen, da wir denn alsobald unsere Schaluppen klarmachten, und satzten sie aus, und ruderten drauff zu. Da denn einer unser Harpunirer, Hadrian, mit seiner Harpun den einen Fisch so wohl traf, daß er von Stunde an Blut spriete, und machte solch schreckliche Farth mit den 3 Schaluppen, daß es grausamlich zu sehen war. Denn er lieff mit den obgedachten 3 Schaluppen, darinnen 18 Mann waren, als hätte er gantz nichts hinter sich, und mit solcher Farth, daß dem die Haare hätten gen Berge mögen stehen, der es an-

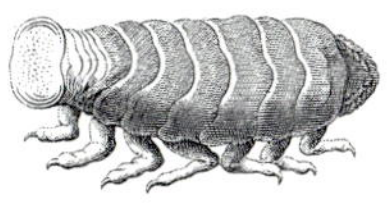

Auf der Suche nach Walen entdeckten Seefahrer die Welt, skizzierten für die Daheimgebliebenen ihr Bild von fremden Gestaden: Die arktische Küste Rußlands, wie sie 1582 kartiert wurde. Beim Walfang 1616 ging es eher selten so wild zu, wie dargestellt. Auch Pottwal und Wallaus wurden 1752 weniger nach der Natur als nach Hörensagen gezeichnet

sahe. Denn das wasser stund an beyden Seiten anderthalb Mann hoch, so schnitten die Schaluppen durch das Wasser ... nachdem er zu unterschieden mahlen von unsern Harpunirers gelantzet worden, hat er das Wasser mit solcher Menge, eines Mast-Baums hoch, in die Höhe gespriet, daß eine von unsern Schaluppen fast halb voll Blut, und die See 6 biß 10 Faden um den Fisch herum ganz gefärbet war.

Nach langem Wüten und Schlagen gieng er über 260 Faden tieff nach dem Grunde zu, daß sie in den Schaluppen nicht über 3 Faden mehr nachzulassen hatten ... hätte er bey einem Haar die Schaluppe mit samt dem Volck in den Grund gerissen. Aber es währete nicht lange, so kam der Fisch wiederum aufgestiegen, speiete unerhörlich Blut, so schwartz und so dicke als Leber, schluge mit seinem Schwantz so grausamlich und so ungestüm, daß niemand dorffte bey ihm kommen. Letztlich aber kamen sie von forne zugerudert, und stachen ihn mit den Lantzen in die Lufft-Löcher hinein, einmahl oder 12, daß er brüllete wie ein Löwe und kehrete den Bauch hoch. Als er fast todt war, schlug er doch noch bißweilen mit den Flossen.

Die Tranhändler wurden meistens schnell wohlhabend. Als erfolgreiche Bürgersleute rückten sie oft zu den Honoratioren ihrer Stadt auf. Manchmal allerdings ging einem der „Pfeffersäcke" vorübergehend die Luft aus, wenn ein Schiff versank und nicht ordentlich versichert war oder der Reeder selbst zu hoch an der Versicherungsgesellschaft beteiligt war und sozusagen doppelten Schaden davontrug, während seine Männer zwar nur einfach, aber endgültig im Eis umkamen.

Die „Real-Encyklopädie" von 1855 klagte – nicht ganz auf dem Stand ihrer Zeit, denn inzwischen war der Walfang andernorts weitergegangen – über das Ende der lukrativen Grönlandfischerei: *Oftmals verbringt eine solche Expedition zwei Jahre in unwirthbaren Gegenden, ohne einen Walfisch zu finden, dessen Fang etwa 5000 Thlr. Gewinn abwirft. Die 50–70 000 Thlr. der Ausrüstung sind dann völlig verloren. Es erklärt sich daraus die Abnahme der Grönlandsfahrten, die durch das Verschwinden der Walfische immer riskanter werden.*

In den warmen Gefilden der Südsee waren längst die unternehmungslustigen Yankees fündig geworden und ließen die europäischen Konkurrenten nicht aufkommen. In der Mitte des 18. Jahrhunderts entwickelte sich an Neuenglands Küste eines der – wie es später stolz genannt wurde – „faszinierendsten industriellen Abenteuer der Geschichte". Es war vor

Fünf Novembertage des Jahres 1838 im Logbuch eines Walfängers

allem ein Bombengeschäft für jene, die mit Wagemut finanziell zu spekulieren wußten. Nachdem auch die Neuengländer ihre küstennahen Bartenwale nahezu ausgerottet hatten, entdeckten sie die Verwertbarkeit der hervorragenden Öle und Fette, die sich aus dem Pottwal gewinnen ließen. Besonders das Walrat, eine lange rätselhafte Substanz aus dem dicken Kopf dieses Wales mit dem großen Gebiß, war das Nonplusultra der damaligen Beleuchtungsindustrie, die daraus feine, geruchlos und lang brennende teure Kerzen herstellte.

Die hellen Yankees hatten das Illuminierungs-Monopol schnell organisiert, befehligten bald fast 80 Prozent aller Fangschiffe auf hoher See. In der besten Zeit kreuzten fast 600 neuenglische Segler mit 15 000 Mann gleichzeitig suchend über die Sieben Meere. „Thar she blows!" hallte es allüberall. Und „der Kamin brennt!" schrien die Yankees begeistert, wenn ihrer tödlich getroffenen Jagdbeute Blut in die Lunge geraten war, sich der Blas rot färbte.

An Land waren weitere 50 000 Menschen mit der Weiterverarbeitung der Rohstoffe beschäftigt, alles in allem ein Millionen-Dollar-Business. Pro Jahr mögen zu jener Zeit etwa 10 000 Pottwale erlegt worden sein. Der Schornstein rauchte prächtig.

In bester Erinnerung sind die heroischen Geschichten der Walfänger, die auf ihren mehrjährigen Reisen neue Südseeinseln entdeckten, mit gruselig zähnefletschenden Kannibalen und schön naiven Blumenmädchen nähere Bekanntschaft machten, ihren Schnaps und ihre Krankheiten verteilten. Das bunte Leben dort war entschieden aufregender als zuvor das unterkühlte Dasein zwischen den Eisschollen vor Spitzbergen. Die Nordkaper und Grönlandwale waren so harmlos wie Kühe gewesen, erst die märchenhaft schiffeversenkenden Qualitäten der Pottwalbullen machten die Walfänger zu Helden. Ihr größtes literarisches Denkmal schuf Herman Melville mit „Moby Dick" in 135 Kapiteln, obwohl in diesem klassischen Roman der weiße Wal das Finale für sich entscheidet, seine Peiniger mit in die unendliche Tiefe nimmt. Als das Buch 1851 erschien, interessierte sich kaum ein Mensch dafür – Tran ist Tran, und mit dem amerikanischen Walfang ging's auch schon bergab. Petroleum ersetzte allmählich das Walöl als Brenn- und Leuchtstoff.

Alfred Brehm, der gute deutsche Zoologe, schrieb vor mehr als hundert Jahren: *Daß bei einer ebenso unumschränkten wie unvernünftigen Verfolgung auch die früher reichsten Fanggründe verarmen*

Stolz präsentieren sich die Arbeiter einer Walfangstation in Alaska auf einem zwanzig Meter langen Nordkaper, bevor sie ihn zerkleinern. Die industrielle Weiterverarbeitung der Rohstoffe wurde in Fabriken wie dieser Ölraffinerie in San Franzisko besorgt

müssen, ist selbstverständlich. Die Abnahme der Wale, welche von Jahrzehnt zu Jahrzehnt sich steigerte, erregt das lebhafte Bedauern des Thierfreundes, vermindert glücklicherweise aber auch die Anzahl der unmenschlichen Jäger.

Doch hier irrte Brehm. Es sollte erst richtig losgehen. Die größten aller Cetaceen, die Blau-, Finn- und Seiwale aus der Familie *Balaenopteridae*, auch Furchenwale genannt, waren noch nicht an der Reihe gewesen. Denen hatten die Jäger immer nur sehnsüchtig hinterherschauen können. Keine Chance, sie mit einem Ruderboot oder Segelschiff zu verfolgen. Außerdem gingen sie unter und waren verloren, wenn die Harpune sie tödlich getroffen hatte.

Das Schicksal der Wale und der Walfangindustrie schrieb eine furchtbare und erfindungsreiche Geschichte:

- War eine Art nur noch schwer zu orten, dann wurde eine andere gefunden;
- waren Wale in einem Ozean bis zur Unwirtschaftlichkeit dezimiert, wurden sie in einem anderen Gewässer wieder in lukrativer Anzahl entdeckt;
- brach ein Markt für die aus ihnen zu gewinnenden Produkte zusammen, entstand ein neuer;
- waren alte Jagdmethoden ausgereizt, wurden wirksamere entwickelt.

Schlaue Köpfe aller Walfangepochen bastelten stets an der perfekten Tötungsart herum. Die Basken tauchten ihre Harpunen in Schwefelsäure, um den Fang schneller zu töten. Blausäure und Zyankali waren Ende des 19. Jahrhunderts modern, aber gefährlich und sinnlos – das Sterben dauerte ewig. Verschiedene Betäubungsmittel, exotische Gifte wie Kurare, Aconitin und Nervengas waren für die Jäger bedrohlicher als für die Beute, für den Endverbraucher ungesund. Und immer noch mußte die Harpune auf kurze Distanz von Hand geschleudert werden.

Die Norweger, erst spät zum weltweiten Walfang gestoßen, wurden die Pioniere einer maschinellen Jagdmethode, die Deutschen, die 1861 die Jagd eingestellt hatten, waren Vordenker. Der Erfinder Philipp Rechten entwickelte eine Kanone zum Abschuß der Harpune, die von dem Bremer Büchsenmacher Cordes gebaut wurde, aber nie richtig funktionieren wollte. Dem Norweger Svend Foyn war es schließlich nach jahrelangen Versuchen und mit einem kleinen, schnellen Dampfboot vergönnt, sie zur effektiven Jagdwaffe zu verbessern. Das war 1868. Damit schoß er Norwegen an die Spitze aller Walfangnationen.

Rasch soll er kommen, der Tod. Walfänger sind keine Unmenschen und haben am Leiden ihrer Beute nicht das geringste Interesse. Es ist lästig, zeitraubend und gefährlich. Manche der Großwildjäger mögen sich beim langen Sterben mit Grausen abgewendet haben. Einigen ist ein gewisses Mitgefühl sogar ins

Was man gerührt als Illustration von Mutterliebe interpretieren könnte, ist bei genauem Hinsehen die Darstellung einer Fangtechnik: Erst wurde das Junge harpuniert, um dann die treusorgende Mutter zu erlegen

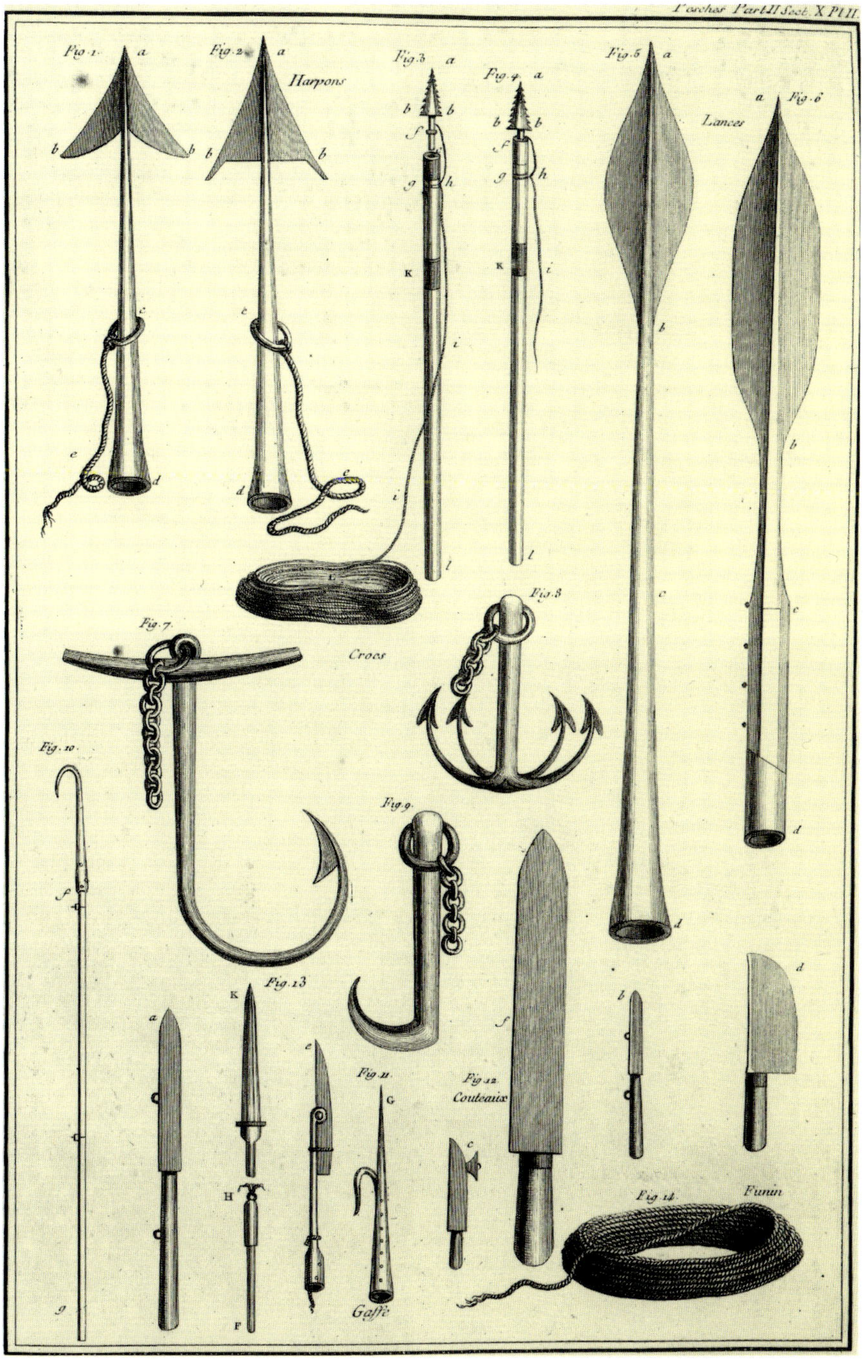

Tagebuch geflossen. 1899 berichtete etwa der Engländer Frank T. Bullen von Bord des Walfängers „Cachelot“, wie eine Walmutter harpuniert wurde und während des Todeskampfes ihr wenige Tage altes Junges beschützend mit einer Flosse hielt:

Einmal, als ein tiefdringender Stoß in die tiefsten, edlen Teile drang, hob sich ihre riesige Schwanzflosse hoch in die Luft in einer scheinbar unwillkürlichen Bewegung der Todesangst. Aber selbst in diesem schrecklichen Schmerz erinnerte sie sich der möglichen Gefahr für ihr Junges und legte die riesige Waffe so sanft nieder, als wäre sie ein Federfächer. So starb sie in vollkommener Ruhe mit kaum einer Krümmung noch irgendeinem Zeichen von Unruhe und hielt das Kalb an ihrer Seite fest, bis ihr letzter Lebensfunke geflohen war, und überließ es einem leichten Tode mit einem einzigen Lanzenstoß. Kein Schlachten eines Lammes sah jemals mehr wie Mord aus.

Die Größenverhältnisse zwischen Harpune und Opfer sind so, als wolle man ein Rind mit einer langen Stricknadel umbringen. Man muß nicht besonders sensibel sein, um das als Tierquälerei zu empfinden. Selbst die mit einem Gewehr oder aus einer Kanone abgeschossene Harpune wirkte oft

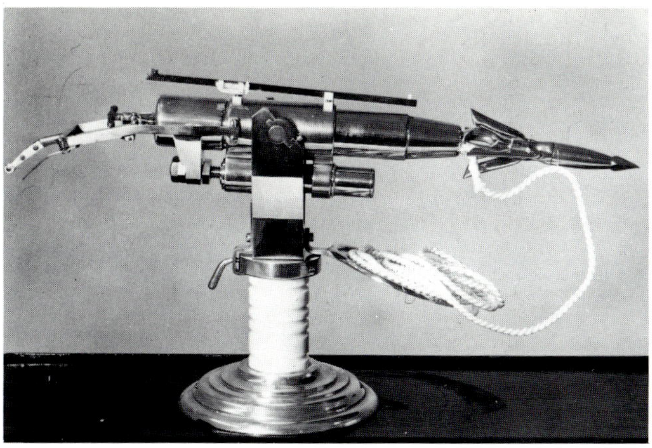

Ein ganzes Arsenal an Harpunen, Lanzen, Fleischhaken und Messern gehörte zum Handwerkszeug der Waljäger, wie eine französische Darstellung von 1782 dokumentiert. Mit der Entwicklung der Harpunenkanone, an der sich bereits deutsche Konstrukteure versucht hatten, schoß der Norweger Svend Foyn 1868 sein Land an die Spitze aller Fangnationen

lediglich als Angelhaken, hielt das Tier bloß fest. Sehr zufällig und eher selten tötete sie auch. Es gab gute und schlechte Harpuniere, und in rauhem Wetter war es fast unmöglich, den Schuß genau zu plazieren. Also mußte oft genug eine „Killerharpune" hinterhergeschickt werden – nichts anderes als das übliche Eisen, nur daß kein Tau daran befestigt war. Es dauerte eine ganze Weile, das zwischen 50 und 90 Kilogramm schwere Geschoß nachzuladen, und manche Wale gaben ihren Geist erst auf, nachdem sie ein ganzes Bombardement getroffen hatte. Viele Tiere gingen verloren. Tauchten sie tief ab oder flüchteten sich unter Eisschollen, mußte die Leine gekappt werden, um das Fangboot zu retten. Die Tiere starben später an ihren Verletzungen, völlig sinn- und nutzlos.

Einen Fortschritt zur Rettung der Beute und zur Verkürzung ihrer Leidenszeit brachte die „heiße Harpune", die von den Norwegern zur Serienreife gebracht wurde. Die alte und „kalte" Version wurde dazu mit einem Sprengkopf versehen, in dem ein Glasröhrchen mit Schwefelsäure durch den Aufprall platzt, nach wenigen Sekunden den Sprengstoff zündet und die Harpunenspitze im Innern des Opfers explodieren läßt. Die Granatsplitter sollen möglichst schnell todbringenden Schaden anrichten – bis heute ist dies die allgemein übliche Fang- und Tötungsmethode.

Ein solches Geschoß – manchmal auch erst mehrere – beförderte die großen und schnellen Furchenwale zwar ins Jenseits, hinderte die schweren Körper aber nicht am Untergehen. Als Svend Foyn die Idee kam, den Walen nach dem Fangschuß ein Rohr in den Körper zu stoßen und sie mit Druckluft aufzupumpen, war die Gefahr gebannt. Nun dezimierten die Norweger vor der heimischen Küste die Finnwalbestände so stark, daß ihre Regierung die Jagd dort bald verbot.

Da kam frohe Kunde aus der Antarktis. Das norwegische Fangschiff „Antarctic" hatte im hohen Süden jede Menge Blau-, Finn-, Sei- und Buckelwale gesichtet, wenn auch nicht fangen können, weil es ohne Svend Foyns neue Waffentechnik losgefahren war. Grytviken wurde als erste Landstation im Südlichen Eismeer gegründet, dort auf Südgeorgien, wo die Kessel der Robbenschläger stehengeblieben waren. In den sechs Monaten der ersten Saison wurden allerdings nur zirka hundert Tiere, hauptsächlich Buckelwale, erlegt und lediglich der dickere Bauchspeck verwendet, der Rest verrottete in der Cumberland-Bucht.

Die Kapitalgeber klagten; es gab nur 40 Prozent Dividende. Das nächste Jahr wurde dann besser – 100 Prozent Rendite. Danach waren 130 Prozent Gewinnausschüttung nicht unüblich.

1912 beherrschten 60 norwegische Gesellschaften weltweit den Walfang. Die Deutschen indes kümmerten sich um den Erhalt des Bedarfs. So freute sich der Düsseldorfer Chemiekonzern Henkel:

War die praktische Brauchbarkeit der Harpunenkanone gerade im rechten Augenblick erwiesen worden, so war dies mit der Entdekkung des Fetthärteverfahrens durch den deutschen Ingenieur Normann nicht minder der Fall. Das Auftreten des Sojabohnenöls als neuen Wettbewerbers für das Walöl auf dem Ölmarkt hatte den Walfang 1909 aufs neue in eine äußerst kritische Lage gebracht, die sich aber sofort änderte... mit einem Schlage dem Walöl völlig neue Absatzmöglichkeiten brachte...

Die düstere Zeit der qualmenden Tranfunzeln war zwar dahin, aber jetzt begann die strahlende Epoche der Margarine. Die Fetthärtung, die Umwandlung flüssiger in feste Fette unter Druck mit Wasserstoffgas, machte ihre Herstellung möglich. Walöl avancierte zum Grundstoff von Margarine – die damals noch weit davon entfernt

war, aus Pflanzenölen hergestellt zu werden. Die Milchwirtschaft lancierte schnell noch eine PR-Kampagne gegen das „Kadaver-Fett" aus „halbverrotteten Walen", das „chemisch veränderte Fischöl", aber die Kunstbutter lief bald wie geschmiert.

Die Vorbereitungen für den Ersten Weltkrieg machten den Walfang doppelt brisant. Ein Nebenprodukt der Hydrolyse – der chemischen Spaltung des Walöls – war das Glycerin, wichtiger Grundstoff zur Herstellung von Nitroglycerin und damit Dynamit. Das Geschäft blühte, und Deutschland, das seinen eigenen Walfang eingestellt hatte, trieb die schon lukrativen Preise für Walöl in schwindel- und ärgererregende Höhen, bot den neutralen Norwegern bis zu 300 englische Pfund pro Tonne, kurz nachdem noch 25 Pfund üblich gewesen waren. Die Harpuniere im Südatlantik zielten auf alles, was sich blasend an der Oberfläche zeigte. Zwischen 1904 und 1917 gaben in der Antarktis 175 250 Wale hauptsächlich dafür

Der Tod eines harpunierten Wals kommt selten so schnell, wie von den Waffenherstellern versprochen und den Waljägern behauptet. Selbst die „heiße" Harpune, die im Innern des Tieres explodiert, ist keine Garantie für ein kurzes Leiden

ihr Leben, daß Menschen sich selber gegenseitig ins Jenseits schießen und sprengen konnten.

Nach dem Ersten Weltkrieg wurden die Meeresriesen dann wieder friedlich aufs Brot gestrichen.

Die Stellung des Walöls als Margarinegrundstoff wurde mit der Zeit so bedeutend, daß die Härtefabriken als Alleinabnehmer für das Walprodukt auftraten und sogar den Walfang in ihre Abhängigkeit zu bringen wußten. Nichtsdestoweniger waren die Gewinne der Walfangunternehmen derartige, daß die Aktien in guten Jahren hundert Prozent Dividende und darüber abwarfen... klagte der Düsseldorfer Konzern ein wenig, weil er noch nicht daran beteiligt war... *es mußte erst die Umwälzung des Jahres 1933 kommen, ehe etwas in dieser Richtung geschah.*

Das erwachende Dritte Reich wurde weltweit zum größten Waltran-Verbraucher. Für die jährlich etwa 200 000 benötigten Tonnen mußten viel Devisen aufgewendet werden, die man für anderes dringender brauchte. 1934 wurde folglich die „Erste Deutsche Walfang-Gesellschaft" gegründet. Der ehemalige Hapagdampfer „Württemberg" wurde zum Walfangmutterschiff „Jan Wellem" umgebaut und 1936 auf große Fahrt gen Süden geschickt. Man war stolz darauf, unter den 296 Besatzungsmitgliedern nur 34 Norweger als „unentbehrliche Fachleute" mitnehmen zu müssen und hatte den schwimmenden Schlachthof technisch bestens vorbereitet:

Durch eine eingeübte Mannschaft können über 24 Wale am Tag verarbeitet werden, so daß 2000 t und mehr an Körpermaterial in je 24 Stunden zur Zerlegung kommen... 1600 bis 2000 Faß Öl (= 270 bis 330 t) je Tag gewonnen werden. Außer Walöl wird als hauptsächlichstes Verarbeitungsprodukt Fleischmehl gewonnen... hochwertiges Futtermittel mit etwa 82% Gesamtproteingehalt, davon über 96% verdaulich, so daß es für die Viehzucht als Kraftfutter von größter Bedeutung ist und in bezug auf Eiweißgehalt von keinem anderen Futtermittel erreicht wird.

Als Jugendlicher, Ende der fünfziger Jahre, bekam ich aus der Reihe „Reisen und Abenteuer" das Büchlein „Wal frei" in die Hand – aufregend geschrieben, eindrucksvoll bebildert, Schlachtszenen in den Gewässern der Antarktis. Den Ruf „Wal frei!", das Startsignal zur Jagd, schrie der Käpitän des norwegischen Walfangmutterschiffs seinen Harpunieren auf den sieben Fangbooten durchs Funktelefon zu, und los ging die wilde Hatz auf die „Monster der Meere".

In hundert Meter Entfernung bläst der Wal. Schaurig dröhnt das donnerartige Getöse. Jetzt mit voller Fahrt vorwärts! Der Abstand verringert sich. Alles fiebert in gespannter Erwartung. Ob wir es schaffen? Zweimal hat das Tier schon geblasen. Vierzig Meter, dreißig Meter. Da donnert ein Schuß aufheulend über das Meer. Die Harpune fliegt, man sieht deutlich die Leine... ein Aufschlag! Eine dumpfe Detonation folgt. Die Granate an der Spitze der Harpune ist im Körper des getroffenen Wales krepiert und hat die Widerhaken freigegeben. Wal fest!

Der Schießer an der Harpune konnte dem „schweißenden Tier" dann eine zweite, stärkere Leine in den Rücken jagen, die Beute konnte nicht mehr entkommen, nur sterben wollte sie nicht so schnell. Dem Schreiber von damals – und mir erst recht – war es kaum begreiflich, wie der Wal, von zwei Harpunen getroffen, das Zweihundert-Tonnen-Fangboot zügig hinter sich herschleppen konnte, obgleich die Schiffsmaschine mit der vollen Kraft ihrer 800 PS rückwärts lief. Allmählich erlahmte dann das Ungestüm des Riesen, der Mann an der Winde holte Leine ein, der Schießer mußte dem Tier noch ein paar Sprengschüsse verpassen.

Der quälende, zwei Stunden lange Kampf hatte sich gelohnt: Die Länge des Blauwals wurde auf 27 bis 28 Meter geschätzt, sein Gewicht auf 100 Tonnen. Die Zunge wiege 3000 Kilogramm, steht da in dem Buch, so viel wie ein mittlerer Elefant, was mir damals wenig sagte und ich deshalb in drei VW-Käfer umrechnete.

Die größten Blauwale haben mindestens 50 000 Kilo Fleisch, 24 000 Kilo Speck, 21 000 Kilo Knochen. Die Lunge wiegt fast ebensoviel wie das Herz, nämlich 600 Kilo, die Därme wiegen 1500 Kilo. Der leere Magen hat das stattliche Gewicht einer Kuh, etwa 400 Kilogramm... und der größte Rückenwirbel allein 200 Kilo. Die Barten... 1000 Kilogramm... es hat kaum eine Stunde gedauert, bis das Riesentier restlos verarbeitet war.

Die Kadaver waren vielseitig verwendbar. Als ein Versorgungsschiff auf hoher See Proviant übergeben soll, werden drei aufgeblasene tote Wale als Fender, als Puffer zwischen den Schiffen, benutzt. Nach dem Ende der Fangzeit, während der Heimfahrt, lief das 20 000 Tonnen große Mutterschiff in dichtem Nebel auf einen Eisberg und schlug leck. Schnell wurde ein Blauwal gefangen, weil das Vorschiff absackte. *Das Abtrennen der Speckschicht in einem Stück erfordert viel Geschicklichkeit. Am nächsten Morgen wird die mächtige Speckhaut mit vier Schäkeln versehen. Dann wird dieses ungewöhnliche Wundpflaster kielge-*

holt... die Speckseite ist widerstandsfähiger als die doppelten Lecksegel... das Schiff ist dicht, ein Wal hat 270 Menschen gerettet.

Auch innere Qualitäten wurden den Walen zugesprochen. Ein Chemiker an Bord sollte dem Pharmaziekonzern Merck in Darmstadt für arzneitechnische Zwecke eine Reihe innerer Organe mitbringen. *Es sollen dreißig verschiedene Drüsen vorhanden sein... ist der Meinung, daß sich auch in diesen Walorganen wirkungsvolle Heilmittel finden. Er findet bestätigt, daß im Walleberöl dreihundert- bis vierhundertmal so viel Vitamin A enthalten ist als in der Dorschleber, aus der man den bekannten Lebertran gewinnt. In der Bauchspeicheldrüse sucht er Insulin... Milz, Nieren, Gehirn, Rückenmark, Hoden, Ovarien, die Hirnanhangdrüse und vieles andere mehr werden mühselig in den Walkörpern gesucht und im Labor analysiert.*

Die Pharmazeuten hatten 500 Kilo Walhirn bestellt in der Annahme, das Hirngewicht stehe im Verhältnis zur Größe des Wales. Einer der Arbeiter *erhält den Auftrag, die halbe Tonne Walhirn zusammenzutragen. Er schimpft nicht schlecht, als er feststellt, daß ein Walgehirn nur 5,6 Kilogramm wiegt. Kein Wunder, denkt er, daß das Vieh so dämlich ist, sich von den Menschen abschießen zu lassen! Verärgert hämmert er die Gehirnkammer auf, denn der Wal hat sein bißchen Gehirn noch in drei getrennten Kammern aufbewahrt. Endlich hat er die gewünschte Menge zusammen und atmet erleichtert auf.*

Nur die gelegentlich gefundenen ungeborenen Jungen bekümmer-

Um sich von dem Rheuma zu kurieren, das sie sich vermutlich bei der Jagd geholt hatten, zeigten australische Walfänger keine Hemmungen, sich in einen verwesenden Wal zu setzen. Die kuriose Idee: Das Öl des Kadavers sollte dabei in ihre Gelenke sickern

ten die Helden des Jugendschmökers etwas. Betroffenheit würde das heute genannt, ein leicht flüchtiges Gefühl.

Beim Zerlegen auf dem Schlachtdeck gibt es eine peinliche Überraschung. Man findet ein fast ausgetragenes Junges von 6,4 Meter Länge und einem Gewicht von 3000 Kilo. Es ist tragisch und sinnlos, die Muttertiere abzuschießen.

Die Skrupel schwanden schnell dahin. Die Walkuh wurde zu 280 Faß Öl eingekocht. Einer der Männer hatte das tote Tier zuvor noch gemolken, sie nahmen eine Kostprobe, sie schmeckte *ähnlich eingedickter sahniger Kuhmilch, die äußerst nahrhaft sein soll.*

Blauwale waren die begehrtesten. Es geht entschieden schneller, einen großen Wal einzukochen als zwei oder gar drei von einer kleineren Spezies. Brachten die Fangboote nur Buckelwale zum Mutterschiff, fragte sich der schreibende Beobachter besorgt: *Sollte sich das übermäßige Jagen in den Vorjahren so verhängnisvoll bemerkbar machen? Es wäre auch kein Wunder, wenn die Wale verschwänden. In den letzten zehn Jahren hat man in der Antarktis 170 000 Wale gefangen. Von zehn erbeuteten Walkühen sind sechs bis sieben trächtig, und jeder zweite gefangene Wal ist ein Weibchen.*

Bei jedem tausendsten Faß gab es für jeden der Mannschaft ein Glas Aquavit, beim hunderttausendsten zwei. Das passierte auf dieser Reise zum allgemeinen Bedauern nur

Vor Einführung von Fabrikschiffen, mechanisierten Kränen und motorbetriebenen Knochensägen gegen Ende des 19. Jahrhunderts war die Zerlegung eines Grönlandwals – mit den längsten Barten aller Cetaceen ausgestattet – oder das Abtrennen eines Pottwalkiefers gefährliche Schwerarbeit

einmal, aber man wollte nicht weiter klagen.

Insgesamt hat man erlegt 613 Blauwale, 748 Finnwale, 352 Bukkelwale, 22 Pott- oder Spermwale, das sind insgesamt 1735 Wale. Aus dieser Beute wurden 115 270 Faß Öl, das sind 19 211,7 Tonnen, gewonnen. Der Wert entspricht bei dem derzeitigen Marktpreis 5 352 184,60 Kronen oder 3 224 207,54 Mark. Das ist immerhin schon ein Grund zum Feiern. Alkohol wird aufgefahren, alle Sorgen sind beiseitegelegt. Endlich wird die Bordkapelle gerufen... man singt begeistert das Lied: Im Schwarzen Walfisch zu Askalon. In die Feier hinein klingt der Heulton der Sirene. Es ist 24 Uhr. Auf allen Fangbooten rasseln die Telefone: „Wal hat Ruh!"

Die Beute dieser einen Walfangflotte in einer einzigen Saison entspräche gegenwärtig annähernd 50 Millionen Mark. Es mag indes sein, daß es heute in allen Weltmeeren zusammengenommen nicht mehr so viele Blauwale gibt, wie in den Trankesseln dieses einen Dampfers in einem viermonatigen antarktischen Sommer eingekocht wurden.

225 000 Blauwale gab es einst in der Antarktis, wird heute geschätzt. 1989 hatte man noch geglaubt, die Blauwale hätten sich seit dem Fangverbot 1966 auf einen Bestand von 10 000 erholt. Aber dann meldete die „International Whaling Commission" (IWC), daß man während zehnjähriger Forschungsfahrten insgesamt nur 453 Blauwale gesichtet hätte. Keiner weiß, wie viele Tiere die Forscher übersehen haben — oder doppelt gezählt. Die Aussichten für den Blauwal sind weiterhin schlecht.

Nicht primär zum Schutz der Wale, sondern zum Schutz der Walfangindustrie war die IWC von einer Handvoll Walfangnationen 1946 gegründet worden. Wale sind kleine Fische im weltweiten Umsatz der Meeresressourcen, aber um so gerechter sollten sie verteilt werden. Der Alptraum der Saison 1931/32 war noch in aller Erinnerung. Mehr als 40 000 erlegte Wale wurden damals allein aus der Antarktis gemeldet, und der Markt war derart überschwemmt, daß sich Walöl nicht mehr rentabel verkaufen ließ.

Um den Fang zu begrenzen, führte die IWC eine Jagdsaison ein und verkündete Quoten. Die Blauwaleinheit wurde erfunden, wonach einem Blauwal beispielsweise zwei Finn-, zweieinhalb Buckel- oder sechs Seiwalen entsprechen sollten, jede Art nach ihrem Fettgehalt über den Daumen taxiert. Auch Mindestgrößen wurden verabredet; das schonte zwar die Weibchen nicht — weil die bei allen Bartenwalen etwas größer werden als die Männchen —, aber vorsorglich die jugendlichen Tiere, damit sie zu lukrativer Größe heranwachsen konnten.

Für die Saison 1960/61 von Ende Dezember bis Anfang April wurden 15 000 Blauwaleinheiten freigegeben. Das liest sich schön vernünftig. Unterm Strich standen aber tatsächlich 16 425,5 Blauwaleinheiten, die sich wie folgt zusammensetzten: 1740 Blauwale, 27 374 Finnwale, 718 Buckelwale und 4310 Seiwale. Hinzu kamen 46 666 Pottwale und zwei geschützte Südkaper. Man war also beträchtlich über das Maß hinausgeschossen.

„Walfang-Olympiade" wurde diese Quotenregelung von Kritikern sarkastisch bezeichnet, weil sie jeden Fänger ermunterte, möglichst viele Wale in möglichst kurzer Zeit zu fangen, gleich welcher Art. Aber politisch hatte sich keine andere Lösung durchsetzen lassen.

Die Internationale Walfangkommission krankt seit ihrer Gründung daran, daß laut Satzung jede Nation gegen jeden Beschluß Einspruch erheben kann; das entbindet dann automatisch davon, sich danach richten zu müssen. Und Nichtmitglieder machen ohnehin, was sie wollen. Obwohl die IWC den Blauwal ab 1965 unter Schutz stellte, weil es ihn kaum mehr gab, stöberten südamerikanische Walfänger bis 1966 noch fast 700 Blauwale auf und nahmen sie mit.

Während die Vereinten Nationen schon 1972 einen zehnjährigen Walfang-Stopp dringend empfahlen, hinkten die höheren Quoten der versammelten Walfangclique den geringen Fangzahlen hinterher, stolperte die IWC von einer wissenschaftlichen Idee zur nächsten, wie man wohl feststellen könne, wie viele Wale welcher Art sich dauerhaft der Natur entnehmen ließen. Der „höchstmögliche Dauerertrag" nennt sich dieses „Bewirtschaftungsziel".

Das laute Rettet-die-Wale-Geschrei vor ihren Amtssitzen ermunterte einige Regierungen dazu, das Schicksal der Wale nicht allein ihren Jägern zu überlassen. Immer mehr Staaten wurden Mitglied der IWC, auch wenn sie kein Interesse am Walfang mehr — oder noch nie eines gehabt — hatten. Diese neue Mehrheit hat wenigstens einen Aufschub der Jagd von der Saison 1985/86 an beschlossen, um Zeit für eine genaue Schätzung der Bestände zu ermöglichen und ein gefahrloses Rechenmodell für eine nachhaltige Bewirtschaftung zu entwickeln, also ohne sie an den Rand der Ausrottung zu schießen. Dann allerdings soll die Jagd auf ausgesuchte Arten wieder eröffnet werden.

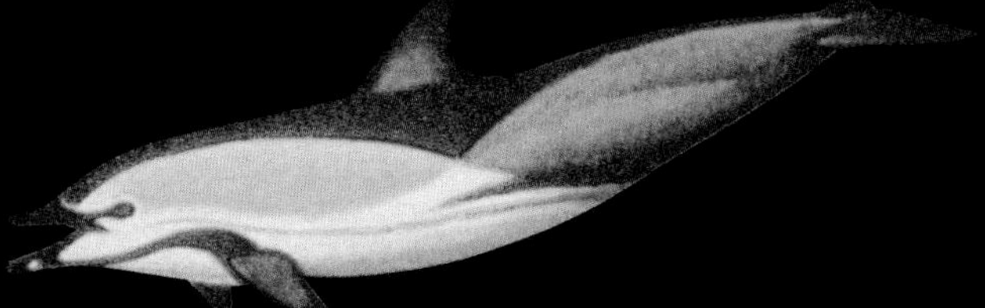

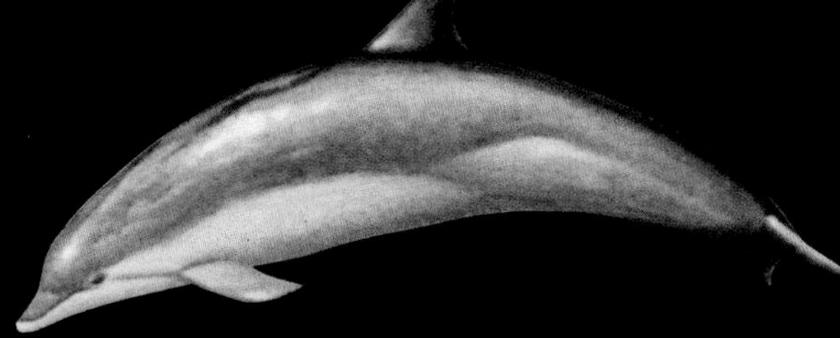

DAS GEHEIMNIS DES UNSTERBLICHEN LÄCHELNS

Der alte Aristoteles wußte bereits, daß man sich von ihnen „die meisten Beweise ihrer Gutmütigkeit und Zahmheit erzählt", und antike Überlieferungen schildern Delphine als Helfer des Menschen. Heute sind die „Flipper" insbesondere als Unterhaltungskünstler beliebt, die immer fröhlich zu lächeln scheinen. Sogar als Hilfstherapeuten schwerbehinderter Kinder werden sie erfolgreich eingesetzt

Keep Smiling: Als „Flipper" weltbekannt aus Film und Fernsehen, wirkt dieser Große Tümmler immer gut gelaunt – doch seine Miene sagt nichts darüber aus, wie er sich tatsächlich fühlt

Ein Duo im Höhenflug: Synchron und lässig hüpfen zwei Große Tümmler – knapp vier Meter lang und je eine halbe Tonne schwer – mit müheloser Grazie in den blauen Himmel vor den Bahamas

Stürmisches Temperament:
Wie ein Wirbelwind rauscht eine Horde kleiner Schwarzdelphine durch die kabbelige See vor Neuseeland. Tausendköpfige „Schulen" dieser bis zu zwei Meter langen Tiere wurden schon beobachtet

Die Leichtigkeit des Seins:
Wie schwerelos schweben Spinner-Delphine ruhig in ihrem wäßrigen Element, doch still ist es mitnichten: Dauernd klicken die Ortungslaute des Biosonars, ist kommunikatives Quietschen im Gange

Formvollendet: Pfeilschnell rast dieser Gemeine Delphin durchs Wasser, atmet in Sekundenbruchteilen ein und aus, schwimmt schneller, als es die Gesetze der Physik zu erlauben scheinen

Kaltes Büffet: Schwarzdelphine haben vor der argentinischen Küste einen Schwarm von Sardellen zusammengetrieben und tun sich an den Leckerbissen gütlich. Von den Fischen werden Delphine wohl nicht als niedlich empfunden

Unbefleckte Jugend: Zwei Zügel-
delphine nähern sich einem Schwarm
kleiner Fische. Es könnten Mutter
und Kind sein; die Fleckung der seidig
glatten Haut tritt erst mit zunehmen-
dem Alter in Erscheinung

Landgang der Nixen: Bis aufs Ufer verfolgen diese Großen Tümmler ihre Beute, lassen auch jene Fische nicht entkommen, die panisch aufs Trockene fliehen. Mit geschickter Drehung kehren die Delphine dann zurück ins Meer

Besuch aus der Unterwelt:
Eng beieinander taucht eine Gruppe von Großen Tümmlern neben einem Schiff auf – und jeder Seemann freut sich immer wieder über diese munteren Reisebegleiter

Formationsflug mit Energie:
In Höchstgeschwindigkeit dahergedüst
kommen diese Großen Tümmler.
Wenn sie es ganz eilig haben, legen sie
Teilstrecken mit kraftvollem
Luftsprung zurück

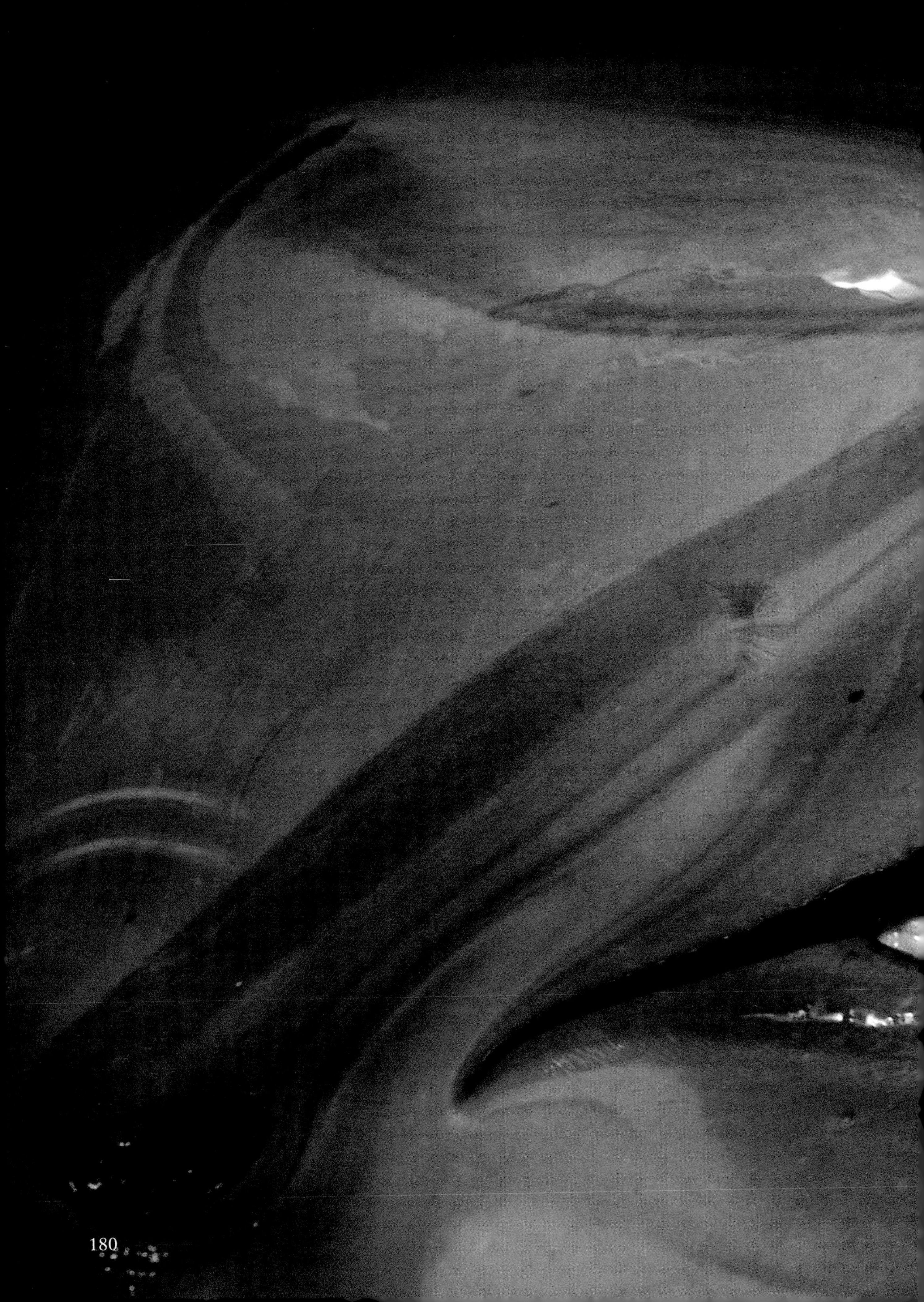

Form und Funktion: Der Kopf ist stromliniengünstig geschnitten, durch gebogene Mundwinkel läßt sich das Maul weit öffnen, spitze Zähne halten die Beute gut fest, die Zunge befördert den Fisch weiter. Delphine schlukken ihre Nahrung im Ganzen

High Life auf See:
Die weiße Färbung – an eine Sanduhr erinnernd – verpaßte den Stundenglas-Delphinen ihren Namen. Diese kleinen Kraftpakete sind rund um die Antarktis zu Hause

Purzelbaum rückwärts:
In vollendeter Körperbeherrschung demonstriert dieser übermütige Tümmler vor den Bahamas, zu welch virtuosen Hüpfern er und seinesgleichen fähig sind

Begegnung der anderen Art:
Auge in Auge schweben zwei sehr unterschiedliche Kreaturen im Wasser – *Tursiops truncatus* und *Homo sapiens*. Der elegante Tümmler wird das blubbernde Monster mit der Taucherbrille seltsam finden

Der kleine Kerl schreit wie am Spieß. Schwimmflügel rudern durch die Luft, Arme platschen panisch aufs Wasser, die Taucherbrille ist schief übers Gesicht gerutscht, der Schnorchel aus dem Mund gefallen – ein Häufchen Elend in Seenot. Es war wohl keine so gute Idee, dieses Nervenbündel ins Wasser zu werfen. Drumherum schneiden dunkelgrau dreieckige Rückenflossen pfeilschnell durch die aufgeschäumte Wasseroberfläche, kommen näher und näher. Da hebt sich das zappelnde Menschenkind hoch, als wolle es aus dem Wasser hüpfen. Mit Karacho wird der Knabe quer durch das Becken geschoben, sein angsterfülltes Kreischen wird zum vergnügten Quietschen.

Die ganze Szene ähnelt dem Happy-End eines altgriechischen Dramas: Zum fast tragischen Finale haben die gnädigen Götter den Schutzengel mit Flossen geschickt, der den jugendlich-leichtsinnigen Helden der mächtig-dunklen Unterwelt entreißt – der Knabe reitet auf einem flinken Delphin dahin, in Richtung erlösendes Ufer.

Nur der schrillbunte Rettungsring aus Plastik und die knallgelben Schwimmflossen geben dem klassischen Bild etwas Anachronistisches. Kein Wunder, hier ist Neumodisches im Gange: Eine Mutter sitzt sanft lächelnd am Beckenrand, ihr mehrfach behindertes Kind wird gerade psychotherapeutisch behandelt und – wo gibt's denn so was! – lacht laut dabei, freut sich des Lebens.

Auch der Ort dieses Geschehens liegt meilenweit entfernt von hellenischen Gestaden: ein Freigehege aus Maschendraht am Rande eines offenen Kanals vor der Küste Floridas auf Key Largo, einer jener Inseln, die südlich von Miami wie Perlen einer Kette auf den Highway Nummer 1 aufgeschnürt sind.

„Dolphins Plus“ nennt sich die Einrichtung, die keinesfalls mit einem üblichen Delphinarium verwechselt werden will, erzählt mir Richard Borguss, Juniorchef des Unternehmens. Wir stehen am Rand des Beckens auf einem vier Meter hohen hölzernen Turm, von dem Rick, wie der hager schlaksige Mittdreißiger genannt wird, alltäglich sein Dutzend Delphine beobachtet: Ob es allen gutgeht und sie munter umherschwimmen, wer mit wem vielleicht gerade im Clinch liegt oder ob die Rangordnung dieselbe geblieben ist. Einer der Delphine hat einige frische Kratzer auf dem Rücken, er scheint die gegenwärtige Hierarchie in Frage gestellt zu haben und mit spitzen Zähnen eines Besseren belehrt worden zu sein. Das Männchen namens Little Bit ist zur Zeit der Big Boss, ohne sich allerdings besonders als solcher aufzuspielen. Meistens gehe es zwischen den Tieren ganz herzlich zu, erzählt Rick, nur manchmal streiten sich die Delphine ein bißchen eifersüchtig um ihr liebstes Spielzeug: die Leute.

In dem Areal vor uns tummeln sich sechs Tiere und sechs Menschen, jeder schwimmt auf die ihm gegebene Weise. Luft holen müssen sie zuweilen alle mal, aber ansonsten beäugen sich hier sehr unterschiedliche Kreaturen. Dicke Zweibeiner versuchen unterzutauchen, dünne oben zu bleiben, kleine und große Menschen strampeln durchs Wasser, dazwischen düsen spielerisch und selbstbewußt die Meeressäugetiere hin und her, *Tursiops truncatus* und *Homo*

Feuchtfröhlich unverkrampft fällt die Begrüßung zwischen dem behinderten Kind und dem Tümmler aus. Mit seinem ausgeprägten Sinn für Körpersprache registriert der Delphin sofort, daß an diesem Besucher etwas besonders ist

sapiens begegnen sich auf erstaunlich unkomplizierte Weise.

Die Großen Tümmler – als Flipper mit der langen Schnauze und den scheinbar immer gutgelaunt hochgezogenen Mundwinkeln durch Film und Fernsehen bekannt geworden – benehmen sich hier anders, als man das gemeinhin von ihnen kennt. Eines der Tiere knabbert an der Schwimmflosse einer Frau, ein anderes zieht einen Jungen, der sich an seiner Rückenflosse festhält, geschwind durchs Wasser, ein weiteres schubst ein Mädchen mit der Schnauze sanft vorwärts, die anderen umkreisen neugierig, aber distanziert die übrigen Schwimmer. Zwar hüpft schon mal einer der Tümmler elegant schwungvoll aus dem Wasser, doch nicht auf Kommando. Hier gibt es keine gestreiften Stangen oder bunten Ringe, weder als Comic-Figur verkleidete Dompteure mit dirigierend erhobenen Händen noch schrille Trillerpfiffe, keine Fischeimer, nicht einmal ein applaudierendes Publikum – überhaupt nichts, was an einen Zirkus erinnerte.

Die Tiere hätten es nicht nötig, wird mir erzählt, irgend etwas zu tun oder zu lassen, sie müssen weder brav noch gelehrig sein, um mit Häppchen belohnt zu werden. Gefüttert werden alle zu festen Zeiten, für die Delphine ist kein Zusammenhang zwischen kooperativem Verhalten und Nahrungsaufnahme erkennbar. Haben sie keine Lust auf all das Geplätscher, Gequietsche und Gegrapsche zappeliger Menschen, können sie sich in ein anderes Gehege zurückziehen.

Die Würde des Delphins müsse gewahrt bleiben, betont Rick oben auf dem Podest, und er meine das ganz aufrichtig. Show ist verpönt, geküßt wird keiner, dressiert wird niemand. „Verkehrte Welt", freut er sich, „hier werden Leute trainiert und nicht Delphine."

Hauptpersonen sind hier – auch für die Tümmler – in erster Linie Kinder, vor allem Kinder mit körperlichen und seelischen Gebrechen und Behinderungen jedweder Art. Sie kommen oft von weit her, um therapiert zu werden.

Zum Beispiel der vierjährige Joe. Er war mit einem schweren Herzfehler geboren und bereits mehrfach operiert worden. Während des letzten Eingriffs am offenen Herzen erlitt er einen Gehirnschlag, der zu einer linksseitigen Lähmung führte. Von nichts und niemandem ließ sich der Junge zu Versuchen bewegen, seine gelähmte Körperseite zu reaktivieren. Therapeuten jedweder Fachrichtung scheiterten kläglich, und selbst die schwanzwedelnd einschmeichelnden Bemühungen des Familienhundes konnten dem Kind kein befreiendes Lächeln abgewinnen.

Erst die Flipper lockten ihn aus der Reserve. Joe ist der einzige Gast von „Dolphins Plus", der die Tümmler mit dem Fuß auf die Schnauze stupsen und per Hand mit Fisch füttern darf – aber immer nur mit links. Der überaus große Wunsch, dies zu können, hat seine gelähmte Körperseite wiederbelebt. Als er es schaffte, mit dem erhobenen linken Zeigefinger den Kopf des Delphinmännchens Fonzi über Wasser zu locken und jenes dabei plötzlich einige schnatternde Quietschlaute von sich gab, hüpfte der Junge vor Freude mit beiden Beinen zugleich in die Luft, ohne danach umzufallen. Da stand jedem Zuschauer eine Träne im Auge und Joe fest auf beiden Füßen.

Andere kleine Delphin-Klienten sind spastisch gelähmt oder geistig behindert, blind oder taub, auch hyperaktive Rabauken und phlegmatische Mauerblümchen beiderlei Geschlechts kommen nach Key Largo. Aggressive Burschen, die man verhaltensgestört nennt, zappeln erst wild im Wasser, werden dann aber angesichts einer mit offenem Maul und gebleckten Zähnen freundlich daherdüsenden 300-Kilo-Kreatur schnell friedlich. Transusen, die als gehemmt und verschlossen gelten, halten sich an der Rückenflosse ihrer neuen Freunde fest, lassen sich hemmungslos abschleppen und werden putzmunter. Beides, Besänftigung wie Belebung, soll auch außerhalb des Schwimmbeckens und im Kontakt zu Mitmenschen anhalten.

Die schon legendären Delphine sind zwar keine Wunderheiler, meint Rick, aber offensichtlich fabelhafte Therapeuten. Sie motivieren phantastisch, sind zutiefst einfühlsam, ungemein geduldig, rätselhaft nachsichtig und sagenhaft spaßig – welcher gelernte Psychotherapeut könnte das von sich behaupten? Wie auch sonst in der Seelenheilkunde weiß keiner genau, wie's funktioniert. „Macht nichts, wer hilft, hat recht", grinst der hagere Mann fröhlich, Hauptsache, es bessere sich was.

Besonders verblüffend ist das Verhältnis der Delphine von „Dolphins Plus" zu Autisten, Kindern mit jenem rätselhaften Leiden, das jeden sozialen Kontakt zu anderen Menschen, inklusive der eigenen Familie, unmöglich macht. Seit mehr als zehn Jahren sind Autisten hier schon in delphinisch assistierter Behandlung, geheilt wurden genauso viele wie in klassischer Therapie: keiner. Aber die tierischen Wesen aus der wässerigen Welt scheinen so interessant, daß jugendliche Autisten, die sich noch nie ins Wasser trauten, plötzlich

Treffen sich Mensch und Delphin im Wasser, wird schnell klar, wer hier mit wem spielt. Die Großen Tümmler lassen sich nicht von jedem streicheln, und manchem scheinen sie das Tauchen nachdrücklich beibringen zu wollen

aus eigenem Antrieb zu den Delphinen hüpfen.

Die Tümmler brechen die Verschlossenheit der Kinder auf, scheinen es ihnen leichter zu machen, überhaupt einmal eine Reaktion zu zeigen, die man sozial nennt. Sie schaffen auch, was üblicherweise für fast ausgeschlossen gehalten wird: die Autisten von ihrer stereotypen Selbstbeschäftigung abzubringen und zum aktiven Spiel zu animieren. Für manche dieser Kinder wurde ein Delphin das erste Wesen aus Fleisch und Blut, das sie freiwillig und nicht grob berührten – in Autistenkreisen ein riesiger Fortschritt. Und die Tümmler lassen es sich gefallen, verzeihen manche Ungeschicklichkeit.

Delphine spielen – oder therapieren – phantasievoller als andere Tiere, wurde bei „Dolphins Plus“ festgestellt. Ein netter Hund wird einen weggeworfenen Stock immer wieder zurückbringen und noch beim hundertsten Mal so nett treudoof dreinschauen, als hätte er es erst einmal gemacht – behauptet Rick lachend, zumindest von dem seinen. Delphine dagegen sind durch monotone Beschäftigung schnell gelangweilt, und sie merken auch, wenn es für ihre Mitspieler uninteressant wird. Sie beginnen von sich aus, jemanden naßzuspritzen, ihn mit Seetang zu bewerfen, ihm einen Stein von unten zu holen und zu schenken. Wird es mit dem Ring eintönig, nehmen sie den Ball, ist das Abschleppen an der Finne reizlos geworden, beginnen sie mit der Schnauze zu schubsen. Dabei initiieren sie immer ein frisches, fröhliches Quietschen.

Die delphinischen Co-Therapeuten sind bereits an Menschen gewöhnt, aber in keiner Weise speziell auf netten Umgang mit ihnen dressiert. Sie registrieren schnell, wenn mit einem Besucher etwas anders ist als üblich. Sie haben einen besonders ausgeprägten Sinn für Körpersprache und benutzen eifrig ihre Ultraschallortung. Die hochfrequenten Töne durchdringen äußeres Körpergewebe, das Echo wird im großen Gehirn des Delphins zu einem gut abgestuften Image zusammengesetzt, sie können fein differenzierte, vielleicht sogar dreidimensionale Bilder sozusagen hören.

Kein genagelter Knochen in einem der Schwimmer entgeht diesem Bio-Sonar – hochmodernen technischen Geräten weit überlegen –, mit deutlichen Peiltönen sondieren sie die entsprechende Stelle sehr genau. An gelähmten oder spastisch verkrampften Armen oder Beinen kleben sie geradezu mit ihrer langen Schnauze, untersuchen das betroffene Körperteil ganz gründlich, als wollten sie eine medizinische Diagnose stellen.

„Schwangere lassen wir jetzt nicht mehr ins Wasser", erzählt mir Rick Borguss und verdreht die dunklen Augen. Vermutlich sei jene delphinische Ultraschalluntersuchung ganz ungefährlich, aber für manche Frauen werde es ungemütlich, und unter den Delphinen schaffe das allzuviel Unruhe. Die Weibchen werden sehr aufgeregt, untersuchen den Bauch überaus gewissenhaft, schieben die Schwangere sachte in eine Ecke, bewahren die Geschlechtsgenossin vor den Annäherungsversuchen der Männchen – so die menschliche Interpretation dieses Schutzverhaltens, denn mit ihresgleichen machen sie es genauso.

Auch gewöhnliche Menschen, frei von körperlichen und seelischen Besonderheiten, dürfen bei „Dolphins Plus" ins Wasser, falls sie gut schwimmen und tauchen können. Die legendären Lebensretterqualitäten der Delphine sollen dort nicht getestet werden.

Der griechische Lyriker und Leierspieler Arion hat sie einst besungen – etwa vor 2500 Jahren –, wodurch sie sich erbarmen ließen, ihm zu Hilfe zu eilen. Gott Apollon, der den Beinamen *Delphinios* führte und in der griechischen Mythologie für Recht und Ordnung zuständig war, hatte es dem Arion im Traume offenbart: Die Schiffersleute wollten den Sänger über Bord werfen, um seiner Schätze habhaft zu werden, die er bei einem musikalisch-dichterischen Wettstreit auf Sizilien gewonnen hatte. *Arion bat* – so steht's in einem alten Lexikon –, *noch einmal singen zu dürfen. Als ihm dies zugestanden, trat er in vollem Sängerornat, das Saitenspiel in der Hand, auf das Verdeck, sang ein Lied an die Götter und stürzte sich in die Wogen. Delphine hatten sich, seinen Tönen lauschend, um das Schiff versammelt. Einer derselben nahm den Sänger auf den Rücken und trug ihn unverletzt bei dem Tänarischen Vorgebirge ans Land, von wo er wohlbehalten nach Korinth zurückkehrte.*

Zum Andenken an die gute Tat der göttlichen Tiere wurde beim Tempel Poseidons – der sich selbst dieser flotten Helfer bedient hatte, als er um Amphitrite warb – ein Denkmal errichtet, das Arion auf einem Delphin darstellt. Seine

Leier und der Delphin wurden als Sternbilder an den Abendhimmel gesetzt. Auch Aphrodite, Göttin der Liebe und Schönheit bei den Griechen, von den Römern Venus genannt, hätte ein Loblied auf diese Spezies singen können. Sie wurde nach ihrer schäumenden Geburt im Meer von einem Delphin ans Festland gebracht, worauf ihr diese Wesen heilig waren.

Aristoteles, der griechische Philosoph und Naturwissenschaftler, hat sich – etwa 300 Jahre nach den Gesängen des Arion – eher weltlich dazu geäußert: *Unter den Seetieren sind es die Delphine, von denen man sich die meisten Beweise ihrer Gutmütigkeit und Zahmheit erzählt. In der Gegend von Tarent und Karien sogar Beispiele von Liebe und Zuneigung zu Knaben. Von Karien wird auch erzählt, dort sei, als einmal ein Delphin gefangen und verwundet worden sei, eine ganze Schar von Delphinen zusammen in den Hafen geschwommen, bis der Fischer den gefangenen losließ. Dann seien alle wieder davongeschwommen. Kleinen Delphinen folgt auch immer ein großer zu deren Schutze, und es ist schon eine ganze Herde aus großen und kleinen Delphinen beobachtet worden. Hinter ihr sah man in kurzem Abstande einige mit einem toten kleinen Delphin zurückbleiben, und wenn dieser in die Tiefe sinken wollte, schwammen sie darunter und trugen ihn auf dem Rücken, als hätten sie Mitleid mit ihm, daß er nicht von andern Tieren gefressen werde.*

Durch diverse antike und frühchristliche Überlieferungen – nach denen der Delphin auch als Symbol Christi galt – schwimmen etliche solcher guten Geister mit Rükkenflossen, retten Schiffbrüchige, trauern um Knaben, helfen – nicht ganz uneigennützig – Fischern beim Fischefischen.

Dieser *Delphis* der Griechen, von den Römern *Delphinus* genannt, wird von den Zoologen heute allgemein als *Delphinus delphis* bezeichnet. In aufgeklärteren Zeiten wurden all die geschilderten guten und menschenfreundlichen Verhaltensweisen der *Gemeinen* oder

Der klassische Delphin war den alten Griechen heilig und deshalb beliebtes Motiv der Malerei. Auch alltägliche Gegenstände wurden mit ihm verziert. Dieses Kühlgefäß von der Halbinsel Attika wurde so tief ins Wasser gestellt, daß die Delphine daraus zu hüpfen schienen

Gewöhnlichen Delphine, wie die Götterboten in deutscher Sprache tituliert werden, zu fabelhaftem Humbug und sagenhaften Histörchen erklärt.

Inzwischen ist es gesicherte Tatsache, daß schon Piloten abgestürzter Flugzeuge und Passagiere havarierter Schiffe von Delphinen an Land bugsiert worden sind. Warum sie das taten, bleibt ungewiß. Tierfreunde, zumal Delphinliebhaber, sind enthusiastisch geneigt, es für artenübergreifende Barmherzigkeit zu halten. Für Vertreter der reinen Zoologie ist es nichts weiter als bloßer Instinkt, unbewußte Steuerung einer Verhaltensweise: ein ähnlicher Naturtrieb vermutlich, der Menschen kaum mit ansehen läßt, wie ein Tier leidet – was aber bei Delphinen schwer zu erkennen ist.

Ich fahre von der Therapiestation „Dolphins Plus" ein paar Meilen weiter südlich zur Flipper-Show im „Theater des Meeres", das schon seit 1946 existiert. Das Becken wirkt relativ groß, nicht nur das übliche Betonaquarium, der Rand ist „auf natürlich" getrimmt, künstlich begrünt und läßt das Ganze wie einen echten Teich erscheinen. Die Tribüne faßt lediglich hundert Zuschauer, doch nur jeder zweite Platz ist besetzt, kein großes Gekreische, alles ganz nett.

Nach etwa einem Dutzend früherer Besuche in den unterschiedlichen Seaworlds, Marinelands, Delphinarien, Killerwhale- und Flipper-Shows zwischen Hamburg und San Diego glaube ich, mir könne das hier im „Theater des Meeres" nicht mehr passieren: Ich erwische mich, hingerissen zu sein von der formvollendeten Gestalt und kraftvollen Anmut der perlgrau glänzenden Delphine, bin gebannt, fast begeistert, was diese Großen Tümmler alles können. Sie hüpfen zugleich über eine Stange, zu zweit durch einen Ring, holen eine Münze zurück, die ein Zuschauer weit ins trübe Wasser geworfen hat, rutschen der ganzen Länge nach auf einen Steg, um sich anfassen zu lassen. Wie ein Gummistiefel fühle sich das an, sagt ein Kind mit leuchtendem Blick. Alles sieht leicht und locker, lebensfroh und lustig aus. Allein das Gesicht dieser Tümmler verführt dazu, das ganze Theater spaßig zu finden, man kann es kaum ohne Rührung betrachten – trotz aller reinen Naturwissenschaft im Hinterkopf.

Die ganz und gar schrägen Nummern lassen sie in diesem Meerestheater weg. Kein Mensch reitet auf den Delphinen, als seien sie Wasserskier, oder vollführt Handstand auf den Spitzen ihrer Schnauzen, sie tanzen nicht auf ihrer Fluke zur Musik, keiner putzt ihnen die Zähne oder setzt ihnen einen Clownshut auf, niemand wird von Flipper geküßt – also eine eher schlichte Vorführung, was man für eine schlechte Show halten könnte. Die Zuschauer sind trotzdem entzückt, klatschen und werden aufgefordert, das Gelände durch den Souvenirshop zu verlassen. Ich bleibe, drücke mich scheinbar interessiert bis zur nächsten Vorführung bei den zusammengepferchten Stachelrochen rum. In solchen Zoos sind die Wärter dankbar für jeden Besucher, der nicht nur die Flipper sehen will.

Man sollte sich eine Delphinschau, oder auch jede andere Tiernummer, dreimal hintereinander angucken – der Verdacht der Tortur verdichtet sich dann, das Amüsement wird dünn. Was erst aussah wie spontane Lust, wird langes Leid, die Witze wirken immer blöder, die lockeren Kunststückchen entpuppen sich als eingetrichtert, schöner Schein wird arge Pein.

Das Affentheater mit den Delphinen mag auf den ersten Blick amüsant erscheinen – alles sieht leicht und locker, lebensfroh und lustig aus. Die Zirkusartisten aus der Tiefe ertragen einen Hut, klingeln am Glöckchen, schnappen sich einen Fisch aus luftiger Höhe und tanzen im Dreivierteltakt auf der Fluke. Doch gar manches Mätzchen grenzt an Tierquälerei

Man hört nur noch die dauernden Pfiffe des Trainers, sieht nur noch den Fischeimer, zu dem die Flipper dauernd flitzen. Die Illusion des Spielerischen geht gnadenlos flöten. Vor den geschwungenen Mundwinkeln bemerkt man die rosa zerschundenen Schnauzen.

Dieses Lächeln ist trügerisch. Egal wie schlecht es ihnen geht, die Großen Tümmler schauen immer gleich drein, haben gar keine Muskeln, um ihre Mimik zu verändern – sie schmunzeln noch als Leiche.

Im „Dolphin Research Center" auf Grassy Key, 25 Meilen südlicher als das „Theater des Meeres", verspricht es ernsthafter zuzugehen. Diese private Institution hat sich in den vergangenen Jahren einen gewissen Ruf verschafft, viel über Große Tümmler zu forschen. Zumindest taucht das DRC in wissenschaftlichen Papieren regelmäßig als sprudelnde Quelle auf.

Als ich 7,50 Dollar Eintritt zahle, wird mir und den anderen Besuchern von der Führerin, die sich als Delphinforscherin vorstellt, herzlich dafür gedankt, daß wir dazu beitragen, „die Delphine zu füttern" – jedes der 15 Tiere verschlinge täglich 15 bis 20 Pfund Heringe – und ihnen „ein sicheres und liebevolles Zuhause" mitzufinanzieren. Die Bucht ist zum offenen Meer durch einen Maschendraht abgesperrt, der einen Meter über das Wasser ragt. Da draußen gibt's Fische gratis und Freunde freier Wahl, da drinnen werden Tümmler vorgeführt:

Sprung – Pfiff – Fisch; Saugnäpfe auf die Augen, Münze holen – Pfiff – Fisch; auf dem Schwanz rückwärts übers Wasser laufen – Pfiff – Fisch; auf dem Bauch surfen – Pfiff – Fisch; mit den Zähnen klappern und in die Flossen klatschen – Pfiff – Fisch; rosaroten Bauch zeigen – Pfiff – Fisch; Schnatter- und Quietschlaute ausstoßen – Pfiff – Fisch.

Die Trainerin, als Biologin präsentiert, nimmt die Trillerpfeife überhaupt nicht aus dem Mund, die Kinder unter den Besuchern stellen keck ihre Fragen.

Warum werden den Flippern die Augen verdeckelt? Damit solle bewiesen werden, daß sie sich nicht mit den Augen, sondern mit den Ohren orientieren – was seit 25 Jahren bekannt ist und seitdem in jeder Allerwelts-Show vorgeführt wird.

Warum geben die Tiere über Wasser solche Quietschlaute von sich, mit offenem Maul, obwohl die Töne aus dem Blasloch kommen? Das hätten sie den plappernden Besuchern abgeschaut.

Warum klatschen die Delphine mit den Flossen? Sie bedankten sich für den Besuch.

Mit der Trillerpfeife und Belohnungshappen richtet ein Dompteur seine Tiere ab. Die Freiheit in eingezäunten Buchten wie hier in Florida ist für Menschen eine optische Täuschung. Die wahre Heimat der Delphine ist das grenzenlose Meer

Warum hauen die Delphine nicht ab? Ihnen gefalle es hier so gut, sie müßten sich ihr Futter nicht selber suchen und würden nicht von Haien belästigt. Wie bitte? Wie man sehe, könnten sie ja locker über den Zaun hüpfen, wenn sie denn wollten – daß sie das nie machen, wußte schon der römische Gelehrte Plinius kurz nach Christi Geburt: *Durch Springen, was sie sonst sehr gerne tun, versucht keiner zu entweichen, falls nicht die Netze unter ihnen heruntergelassen werden.* Und das weiß hier auch jedes Schulkind, denn alle essen nur noch „delphinfreien" Thunfisch.

Die Dressur wird im DRC zur „Arbeitstherapie" hochstilisiert, die verhindere, daß die Tiere aus Bewegungsmangel krank und aus Langeweile neurotisch würden – was sich kaum verhindern läßt, denn das soziale Leben außerhalb des Zaunes ist stressfreier als unter einer Handvoll Gefangener. Tote Fische zu fangen, ist wenig reizvoll für Kreaturen, von denen schon Aristoteles weitererzählte:

Er soll von allen Tieren im Wasser und auf dem Lande das schnellste sein und über die Mastbäume großer Schiffe hinwegspringen. Dies komme besonders dann vor, wenn sie einem Fisch nachjagten, um ihn zu verspeisen. Dann verfolgen sie ihn nämlich, falls er entflieht, in die Tiefe hinab vor Hunger; und wenn nun der Rückweg für sie lang, halten sie, wie überlegend, den Atem an, und indem sie sich zusammenziehen, fliegen sie aufwärts wie ein Pfeil, um durch ihre Schnelligkeit den langen Weg bis zum Atmen zu überwinden. Dabei springen sie über die Masten der Schiffe, wenn gerade eines an dieser Stelle sich befindet.

Nach zwanzig Minuten Vorführung der eingesperrten Untersuchungsobjekte – denen wir zum Abschied winken sollen, „weil sie das so gerne mögen" – werden uns mehrere Angebote unterbreitet. Wir könnten für 65 Dollar eine „Delphinbegegnung" buchen, eine halbe Stunde mit Tümmlern schwimmen. Für eine Spende von 15 Dollar können wir steuergünstig und beurkundet ein „Delphinfreund" werden, für 30 Dollar Mitglied der „Delphingesellschaft", für 200 Dollar „Delphinsponsor". Als solchem Gönner werde uns zugebilligt, die Artikel im Souvenirshop am Eingang mit zehn Prozent Ermäßigung einzukaufen, zum Beispiel ein Gemälde für 650 Dollar, von einem Tümmler mit dem Pinsel im Munde gemalt, ein Beweisfoto der kreativen Tat gibt's dazu. Für weitere 200 Dollar ist auch einer der 15 Delphine der Anstalt zu adoptieren, mit Foto und Urkunde. Freikaufen allerdings kann man keinen.

Seit die Forschung in freier Wildbahn – die Verhaltensbeobachtung ganzer Delphinschulen im offenen Meer – in Gang gekommen ist, wurde deutlich, daß sich von gefangenen Delphinen nicht viel lernen läßt. Zumindest nichts, was eine Haltung in Gefangenschaft rechtfertigen würde, denn die Untersuchungsmethoden unterscheiden sich dabei unwesentlich von dem, was man gemeinhin Tierversuche nennt. Primatenforscher haben schon länger erkannt, daß Beobachtungen von Gorillas, Schimpansen oder Orang-Utans in ihrem natürlichen Lebensraum binnen weniger Jahre mehr Erkenntnisse brachten als jahrzehntelange Käfighaltung. Das Leben in Gefangenschaft produziert anderes Verhalten als in Freiheit. So spiegelt die Rangordnung der Tümmler im Schaubassin eine reine Knasthierarchie wider, bei Delphinen im offenen Meer scheint sie nur in wesentlich schwächerer Form zu gelten.

Auch die für die Schaustellung gerne genutzten Argumente „Sympathiewerbung“ und „Volksbildung“ werden immer dünner. Wem Delphine heute noch nicht sympathisch sind, dessen Verhältnis zur Natur ist auch mit einer Flipper-Schau nicht zu bessern; dort lernt man nur, daß es in Ordnung zu sein scheint, Delphine in Planschbecken einzusperren, zu dressieren und alberne Tricks vorführen zu lassen – pädagogisch wenig wertvoll. Verwirrend wird es, dabei zu hören, daß die Tiere mit hoher Geschwindigkeit durch die weiten Meere zögen, sehr intelligent seien und in großen sozialen Gruppen lebten. Daraus müßte jedes Schulkind logisch folgern, daß gerade diese Lebewesen nicht in einen Zoo gehören, weil es ihnen darin vielleicht noch schlechter geht als den Elefanten hinter Zäunen oder den Affen im Käfig. Selbst deutsche Tiergärten, die sich stets genierten, ihre Tiger durch brennende Reifen zu hetzen oder Bären tanzen zu lassen, machen aus ihren Delphinarien einen Zirkus – im Namen von „Lehre und Forschung“. Nur deshalb dürfen sie überhaupt noch Tümmler einführen und in künstlich gesalzenem, kräftig gechlortem Wasser halten.

Um die letzte Jahrhundertwende gab es noch keine Delphinarien, aber der amerikanische Goldsucher, Landstreicher, Kriegsberichterstatter und Schriftsteller Jack London hätte dazu Ähnliches geschrieben wie zu Varieté-Vorführungen seiner Zeit:

Nie war ich so entsetzt und erschüttert über die Grausamkeit der Welt wie inmitten eines frohen, lachenden, klatschenden Publikums,

Der Sprung durch den Feuerreif ist der Höhepunkt einer skrupellosen Zirkusschau in einem französischen Delphinarium. Die Mehrheit des flippernärrischen Publikums fragt nicht nach dem Wohlbefinden des Stars

wenn dressierte Tiere in der Arena vorgeführt wurden. Ich besitze ein ruhiges Temperament und starke Nerven. Was mich aber in Wut bringen kann und mir das Herz im Leibe umdreht, das ist die kalte, bewußte, überlegte Grausamkeit und Qual, die hinter neunundneunzig von hundert Vorstellungen dressierter Tiere offen zutage tritt. Grausamkeit als erhabene Kunst hat ihre prachtvollste Blüte in der Tierdressur getrieben.

Deshalb hat Jack London, Inbegriff des literarischen Rabauken, „Mut und Lust bekommen", etwas vorzuschlagen, wofür ihm auch die Flipper Beifall platschen würden, ohne einen Hering dafür zu fordern:

Wir brauchen an nichts zu denken, brauchen unsere Gedanken nicht zu belasten, außer wenn eine Vorstellung dressierter Tiere in einem Varieté oder auf einem Vergnügungsplatz stattfindet. In einem solchen Falle können wir ohne langes Gerede unsere Mißbilligung einer solchen Vorführung ausdrükken, indem wir uns von unseren Plätzen erheben und das Lokal verlassen, um ein bißchen frische Luft zu schnappen... und im selben Augenblick wird die Direktion aufhören, sich nach solchen Nummern umzuschauen.

Tursiops truncatus ist das gängigste Vorführmodell in Delphinarien. Das „Kindchenschema" ist schuld. Diese babyhaft-molligen Schlüsselreize, die bei Mensch und Tier den Mechanismus des Brutpflegeverhaltens auslösen, lassen den Großen Tümmler so „niedlich" erscheinen. Seine große rundliche Melone und die hochgezogenen Mundwinkel entpuppten sich als evolutionäre Fehlentwicklung, hat mal ein Biologe sarkastisch bemerkt, denn lediglich deshalb werden jährlich weltweit mehrere hundert Tümmler gefangen – mit zunehmender Tendenz. Allein in den USA betreiben fast 40 Delphinarien mit mehr als 300 Schaustükken diverser Arten ein Mordsgeschäft. In Florida wurde – mit Hilfe einer wissenschaftlichen Studie – bereits festgestellt und verkündet, daß von den geschätzten 35 000 bis 40 000 Tümmlern im Golf von Mexiko, westlich der Florida Keys, gut und gerne 200 pro Jahr weggefangen werden könnten, „ohne den Bestand zu dezimieren".

Mag sein. Aber vielleicht wollen die Delphine lieber bleiben, wo sie sind, und die Leute, die sie sehen wollen, müßten sich dann zu ihnen bemühen. Delphine gehören zu den wenigen wildlebenden Tierarten, die gegen einen respektvollen Kontakt mit Menschen nichts einzuwenden haben. Verspielt und offen waren sie schon immer, kommen freiwillig näher, ihr friedlicher Charakter konnte ihnen bisher nicht verdorben werden.

Das ist der echte Ausdruck überschäumender Lebensfreude, wenn eine Schar Delphine – manchmal Hunderte auf einmal – über das offene Meer dahergeflitzt kommt. *Jeder Seemann freut sich immer wieder,* beginnt das wahre Märchen im mehr als hundertjährigen „Thierleben" des Zoologen Alfred Brehm:

In einen langen und verhältnismäßig schmalen Zug geordnet, eilen die lustigen Reisenden durch die leicht bewegte See; mit hurtigen Sprüngen und einer Schnelligkeit, als gälte es ein Wettrennen, verfolgen sie ihren Weg. Ein bis zwei Meter weit schnellen sich die glänzenden Leiber in zierlichen Bogen durch die Luft, fallen kopfüber in das Wasser und schießen von neuem heraus, immer dasselbe Spiel wiederholend. Die Übermüthigsten der Schar überschlagen sich in der Luft, indem sie dabei in urkomischer Weise mit dem Schwanze wippen; andere lassen sich flach auf die Seite oder auf den Rücken fallen; noch andere springen kerzengerade empor und tanzen, indem sie sich drei-, viermal mit Hülfe des Schwanzes vorwärts schnellen, aufrecht stehend oder wie Sprenkel gebogen über die Oberfläche dahin. Kaum sehen sie ein Schiff..., beginnt erst die wahre Lust. In weitem Bogen umkreisen sie das Fahrzeug, hüpfen vor ihm her und an den Seiten entlang, kehren zurück und geben ihre schönsten Kunststücke zum besten. Je schneller das Schiff segelt, um so ausgelassener ist ihr Treiben.

Wieder zurück bei „Dolphins Plus", stehen Rick Borguss und ich auf dem hölzernen Aussichtsturm und schauen auf die Delphine im Wasser zwischen den Maschen aus Draht. Sie sind unter sich, die Leute weg, die nächste Schwimmergruppe noch nicht da. Langsam ziehen die Tümmler ihre Kreise, zwei jagen sich ein Stückchen gegenseitig, hie und da hüpft einer lässig in die Luft, kehrt kopfüber und ohne viel Geplatsche ins Wasser zurück.

Einer liegt ganz ruhig da, hält nur die fein gestreifte Melone über Wasser, schnauft ab und zu leise prustend mit geschlossenen Augen, scheint zu schlafen. Seit mehr als fünfzig Jahren gibt es Tümmler in Gefangenschaft, doch man weiß immer noch nicht, wie sie schlafen, ohne zu ertrinken. Vielleicht – so vermuten Forscher – fallen die beiden Gehirnhälften abwechselnd in Schlaf, die wachere hält dann die bewußte Atmung aufrecht; oder womöglich dösen sie bloß, kennen keine Tiefschlafphase, ohne die wir Menschen nicht lange auskommen können.

Bisweilen hängen sie lässig uns direkt zu Füßen an der Oberfläche, legen den Kopf auf die Seite, schauen mit einem großen, dunklen Auge unverwandt hoch. Man weiß nur, daß sie auch über Wasser gut gucken können; was sie wirklich sehen und wie sie uns wahrnehmen, wissen wir nicht. Hoffentlich können sie keine Gedanken lesen, versuche ich zu scherzen; Rick verzieht das hagere, sonnengegerbte Gesicht. Ihn plagt ein bißchen das schlechte Gewissen, eine unter ehemaligen Delphindompteuren – und ebenso manchen aktiven – weitverbreitete Seelenpein, geradezu eine Berufskrankheit, entstanden durch das Wissen, wie's hinter den Kulissen des Schaugeschäfts zugeht. Er hat früher selbst Tümmler gefangen, als Trainer in verschiedenen europäischen und amerikanischen Delphinarien gearbeitet, jahrelang mit der Trillerpfeife zwischen den Zähnen die Tiere und den Applaus dirigiert.

Man habe, sagt Rick, auch schon mehrere Male den Kanal zum Meer hin geöffnet, damit die Delphine mal ein längeres Stück schnell geradeaus schwimmen können. „Aber die hauen nicht mehr ab", meint er schulterzukkend, „vermutlich sind sie der Freiheit entwöhnt, die kann man nicht von heute auf morgen einfach nach draußen schicken." Große Tümmler machen keine weiten Wanderungen wie manche anderen Wale und Delphine, sie bleiben üblicherweise ortstreu, solange sie genug Futter finden. Deshalb träumt Rick davon, auf seine und der Delphine alten Tage ein Seniorenheim für ausgediente Showstars zu schaffen – von denen es heute schon jede Menge gebe, die unter unwürdigen Verhältnissen existieren müßten –, einen Hort, aus dem sie auch heraus können. Wer klarkomme, könne draußen bleiben, wer nicht, könne wiederkommen und werde gefüttert, gepflegt und wenn nötig medizinisch versorgt.

Auf ähnliche Weise erleichtern sich die Halter von Tümmlern ihr Gewissen auch durch die Teilnahme an Rettungsaktionen für gestrandete Tiere – das adelt jedes Delphinarium. Als wir da auf dem Aussichtsturm stehen, schwimmen gerade, in einem abgezäunten Kanal auf der anderen Straßenseite, zwei junge Grindwale herum, die Überlebenden einer Massenstrandung dieser – trotz ihres walischen Namens – großen, schwarzen Delphine mit dem so charakteristischen Knubbelkopf. Wer nicht von allen guten Geistern verlassen sei, schaffe es einfach nicht, die aus rätselhafter Ursache gestrandeten Tiere ihrem Schicksal zu überlassen, gesteht Rick. Zwischen den Helfern findet gelegentlich eine Art Wettkampf statt. Doch von den Grindwalen lassen sich meist nur die ganz jungen retten, weil man sie bei ihrem Gewicht gerade noch auf einen Tieflader hieven kann, ohne sie dadurch sofort ins Jenseits zu befördern. Größere müssen erschossen werden.

Ein Kleiner Schwertwal ist bei Ebbe gestrandet. Helfer versuchen, das fünf Meter lange Tier bis zur nächsten Flut am Leben zu halten. Sie bewässern den Körper, um ihn vor Überhitzung zu bewahren; zusätzlich sollen Tücher seine Haut vor dem Austrocknen schützen

Nachdem sie wochenlang rund um die Uhr betreut worden waren, geht es den beiden Geretteten schon wieder besser, sie fressen und bewegen sich munter, sollen bald wieder entlassen werden; man wird eine vorbeiziehende Schule von Artgenossen abwarten, damit sie gleich Anschluß finden. Es wird ein herzergreifendes Spektakel werden.

Vor mehr als zehn Jahren hat Rick dieses Projekt „Dolphins Plus" gestartet, zusammen mit seinen Eltern und seinem Bruder, weil er nach seinem Wanderdasein als Trainer unbedingt weiterhin mit Delphinen zu tun haben wollte und es auch für sinnvoll hält, wenn Menschen sie näher kennenlernen können. Gewiß wäre es besser – wenn's denn überhaupt sein müsse –, das könne in freier Wildbahn geschehen. Aber das erfordere viel Zeit und Geld und Umstand.

Ein für die Tümmler stressfreieres, natürlicheres Milieu sollte es sein, als sie „Dolphins Plus" gründeten, und für die Besucher mehr als Show. Frisches Meerwasser, keine totenstillen Betonbecken, keine nervtötenden Umwälzpumpen, keine Mätzchen, kein Gejohle, kein flippernärrisches Laufpublikum, so natürlich wie eben möglich wollte Rick es einrichten. Bisher sei ihnen noch nie einer der Tümmler ernsthaft krank geworden oder gar gestorben, das sei weltweit Spitze. Stärker interessierte Menschen sollten hier mit gänzlich unmanipulierten Delphinen schwimmen können und ausführlich darauf vorbereitet werden – die Tümmler tun, was sie wollen, und die Leute müssen damit klarkommen.

Die nächsten Besucher treffen ein, sie erhalten Taucherbrillen und Schwimmflossen ausgehändigt. Wer in der Anlage von „Dolphins Plus" schwimmen will, muß sich zwei Monate vorher anmelden, 65 Dollar und ein paar Stunden Zeit mitbringen. Daß Menschen unvorbereitet nur einfach reinhüpfen, will man den Tümmlern nicht zumuten.

Karl, einer der Menschen-Trainer, erteilt einem Dutzend Zöglingen unterschiedlichen Alters eine Lektion. Sie seien für die Delphine zwar ungeladene Gäste in deren Element, aber nicht gänzlich unwillkommen. Die Schwimm- und Tauchfähigkeiten, das stümperhafte Bemühen, es ihnen gleichzutun, werde mit einem gnädigen Schmunzeln gewürdigt. Nichtsdestotrotz könne man sich dadurch unterhaltsam für sie machen, denn an einem neuen Spielkameraden seien sie immer interessiert. Männer hätten vermutlich kaum eine Chance, Frauen schon eher, Kinder seien ihnen die Liebsten, die kreischten so laut, zappelten viel herum, hätten nicht den delphingierigen Blick mancher Erwachsener. Aber man wisse das nie genau, an manchen Tagen seien plötzlich dicke, behaarte Männer beliebt.

Es sei zwar verständlich, fährt der Trainer fort, mal einen Delphin anfassen zu wollen, aber man solle nicht nach ihnen grapschen, schon gar nicht in ihre Gesichter. Schließlich tue man das auch nicht bei Menschen, die man gerade kennenlerne. Es könne zudem etwas peinlich werden. Die Delphine machten sich einen Spaß daraus, nur wenige Zentimeter vor der ausgestreckten Hand zu schwimmen, dadurch die Besucher wie an unsichtbaren Fäden durchs Gehege zu ziehen, gnadenlos. Es könne also sein, daß keiner etwas mit den Gästen zu tun haben wolle, und es werde auch nichts unternommen, um sie gnädig zu stimmen – kein Pfiff, kein Fisch.

Es sei damit zu rechnen, doziert Karl frohgemut, daß die Begrüßung ganz furchterregend ausfalle. Mit offenem Maul kämen sie bisweilen angeschossen, griffen sich mit den 88 Zähnen einen Arm oder ein Bein. Panik sei nicht angebracht, denn nichts geschehe dem, der die Nerven habe, nicht zusammenzuzucken, der nicht versuche, den Arm aus dem Maul zu ziehen, was kaum einem gelinge und selten ohne Kratzer abgehe. Zahnspuren seien an stillgehaltenen Gliedern noch nie entdeckt worden. Die menschliche Interpretation dieses Verhaltens sei, daß mit dem Zuschnappen das Vertrauen des Schwimmers abgecheckt werden soll – aber es möge auch sein, daß nur festgestellt sein will, ob ihnen der Besucher schmeckt.

Das sei hier kein Amüsierbetrieb, instruiert Karl weiter, obwohl es ständig komisch sexuell zugehe.

Allgemeines Gekicher.

Denn die Tümmler hätten das ganze Jahr über Freude an der Paarung, und sie machten keinen Unterschied zwischen Spiel und Vorspiel. Hier und heute sei mit verwirrenden Anbändelungsversuchen – die ihnen in anderen Schwimmprogrammen ausgetrieben werden – zu rechnen.

Gemurmel.

Sich einhaken und mit dem Menschen im Kreise drehen, wie im Tanze wiegen wollten die Männchen, die Weibchen sich vergnügt rubbelnd im Wasser wälzen. Die Kniekehlen hielten sie für die erogenste aller unserer Körperzonen.

Geraune.

Karl bittet, im Falle einer solch rosa gefärbten Zuneigung in keiner Weise, weder positiv noch negativ, handgreiflich zu werden.

Eifriges Kopfnicken.

Die ersten Schwimmer mit ihren Plastikflossen steigen staksig ins

Tümmlerterritorium. Die Männer planschen einsam vor sich hin und werden mißachtet, einige der Frauen strecken die Hände aus und werden zum Narren gehalten, im Kreise geführt. Drei Kinder bekommen je eine Flosse angeboten, halten sich daran fest und düsen laut quäkend mit den Delphinen durchs schäumende Wasser.

⋆

Der römische Gelehrte Plinius der Ältere, der beim Ausbruch des Vesuv im Jahre 79 ums Leben kam, hinterließ eine 37 Bücher umfassende „Naturalis historia". Dieses Werk diente bis zum 18. Jahrhundert als Quelle naturwissenschaftlichen Wissens, ist heute nicht nur historisch-humoristisch wertvoll, sondern auch treffliches Zeugnis eines stellenweise zwar naiv klingenden, aber umfassenden Naturverständnisses — und manches weiß man bis heute nicht viel besser. Hier ein Auszug:

Das schnellste unter allen Lebewesen, nicht nur unter den Seetieren, ist der Delphin. Er ist rascher als der Vogel, geschwinder als der Pfeil, und wenn er nicht sein Maul weit unter der Schnauze, fast in der Mitte des Bauches hätte, würde seiner Schnelligkeit kein Fisch entgehen. Die vorsichtige Natur setzt aber hier eine Schranke, denn [die Tiere] können nur auf dem Rücken liegend und seitlich umgewendet die Beute fangen, und hier zeigt sich vor allem ihre Behendigkeit. Wenn sie nämlich vom Hunger gereizt einen fliehenden Fisch bis auf den tiefsten Grund verfolgt und allzu lange den Atem angehalten haben, schnellen sie, wie von einem Bogen abgeschossen, empor, um zu atmen, und springen mit einer solchen Wucht aus dem Wasser, daß sie meist über die Segel der Schiffe hinwegfliegen.

Die Delphine ziehen meist paarweise umher; sie werfen zur Sommerszeit im zehnten Monat zuweilen auch zwei Junge. Sie nähren diese an Zitzen wie der Wal und tragen ihre Jungen, solange sie noch schwächlich sind, mit sich herum; ja sogar die Erwachsenen begleiten sie noch lange aus großer Liebe zu

In der Liebe unter Wasser hat sich seit Aristoteles nichts geändert. Er schrieb über Delphine: „... das Männchen streift zur Begattung am Weibchen entlang, weder allzu kurze Zeit noch eigentlich lange."

ihren Nachkommen. Diese wachsen schnell heran und sollen mit zehn Jahren ihre volle Größe erreichen. Sie leben dreißig Jahr, was man durch Verstümmelung des eingeschnittenen Schwanzes versuchsweise festgestellt hat.

Um die Zeit des Aufgangs des Hundssterns entfernen sie sich für dreißig Tage und halten sich auf eine unbekannte Weise verborgen, was um so erstaunlicher ist, wo sie doch unter Wasser nicht atmen können. Sie haben die Gewohnheit, ans Land zu stürzen, ohne daß man einen Grund hierfür kennt; sie sterben auch bei der Berührung mit dem Land nicht sogleich, viel schneller jedoch, wenn ihre Luftröhre verstopft ist.

Ihre Zunge ist, im Gegensatz zur Natur der übrigen Wassertiere, beweglich, kurz und breit und unterscheidet sich nicht von der eines Schweines. Ihre Stimme gleicht dem Stöhnen des Menschen, ihr Rücken ist aufwärts gekrümmt und die Schnauze aufgestülpt. Deshalb nehmen sie seltsamerweise alle das Wort simo [Stumpfnase] wahr und lassen sich gerne damit rufen.

Der Delphin ist nicht nur ein Freund des Menschen, er liebt auch die Musik, erfreut sich am harmonischen Gesang und vor allem am Ton der Wasserorgel. Er meidet den Menschen nicht als fremdes Wesen, kommt auf die Schiffe zu, umspielt sie springend, schwimmt auch mit ihnen um die Wette und überholt sie sogar bei vollen Segeln.

Zur Zeit des göttlichen Augustus war ein in den Lukrinersee gelangter Delphin dem Knaben eines armen Mannes, der aus dem Gebiet von Baiae nach Puteoli in die Schule ging und der ihn, wenn er mittags dort blieb, mit dem Namen Simo gerufen und öfters mit Stückchen Brot, das er als Wegzehrung mit sich trug, herbeigelockt hatte, mit besonderer Anhänglichkeit zugetan. Ich würde mich scheuen, dies zu berichten, wenn die Tatsachen nicht in den Schriften des Maecenas, Fabianus, Alfius Flavus und vieler anderer mitgeteilt wäre. Zu jeder Tageszeit, vom Knaben angerufen, eilte er, so verborgen und weit entfernt er auch sein mochte, aus der Tiefe herbei, fraß aus seiner Hand und bot ihm den Rücken zum Aufsitzen dar, indem er die Stacheln seiner Flossen wie in einer Scheide verbarg. Wenn er ihn aufgenommen hatte, trug er ihn mitten durch die hohe See nach Puteoli in die Schule und brachte ihn auf die gleiche Weise mehrere Jahre lang wieder zurück, bis der Knabe an einer Krankheit starb; da kam er immer noch an den gewohnten Ort, schien betrübt und traurig zu sein und starb dann selbst, wie wohl niemand bezweifelte, an Sehnsucht.

Ähnliches wird aus früherer Zeit von einem Knaben in der Stadt Iasos erzählt, dem ein Delphin zur allgemeinen Bewunderung lange Zeit Zuneigung erwies; dieser folgte ihm einst eifrig, als er sich vom Ufer hinweg begab, gelangte auf den Sand und verendete. Alexander der Große machte den Knaben zum Oberpriester des Poseidon zu Babylon, weil er jene Liebe als Zeichen einer günstig gesinnten Gottheit deutete.

Hegesidemos schreibt, daß in der gleichen Stadt Iasos ein anderer Knabe namens Hermias auf ähnliche Weise durch das Meer geritten und, infolge eines plötzlichen Sturmes in den Wellen umgekommen, [von dem Delphin] zurückgetragen worden sei; dieser, sich gleichsam als Ursache des Todes bekennend, sei nicht mehr ins Meer zurückgekehrt, sondern auf dem trockenen Land verendet. Theophrastos berichtet, dies sei auch zu Naupaktos vorgekommen. Solcher Beispiele gibt es noch viele: Das gleiche erzählen die Bewohner von Amphilochia und Tarent von Knaben und Delphinen.

Es besteht auch unter ihnen selbst ein gemeinschaftliches Band. Als ein Delphin vom König von Karien gefangengenommen und im Hafen angebunden worden war, kam eine große Zahl der übrigen herbei und bat mit unverkennbarer Trauer so lange um Mitleid, bis der König befahl, ihn freizulassen. Ja, die kleinen begleitet stets ein größerer wie ein Betreuer und man sah schon welche, die einen Toten wegtrugen, damit er nicht von Untieren verstümmelt würde.

OPFER DES EXZENTRISCHEN GESCHMACKS

Nach jahrelanger Schonzeit werden Delphine und Wale wieder geschossen – wegen des gewinnbringenden Geschäfts mit ihrem roten Fleisch. Selten wird damit bloßer Hunger gestillt, eher geschmäcklerische Gourmets tun sich daran gütlich, argumentieren mit gehaltvoller, gesunder Ernährung und nennen es Tradition und Kultur

Eiskalte Pirsch: Auf der Suche nach dem Blas von Zwergwalen schiebt sich ein japanisches Fangboot mit schußbereiter Harpune vor der antarktischen Küste langsam durch lockeres Treibeis, auch Pfannkucheneis genannt

Tod durch Strom: Ein letztes Mal bäumt sich ein getroffener Zwergwal vor dem Bug des Fangbootes auf. Da ihn die Explosivharpune nicht töten konnte, wird er mit einem elektrischen Schlag – wie die Waljäger es nennen – „ruhiggestellt"

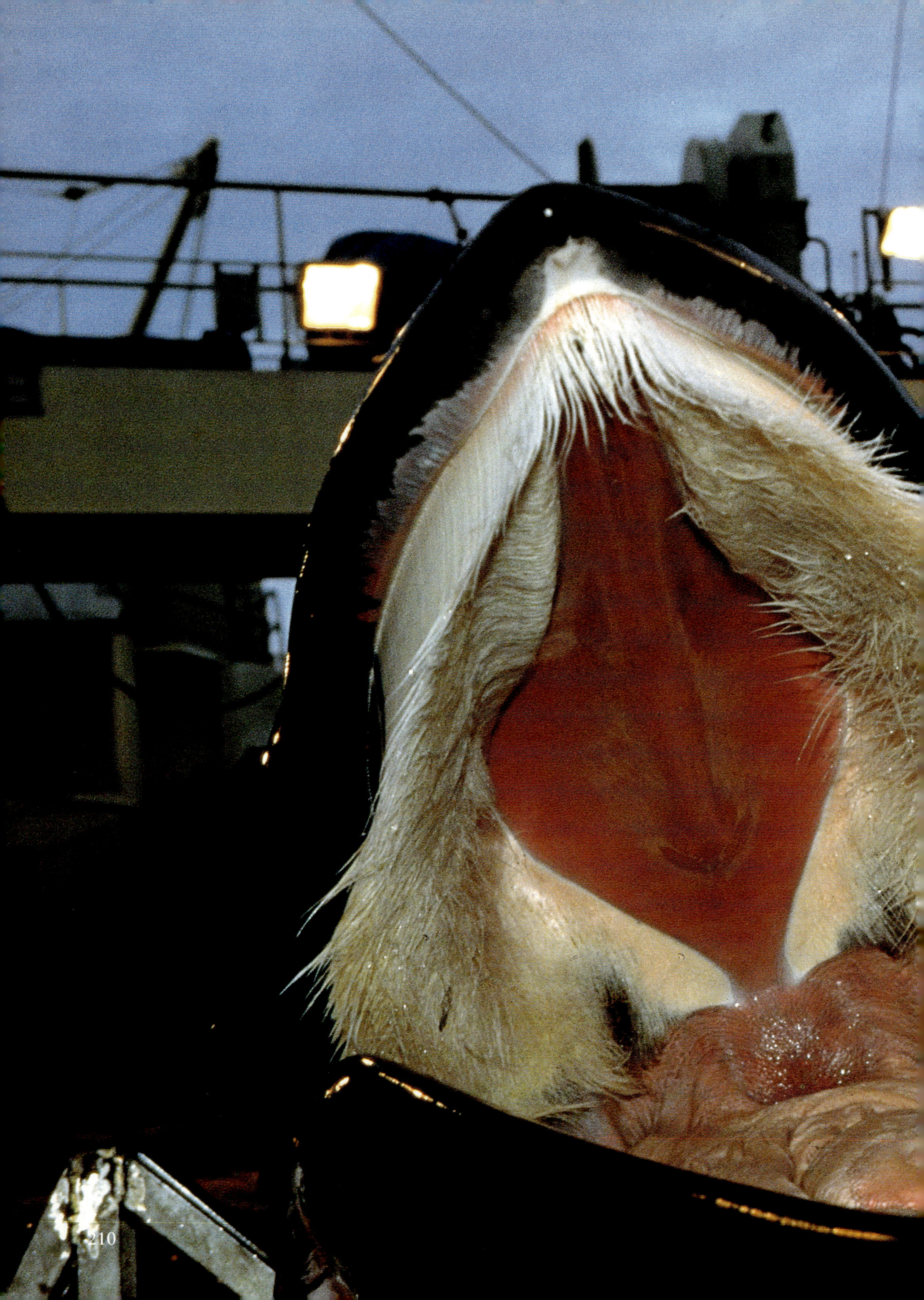

Kopf ohne Wert: Die 30 Zentimeter langen Barten des Zwergwals sind nicht zu vermarkten, werden über Bord geworfen. Mit diesen am Oberkiefer hängenden Hornplatten filterte der Wal seine Nahrung aus dem Wasser

Schlachtbank auf See: Nach allen Regeln des Metzgerhandwerks ausgeweidet liegt ein acht Meter langer Zwergwal – der kleinste aller Furchenwale – an Deck eines japanischen Fabrikschiffes

S 1

Nachschub für den Umsatz:
Die lukrativen Teile des Tieres werden fein säuberlich nach schierem Fleisch und purem Speck getrennt. Elf der je acht Tonnen schweren Wale schaffen die Metzger pro Tag

Ausgeschöpft: Produktionsstau auf einem norwegischen Fabrikschiff in den 60er Jahren vor Südgeorgien; das kleine Fangboot mit seiner Beute muß warten. Der großindustrielle Walfang hat sich durch seine Effektivität selbst erledigt – und den Großteil der Wale auch

Ein Faß aufmachen: So nannten es die Walfänger des 19. Jahrhunderts, wenn sie den Kopf eines Pottwals anschnitten, um das begehrte Walrat zu bergen. Auf den Azoren wurde diese Art noch Mitte der 80er Jahre gejagt, meist nur solch kleine Exemplare erlegt

Brutale Tradition: Alljährlich werden auf den autonomen dänischen Färöer-Inseln im Nordatlantik etwa 2000 Grindwale mit Booten an den Strand getrieben und dort durch Messerschnitte getötet

Nach altväterlicher Sitte: Mit einem leichten Umiak, dem klassischen Boot mit Bespannung aus Walroßhaut, gehen Eskimos an Alaskas Nordküste auf die Jagd nach dem Agvik, wie sie den Grönlandwal nennen. Mit langen Lanzen wollen sie ihn erlegen

Harpunierter Mythos: Während ein kanadischer Eskimo mit Hilfe seines Sohnes einen Narwal zerlegt, präsentiert ein anderer Inuit stolz den mehr als zwei Meter langen Stoßzahn, der einst dem legendären Einhorn zugesprochen wurde

Rarität wird abgespeckt: Alljährlich fangen die Ureinwohner der amerikanischen Arktis zwei Dutzend Grönlandwale. Der 50-Tonner mit den vier Meter langen Barten ist rund um die Insel, deren Namen er trägt, durch europäische Walfänger seit langem ausgerottet

Fleisch für alle:
Jeder Dorfbewohner an der arktischen Küste bekommt seinen Anteil des Wals und schleppt ihn mit dem Motorschlitten ab. Besonders „Muktuk", die gummiartige Haut mit einer dünnen Schicht Speck daran, gilt den Eskimos als Delikatesse

SCOTT
ski-doo

Nördlich des Polarkreises, im milden Schein der Mitternachtssonne, wird mir die Erkenntnis angedient: Walfleisch schmeckt ganz köstlich und ist sehr gesund, zart und mager, zergeht auf der Zunge, wenn gut abgelagert und fachmännisch zubereitet. So behauptet der Fischer und zitiert aus dem Stegreif schwärmerisch die leckersten Rezepte. Unglücklicherweise habe er keinen Vorrat mehr in der Tiefkühltruhe. So bleibt mir erspart – dem Himmel sei Dank –, diesen Braten von mir weisen zu müssen.

Ich hätte es dem Mann vernünftig nicht erklären können. Der Gedanke an seinen Festtagsschmaus bereitet mir einfach blümerante Gefühle; was ihm Gaumenkitzel ist, schlägt mir schon vorher auf den Magen. Das hat wenig mit objektiv kulinarischen Kriterien zu tun, ist nichts als subjektive Geisteshaltung – ein Beweis dafür, wie Geschmack bisweilen im Kopf entsteht und sich auf der Zunge nicht mehr unbedarft entfalten kann.

Roald Olsen, meinem Gesprächspartner im Fischerdorf Reine auf den Lofoten, wird es ähnlich flau beim Gedanken an anderer Leute geschmäcklerische Absonderlichkeiten: Schweinefleisch kommt ihm nicht auf den Tisch. Kuddeln? Igittigitt! Froschschenkel und Gänsestopfleber? Das ist doch Tierquälerei! Schnekken und Wachteln: Wie kann man nur?! Pferdewurst und Kalbshirn sind ihm unheimlich. Mir ebenso, also wollen wir uns über Geschmack nicht streiten.

Sitzen sich zwei so unterschiedliche Spezies von Walliebhabern gegenüber – ideeller Verehrer und materieller Verzehrer –, dann ist es schwer, nicht aneinander vorbeizureden. Jeder hat seinen Interessen entsprechend Fakten gesammelt und seinen Neigungen gemäß aussortiert, sich sein Urteil gebildet, glaubt zu wissen, was gut und richtig ist.

Nichts gegen alle anderen Tiere, aber Wale sind für mich von besonderer Art, und den Walfang betrachte ich als ein spezielles Geschäft, ein Paradebeispiel für den verantwortungslosen Umgang mit der Natur. Ganz besonders in diesem Jahrhundert wurde ihnen übel mitgespielt. Ein nicht näher definierbares, dennoch spürbares kollektives schlechtes Gewissen in mir fordert, die Giganten der Meere endlich in Ruhe zu lassen. Sie sind die höchstentwickelten Lebewesen des Meeres, repräsentieren fürwahr – wenn man den Vergleich nicht scheut – die Krone der Schöpfung im wäßrigen Teil der Welt. In platonischer Zuneigung mache ich auch keinen wesentlichen Unterschied zwischen den mehr als 75 Arten von Cetaceen: Barten- und Zahnwalen, Delphinen und Tümmlern. Alle sind mir gleichermaßen lieb und teuer. Meine Zuneigung läuft – ohne überzuschwappen – durch den Kopf ins Gemüt.

Na gut, grinst der Jäger von der kargen Küste.

Roald Olsen interessiert sich zur Zeit nur für den „Vågehval". Der Zwergwal (*Balaenoptera acutorostrata*) ist für den sympathisch behäbigen Mann lediglich ein großer Fisch mit dem Vorteil, nicht nach Fisch zu schmecken, sondern nach einer Mischung aus frischer Leber und bestem Rindfleisch, mit einem Hauch von Wildnis und weitem Ozean. Ein prächtiger Schatz des Meeres also, den es an Land zu ziehen und in die Pfanne zu hauen gelte. Mindestens tausend Stück, so glaubt der 56jährige sich nicht ohne Stolz zu erinnern, hat er seit 1960 schon auf diesen Weg gebracht. Seine Liebe – das gesteht er nicht gerade schüchtern – geht durch den Magen und über sein Bankkonto.

Na denn, grummelt's in mir, dem Großstadtmenschen.

Zwischen uns auf dem Wohnzimmersofa sitzt die Dolmetscherin und hält sich fein raus. Auch sie mag Walfleisch, hat aber was gegen Walfang. Das sei eben Großwildjagd, ja, schrecklich, aber ich als Mann müsse das doch begreifen.

Mitnichten – und auch in diesem Punkt trennen mich Welten von Roald Olsen. Schon die von uns beiden gleichermaßen benutzten Begriffe wie Wale und Walfang unterscheiden sich inhaltlich erheblich. Ich – geprägt von der Idee, daß Wale vom Aussterben bedroht sind – denke dabei an alles, was groß und mächtig ist: Blau- und Finn-, Pott- und Grönlandwale; monströse Fabrikschiffe, auf denen Hunderte von Männern einen Hundert-Tonnen-Blauwal in einer halben Stunde mit Flensmessern und Motorsägen zerstückeln, zu Tran verkochen, zur billigen Rohstoffquelle erniedrigen; Millionenumsätze einer Großindustrie mit 130 Prozent Dividende für Kapitaleigner, die allein an kurzfristigem Profit interessiert sind. Nur ein toter Wal ist ihnen ein nützlicher Wal.

Roald Olsen dagegen redet von jenem Zwergwal, der den Fängern alten Schlages zu mickrig war, um eine Harpune daran zu verschleudern. Diesem kleinen Bartenwal – ausgewachsen etwa acht Meter lang und sieben Tonnen schwer – stellt er nach, mit fünf Mann Besatzung von seinem etwa zwanzig Meter langen Fischerboot aus, um sich, zwischen Dorsch im Frühjahr und Hering im Herbst, über den langen, ansonsten arbeits- und einkommenslosen Sommer zu retten.

Olsen schwärmt von alten Zeiten. Damals in der 87er-Saison, da hat er auf den weit entfernten Jagdgründen der Barentssee noch neun Wale harpuniert, die ihm genehmigte Stückzahl. Einige Jahre zuvor war den Jägern eine Fangmenge von 70 Tonnen gestattet worden, da schossen noch alle auf jede charakteristisch sichelförmige Finne, die ihnen nahe genug vor den Bug geriet – die „netten" Wale nannten sie die jungen Tiere, die leichtsinnig neugierig zu den Booten geschwommen kamen. Doch als auf internationalen Druck Explosivharpunen vorgeschrieben wurden – „heiß" und „human" genannt –, wo jeder Schuß mindestens 500 Mark kostet, suchte keiner mehr nach den „einfältigsten", sondern jeder nach den einträglichsten Tieren. Sportlicher Ehrgeiz machte sich breit: Wer hat den größten? Einmal konnte Roald Olsen ihn sein eigen nennen, fast neun Meter war er lang, ergab viereinhalb Tonnen Fleisch und Speck und brachte fast 100 000 Kronen, ungefähr 25 000 Mark.

Ein Tier von normaler Größe ergibt 1500 Kilogramm schieres Fleisch für den heimischen Verzehr, dazu 500 Kilo Speck für den japanischen Markt, beides gleichermaßen kulinarisch und wirtschaftlich interessant. Drei Achtel des Erlöses kommen dem Schiffs-

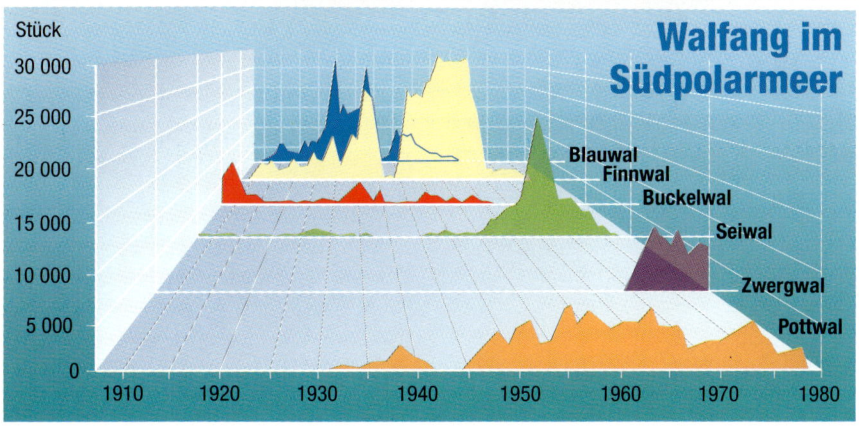

Ein Finnwal ist tödlich getroffen – für die Walfänger ein weiterer Punkt in der Statistik. Die graphische Darstellung des Walfangs in diesem Jahrhundert offenbart plastisch: War die eine Art ökonomisch ausgerottet, lohnte es also nicht mehr, ihr nachzustellen, dann kam die nächste dran. Der Pottwalfang ist eine Ausnahme, geregelt durch die Nachfrage nach Walrat. Allein der Zweite Weltkrieg bedeutete Schonzeit für alle Wale

eigner zu, ein Achtel jedem der fünf Mann Besatzung. Nach sechs Wochen Arbeit habe jeder bis zu 20 000 Mark nach Hause getragen, betont Roald Olsen stolz, mehr als einen halben Jahresverdienst in der Industrie.

Knapp 30 Kronen pro Kilo war derzeit Durchschnittspreis der Auktionen auf der kleinen Lofoteninsel Skrova, wo stets das meiste Walfleisch landete, in fünf Fabriken von hundert Menschen weiterverarbeitet und verpackt wurde. Dieser Handel machte ein paar Leute zu Millionären, bescherte den 300 Insulanern angeblich das höchste Pro-Kopf-Einkommen des Landes. Die „Japaner Norwegens" werden die geschäftstüchtigen Skroværinger genannt, in einer Mischung aus Anerkennung und Neid.

Wie alle Räuber des Meeres, sind auch die Lofotfischer stets auf der Suche nach einer neuen Nische, ihre Überlebensgeschichte ist ein ständiges Stolpern von einer Ressource zur nächsten. Die Zwergwale brachten ihren Jägern in manchen Jahren 50 bis 70 Prozent des Einkommens, was aber weniger am guten Wal- als am schlechten Fischfang lag. Nahmen an der Dorschfischerei im Jahre 1947 noch 20 000 Männer teil und fingen 147 000 Tonnen, sind es heute nur noch 3000 Fischer, die etwa 20 000 Tonnen in ihren Netzen finden. Auch Roald Olsen – seit seinem 15. Lebensjahr ausschließlich Fischer – mußte schon einige Male umdisponieren, das Boot umrüsten, andere Netze und Leinen anschaffen, neue Fangtechniken lernen. Dorsch und Hering, Lodde, Makrele und Krabbe blieben plötzlich weg, das Auslaufen lohnte nicht mehr. Vermutlich spielen natürliche Bestandszyklen eine Rolle, aber entscheidend ist die gründliche Überfischung, wofür weniger die Küstenfischer als vielmehr die fabrikmäßigen Hochseetrawler verantwortlich sind.

Kann er keine Wale jagen, versucht sich Fischer Olsen – allein in seinem kleinen Zweitboot – zur Sommerszeit am Seehasen, dessen Rogen zu Deutschem Kaviar umgefärbt wird. Das bringe zwar fast nichts ein, halte ihn aber immerhin beschäftigt. Während er diese skurril-kugelrunden Fische in sein Boot ziehe – wenigstens das solle ich doch verstehen, meint er mit bernsteinfarbenem Blick –, dann fühle er sich äußerst mickrig und träume von Walen.

In den dreißiger Jahren dieses Jahrhunderts war die Jagd auf Zwergwale in Gang gekommen. Damals waren nicht nur alle großen Wale des ganzen Nordatlantik ökonomisch ausgerottet, auch die Jagd auf Pilot-, Schwert- und Entenwale rentierte sich nicht mehr. Da tummelten sich aber in Küstennähe und im weiten Westfjord, zwischen Lofoten und Festland, fast unbeachtet zahlreiche Zwergwale. Ihr Fleisch konnte derzeit nur billig an Pelztierzüchter verkauft werden, war noch auf keiner norwegischen Speisekarte zu finden. Erst in der Not nach 1945 – in Ermangelung besserer Qualitäten – wurde Zwergwal für genießbar gehalten.

1960 stieg Roald Olsen ins Geschäft ein. Der Braten hatte den Überlebensgeschmack der Nachkriegszeit verloren, war durch bessere Handhabung und Zubereitung köstlicher und kostbarer geworden. Eine tragende Rolle spielte die Ehefrau eines Händlers, die mit einem selbstgeschriebenen Rezeptbuch auf Goodwill-Tour

ging und die Stadtmenschen sogar im fernen Oslo auf den Geschmack brachte. Der Zwergwal gilt als vorzüglicher Proteinlieferant – viel Eiweiß in leicht verdaulicher Form.

Die Jagd war so erfolgreich, daß 1976 – zum Schutz der Wale wie des überschwappenden Marktes – von der Regierung eine Fangquote von 2000 Walen festgelegt wurde, die auf 1690 Tiere im Jahr 1983 sank – bislang „das letzte normale Walfangjahr". 45 Millionen norwegische Kronen wurden da auf dem Markt umgesetzt.

Als die Internationale Walfangkommission (IWC) von der Saison 85/86 an weltweit einen vorläufigen Fangstopp für alle Wale beschloß, erhob Norwegen Einspruch und war damit – so die Regeln der IWC – nicht daran gebunden. Binnen fünfzig Jahren hatten norwegische Fischer mehr als 100 000 Zwergwale gefangen, weit draußen sollten noch genug zu finden sein – also wurde ein Stillhalten für unnötig angesehen. 1987 wurden von 53 Booten noch 375 Wale geschossen, einige hundert Menschen hatten für sechs Wochen eine gut bezahlte Arbeit, einige tausend Norweger ihren Festtagsbraten auf dem Tisch, die Fischer 20 Millionen Kronen eingenommen, die Händler ein Mehrfaches davon kassiert.

Erst US-amerikanische Drohungen mit einem Boykott des beträchtlichen norwegischen Lachsimports veranlaßten die Walfänger auf Druck der Regierung in Oslo, ihre Harpunenkanonen einzumotten – vorläufig, wurde ihnen versichert. Die Jäger fühlten sich von ihren Politikern betrogen, nannten sie „einen Haufen von Feiglingen, die internationalem Druck nachgeben", was „Norwegen in eine Bananenrepublik verwandelt hat".

Roald Olsen ließ die Lafette am Bug seines Kutters fest montiert, auch die schwarzweiße Ausguckstonne blieb oben am Mast, als wolle er damit allen Zweiflern weithin signalisieren, was er von der Zukunft erwartet. In den ersten Jahren hoffte er noch auf Überbrückungshilfe, erhielt aber nur den schwachen Trost, daß es wieder losgehen könne, wenn der politische Druck der Walliebhaber nachlasse. Das ist zwar nicht geschehen, aber die Haltung von Männern wie Roald Olsen raubt mir die Illusion, der kommerzielle Walfang könne endgültig vorbei sein. Ich habe mir, gebe ich zu, erträumt: Die Kanonen und Harpunen würden verrosten, die Fischerboote abgerüstet, der Appetit auf Walsteak in Vergessenheit geraten, die Fischer eine neue Nische finden, die Metzger und Händler sich auf andere Waren stürzen.

Gewiß: Einige Jäger und Fleischer investierten ins Tourismusgeschäft, die kapitalkräftigsten unter ihnen in die vielversprechende Lachszucht. Roald Olsen ist allerdings froh, sich auf dieses Abenteuer nicht eingelassen zu haben. Die fünf Fischfarmen in seiner Nachbarschaft gingen nach einer Weile alle pleite. In seiner 600-Seelen-Gemeinde, in der 70 Prozent aller Werktätigen mit Fischerei zu tun hatten, sank die angelandete Fangmenge – und damit die Zahl der Arbeitsplätze – auf etwa die Hälfte. Etliche zogen fort. In Reine blieb nur die aufrechte Schar der lizenzierten Waljäger konstant: sieben. In ganz Norwegen sind es 35, die meisten davon auf den Lofoten.

Nach den löcherigen IWC-Regeln ist Walfang zu „wissenschaft-

Ein japanischer Harpunier befestigt den Sprengsatz an seiner Waffe. Ein indonesischer Kollege springt seiner Beute nach. Ein Fischer von den Azoren wirft die Lanze auf einen Pottwal. Der norwegische Zwergwal-Jäger Roald Olsen zeigt altes und neues Werkzeug

lichen" Zwecken auch während des Moratoriums möglich. Dabei lernt man über die Biologie der getöteten Wale wenig; immerhin lassen die Ergebnisse Schätzungen zu, wie viele Wale es wo gibt, wie schnell sie sich reproduzieren, also wie viele geschossen werden können, ohne den Bestand zu gefährden. Das freilich sind weniger die Probleme der Wale als die der Waljäger.

Diese Fangfahrten unter der Vorgabe wissenschaftlicher Zwecke – und wie vorgeschrieben mit einem Biologen an Bord – hielten die Sehnsucht der daheimgebliebenen Kollegen wach und brachten 1992 immerhin 110 Zwergwale in die Pfanne. Wohin auch mit dem vielen Fleisch? Der Markt blieb am Leben, ein Teil der Fang-, Verwertungs- und Verteilungsmaschinerie in Gang. Die letzten nervösen Zuckungen eines aussterbenden Gewerbes?

Von Roald Olsens Haus aus brauche ich nur auf die andere Seite des schön dramatisch felsumrandeten Hafens von Reine zu schauen, um die Public-Relations-Zentrale der Walfänger zu finden. Dort werde ich mit einer Menge Informationsmaterial versorgt, in dem alles steht, was für den weiteren Fang von Zwergwalen spricht – und werde an einiges erinnert, was ich in meinem Alltag als zivilisierter Städter dauernd verdränge.

Als erstes werden mir die tierquälerischen Schrecken der Rind-, Schweine- und Hühnerfleischfabrikation drastisch vor Augen geführt. Dann werden mir die gesamtökologisch so schädlichen Auswirkungen meiner Ernährungsweise ins Gewissen getrichtert. Mir wird freundlich nahegelegt, meiner Gesundheit und der Umwelt zuliebe von Rinderbraten auf Walsteak, von Schweinespeck auf Zwergwalspeck umzusteigen – ich würde den Unterschied kaum feststellen können. Mein umweltlerisches Gemüt könne dann beruhigt sein: Wenn der Walbraten auf meinem Tisch stünde, seien dafür weniger nicht erneuerbare Ressourcen verbraucht worden als für ein Rinderfilet; keine Wälder hätten meinetwegen abgeholzt werden müssen, um Weideflächen zu produzieren; keine Antibiotika müsse ich mitessen; weder Dünge- noch Pflanzenschutzmittel, weder natürlicher noch künstlicher Mist hätten deswegen Flüsse, Seen, Meere und das Grundwasser verdorben; mein Risiko eines Herzinfarkts würde deutlich sinken.

Ich bin beeindruckt. Es verdirbt wirklich den Appetit, zu viel über die Herkunft seines Abendessens zu wissen.

Doch die Aufklärung ist noch nicht zu Ende. Die unterschiedlichsten Wissenschaftler werden da aufgeboten, den „Geist in den Wassern", die „Menschen der Tiefe" vom Sockel zu holen, von ihrem Image als „Megafauna" zu befreien, zu einer Entmystifizierung der Wale beizutragen.

Das kann nicht schaden. Kein Argument von übereifrigen Walfreunden, denen in den euphorischen 70er Jahren die Phantasie durchbrannte, ist albern genug, um nicht aufgegriffen und als Unsinn entlarvt zu werden. Gut so! Tierschutzgruppen argumentierten ja zeitweise wie die Animateure eines neues Animalismus, einer fast religiösen Verehrung der Wale, verursachten eine Inflation der groben Begriffe. Die Walfänger wurden „Barbaren" genannt, die ein „blutiges Handwerk" verrichten, was man auch allen anderen Jägern und jedem Kleinvieh-Metzger vorwerfen könnte. Vom „Mord" an Walen war ständig die Rede, was so angebracht ist wie für das alltägliche Dahinschlachten ganzer Massen von Suppenhühnern.

Die Jägerlobby revanchiert sich nach Kräften, hält das dauernde Gerede von „den Walen" für so pauschal, als werfe man auch alle Huftiere dieser Welt in einen Topf. Sie versucht zu beweisen, daß die vermeintliche Intelligenz der Wale und Delphine nichts als ein Hirngespinst überdrehter Tierliebhaber ist. Und die Legende von den „sanften Giganten"? Das Paarungsverhalten der Nordkaper – die ihr Glück gerne zu mehreren gleichzeitig versuchen – stellt sich hier als Gruppenvergewaltigung dar. Buckelwale bringen ihren Weibchen keineswegs nur die berühmten Ständchen, sondern prügeln sich um die Bräute, daß die Fluken bluten – nichts als wüste Rabauken. Auch die Walschützer seien nicht mehr das, was sie mal waren: Tapfere Helden, die sich im winzigen Gummiboot tollkühn zwischen monströse Walfangschiffe und deren potentielle Opfer werfen. Der Greenpeace-Kampagnedampfer, über dem der eigene Hubschrauber kreist, ist heutzutage größer als die Fischerboote, die den Zwergwalen nachstellen.

Manche Argumente dieser Jägerlobby scheinen mir weit hergeholt. Statt einer Mystifizierung der Wale findet eine Verherrlichung ihrer Jagd statt. Im Supermarkt von Reine gibt's ein T-Shirt zu kaufen mit einem schmunzelnden Zwergwal darauf, drumherum steht in Großbuchstaben: „Big Norwegians need big food". Das Hemd finde ich so wenig komisch wie sein Pendant mit „I love Whales".

Manche wissenschaftliche Stichworte in den Broschüren der Walfängerlobby sind mir unheimlich. Biologen der Universität Tromsö beispielsweise haben ausgerechnet, daß die Zwergwale, obwohl sie sich „nur ein halbes Jahr in nördlichen Gewässern aufhalten, vermutlich soviel Nahrung zu sich nehmen wie die norwegische Bevölkerung in einem ganzen Jahr“; gemeint ist Fisch für mehr als vier Millionen Menschen. Ein Report des Fischereiministeriums bemerkt nüchtern, daß bereits ein Jahr nach der Tötung von 1700 Zwergwalen der Dorschfang um 5,6 Prozent – oder 2,5 Millionen Mark – steigen könnte; langfristig „würde sich dieser Effekt verdoppeln bis verdreifachen“. Vom Gewinn durch die Waljagd selbst ist nicht die Rede, während die Idee zu Ende spekuliert wird: Wären die Zwergwale ausgerottet, dann könnte der Dorschfang um 150 Prozent steigen.

Nach dieser Logik müßten indes möglichst alle Räuber menschlicher Speisefische dezimiert werden – Seehunde, Vögel, ungenießbare Fische. Das Leben im Meer würde eine pure Mischung aus Wasser, Nutzvieh und seinem Futter – die perfekte Aquakultur.

Die Walfänger fürchten – zumindest verkünden das ihre Broschüren – den Domino-Effekt des Walschutzes; sie haben davon gehört, daß manche Tierschützer sogar für ein Ende auch des Fischfangs eintreten, um alles Futter den Meeressäugern zu überlassen. Heute der Wal, morgen der Fisch: Wehret den Anfängen, stöhnen pessimistische Fänger.

Der Chefbiologe des isländischen Meeresforschungsinstituts plädiert für ein „Multi-Spezies-Management“, weil „die Wale in inländischen Gewässern weit mehr Fisch fangen als die gesamte Fischereiflotte“. Orcas „häufen sich alljährlich in den Heringsgründen, verzehren erhebliche Mengen Fisch, stören die Fischerei“. Buckelwale

Ob Helden oder Terroristen, ist Ansichtssache: Japanische Walfänger demonstrieren mit ihrem Transparent, daß sie Greenpeace-Aktivisten für Scharlatane halten – während die ihnen plakativ unter die Nase halten, was sie statt dessen tun sollten

behindern die Loddenfischer, demolieren deren Netze und sind eine „ernsthafte Gefahr für die Industrie". Der Zwergwalfang sei notwendig, meinen norwegische Fischereiexperten, um dem Meer wieder zu einem ökologischen Gleichgewicht zu verhelfen. Schließlich könnten sich die Bestände der großen Wale nie erholen, wenn die Futternische durch die kleinen voll besetzt sei.

Das Ende der Schonzeit für die Wale ist gekommen, wenn es nach diesen Wissenschaftlern geht. Auch einige nüchterne Gegenargumente seien überholt, muß ich mir von den Ressourcen-Managern sagen lassen. Vom Aussterben der Zwergwale könne keine Rede sein. Der pauschale Slogan „Rettet die Wale" sei anachronistisch, die Blauwale wolle selbstverständlich keiner mehr fangen, der industrielle Massenwalfang sei endgültig passé, die Zwergwale seien nie gefährdet gewesen – alles nur Getue von Romantikern mit Wal-Tick!

Es fällt mir nicht leicht, der in der Internationalen Walfangkommission versammelten Riege offiziell unabhängiger Biologen zu glauben, denn sie sind von ihren jeweiligen Regierungen bestellt und haben es bei den Fischen auch nie richtig vorausgesagt. Aber nach ihren Prognosen gibt es genug Zwergwalbestände, die „nachhaltig bewirtschaftet" werden können. Bei keiner anderen Tierart gebe es heute ein ähnlich ausgetüfteltes und sicheres „Bewirtschaftungsverfahren", der „Fanggrenzen-Algorithmus" mache es möglich. Diese schematische Rechnung sei für die nächsten hundert Jahre im Computer durchzuspielen, und ökologische Katastrophen und andere Störfaktoren könnten berücksichtigt werden, der Fang müsse nur richtig beobachtet und kontrolliert werden, und das sei machbar.

Selbstverständlich könne man nicht so tun, als gebe es allein Zwergwale im Meer, also werde in dem gedachten „Multi-Spezies-Management" auch das Vorkommen und der Fang anderer Lebewesen berücksichtigt; die „biologische Vielfalt" solle schließlich erhalten bleiben und zu nutzen sein. Auf 72 Prozent des ursprünglichen, inzwischen gut geschätzten Zwergwalbestandes zu kommen, wäre optimal. Dieses „Vor-Nutzungs-Niveau 0,72 K" ergebe den „höchstmöglichen Dauerertrag", einfach deshalb, weil die dann verbleibenden Wale mehr Platz und Nahrung hätten als vor der Bejagung, deshalb mit einer Reproduktionsrate von mindestens ein bis vier Prozent Nachwuchs liefern würden.

Schöpfe man diese Produktion regelmäßig ab, bleibe alles beständig, und man habe eine Menge Fleisch gewonnen. Zu viele Wale zu fangen, bedeute Gefährdung – zu wenig, sei Verschwendung der Ressource. Das funktioniere wie mit Geld – man sollte immer nur die Zinsen abheben und das Kapital unangetastet lassen. Sollte der aktuelle Bestand auf riskante „0,54 K" sinken, müßte der Walfang nicht eingestellt, sondern nur etwas reduziert werden, bis sich die Zahl der Wale wieder auf „0,72 K" erholt habe. Wenn alle Eingabedaten einigermaßen stimmten, auch die Fangangaben ehrlich seien, könne nichts schiefgehen. Im Computer funktioniert's schon prächtig.

Das heißt, ein Viertel aller ausgewachsenen Tiere könnte gleich problemlos „geerntet" werden. Das sind in realen Zahlen, bei geschätzten 80 000 Zwergwalen aller Altersklassen im Nordatlantik, 10 000, bei 760 000 in der Antarktis dann fast 100 000 erlegte Wale.

Auch der Einwand der grausamen Tötung, so erfahre ich, sei mit der Einführung der Penthrite-Harpune hinfällig geworden. Mit ihrer Hilfe sterbe der Wal so „human" wie möglich, der Körper werde nicht mehr zerfetzt, sondern das zentrale Nervensystem breche durch Schock zusammen. Im Schlachthaus bei Rind- und Borstenvieh gehe es nicht schneller; besser als die Quälerei bei der Jagd zu Lande auf anderes Groß- und Kleinwild sei es allemal.

Beim Walfang geht es um höhere Ziele, hat ein Konsortium aus mehrheitlich norwegischen Anthropologen, Soziologen und Völkerkundlern in einer Studie festgestellt: „Walfang symbolisiert die Zukunft der Küstengemeinden. Aber noch mehr wurde das Recht auf Walfang zu einer Frage nationaler Souveränität." Also befanden – in seltener Einmütigkeit – alle politischen Parteien Norwegens, daß der Walfang bestehen bleiben müsse, obwohl er gesamtwirtschaftlich – neben Erdöl, Fischerei und Tourismus – unbedeutend ist.

Das andernorts – besonders in den USA – blühende Geschäft des Waltourismus steckt in Norwegen noch in den Kinderschuhen. Immerhin wird seit einiger Zeit in Andenes an der Nordspitze der Inselgruppe Vesterålen, nördlich der Lofoten, eine „Hvalsafari" zu den Jagdgründen der Pottwale angeboten. Auf der Ausfahrt mit dümpelnden Fischkuttern zeigen alte Walfänger und junge Biologen – beide Gruppen sehr zurückhaltend in der Diskussion um Pro und Contra des Walfangs – den tierliebenden Touristen die größten aller Zahnwale. Ein schräger Blas, ein geriffelter Rücken, eine mächtige untergehende Fluke vor der Mitternachtssonne, nicht mehr und nicht weniger gibt es zu sehen – genug, um die Zuschauer zu ehrfürchtig unterdrückten Begeisterungsrufen hinzureißen. Die eher seltenen Zwergwale werden kaum beachtet; außer einer über der Wasseroberfläche dahinhuschenden kleinen Finne geben sie optisch nichts her.

Die Aktiengesellschaft „Hvalsafari AS", mehrheitlich von Gemeinde- und Kreisverwaltung sowie lokalen Geschäftsleuten betrieben, setzte 1992, drei Jahre nach ihrer Gründung, bereits vier Millionen Kronen um. Etwa 6000 Menschen wurden hinausgeschippert in die Reviere der Wale, die Zahl der Besucher der ganzen Region erhöhte sich seit Bestehen dieses Angebots auf das Zehnfache, brachte dem Norden der Insel Andoy einen kräftigen Aufschwung. Selbst Walfänger profitieren davon. Die kompletten Mannschaften zweier Schiffe erhalten für den Touristentransport pro Saison jeweils bis zu 700 000 Kronen, so viel, als hätten sie mindestens elf Zwergwale geschlachtet.

Dennoch: Dieses harmlos anmutende Vergnügen, von Ökonomen „nichtverbrauchende Nutzung" genannt, wird allen wissenschaftlichen Ernstes von einem Ethnologen als ein „modernes Beispiel für kulturellen Imperialismus" bezeichnet. Und Zwergwaljäger führen gar das Wort „Kultur" im Munde, finden und zitieren einen Anthropologen, der die Walbeobachtung als eine „Attacke auf den Lebensstil" der Fänger interpretiert.

Wir – Roald Olsen und ich, der Walverzehrer und der Walverehrer – schmunzeln gemeinsam über die Lieferanten unserer jeweiligen Argumente. Wir staunen, wie sich eine erkleckliche Anzahl von Wissenschaftlern der unterschiedlichsten Fakultäten gegenseitig auf gescheit klingende Weise für minderbemittelt erklären.

Der Waljäger Olsen läßt sich vom Sammelsurium der Argumente nicht verwirren, hat einen klaren Standpunkt: Er will Zwergwale fangen, weil er so im Sommer zu tun hat, weil das Fleisch schmeckt und er Geld damit verdienen kann. Ich dagegen will nicht, daß es überhaupt einen Markt für Walerzeugnisse gibt. Denn sobald ein Handel aufkommt, wird versucht werden, die Umsätze zu steigern, neue Produkte zu ersinnen, die Fangquoten zu erhöhen. Bei den Liebhaberpreisen für Walfleisch wird Quotenüberschreitung und sogar Wilderei attraktiv und nicht zu verhindern sein. Andere Walarten könnten wieder auf der Wunschliste landen, unter dem Aspekt, ob sie sich „bewirtschaften" lassen. Das wäre doch wunderbar, erwidert Roald Olsen kurz angebunden auf meine anhaltende Predigt.

Natur soll mehr sein als eine Ansammlung von Nutzkreaturen, wünsche ich mir – was Roald Olsen die Stirn runzeln läßt. Nicht mehr alles, was machbar scheint, soll auch gemacht werden, vor allem dann nicht, wenn es nicht um die Befriedigung elementarer, sondern nur finanzieller und kulinarischer Bedürfnisse geht – der Fischer bedauert noch einmal, daß er zum Gegenbeweis nichts mehr in der Tiefkühltruhe hat. Der Zwergwal soll ein Symbol werden, sage ich, für einen verantwortungsvollen Umgang mit der Natur. Der Jäger steht auf: Ich soll ihm folgen.

Roald Olsen will mir seine Harpunen zeigen – den grausamen alten Haken und den neuen Bolzenschußapparat – und sein Fischerboot. Es ist ein klassisch schöner Kutter mit einem Rumpf aus hellbraunem Holz und weiß gestrichenen Aufbauten aus Stahl. Seine sechsjährige Enkelin Annette kommt mit. Sie erzählt, an die Harpunenkanone gelehnt, daß sie auch schon mal einen Wal gesehen hat, einen ziemlich kleinen, den fand sie „ganz süß". Roald Olsen nimmt sie – ein bißchen verlegen, scheint mir – auf den Arm.

Fischer Roald Olsen von den Lofoten mit seiner Enkelin vor dem Kutter, mit dem er zur fisch- und arbeitslosen Sommerszeit Zwergwale jagen will

DAS MONSTER IST EIN MUTTER-SÖHNCHEN

Der Schwertwal galt als der größte Schrecken des Meeres, war sogar lange als Menschenfresser gefürchtet. Inzwischen ist er als scheinbar gebändigter „Killerwal“ zu einem allseits bestaunten Showstar umstilisiert worden. Aber das echte Leben der großartigen Orcas ist faszinierender als jede Legende und ihr Rudel kein Harem eines wütigen Bullen, sondern eine Gesellschaft recht sanften Matriarchats

Stelldichein der Meute: Mehrere Dutzend Schwertwale aus verschiedenen Rudeln versammeln sich hier an Alaskas Küste. Wissenschaftler rätseln noch, was die Orcas bei solchen geselligen Treffen miteinander treiben

Schrecken aller Fische: Auf der Suche nach Beute tauchen zwei Orcas unter einen schwimmenden Teppich aus Seetang. Auch Fische, die sich in dessen Schatten verbergen, haben kaum eine Chance

Showtime: Als virtuoser Schaumschläger betätigt sich dieser vitale Orca mit seinen mannsgroßen Flippern, die er ansonsten nur zur Steuerung beim Schwimmen gebraucht

Explosion der Lebenslust:
Spielerisch läßt sich dieser Schwertwal nach einem mächtigen Luftsprung rücklings ins Wasser fallen. Dank seiner kräftigen Fluke vermag er ein Tempo von 50 Stundenkilometern zu erreichen

Panik am Sandstrand:
Mit Höchstgeschwindigkeit nähert sich ein hungriger Schwertwal den Seelöwen an der Küste Patagoniens – wenn er Glück hat, erwischt er einen

Der schöne Räuber: Mit seiner perfekten Stromlinienform und 40 bis 48 kegelförmigen Zähnen im großen Maul erwischt der Orca, was er will – große Beute wird in schluckbare Stücke gerissen

Bewegungslos liegen sie an der Wasseroberfläche in der kleinen Bucht, Seite an Seite, wie aneinandergekuschelt. Die pechschwarz glänzenden Körper heben und senken sich im Rhythmus ihres bedächtigen Atems. Kaum ausgehaucht, vereinigen sich die buschigen Blaswolken zu einem sanften Nebelschleier über der majestätischen Meute.

Das Rudel der Unbesiegbaren beliebt zu ruhen, alle Schwertwale schlafen, keiner wacht. Wozu auch? Weit und breit will ihnen keiner zu nahe kommen. Sie können alles fressen und jeden, der im Wasser schwimmt. Diese stattlichen Wesen aus dem Geschlecht der Orca sind womöglich die schönsten, wahrhaftig die größten aller Delphine. Ihr Imperium erstreckt sich rund um den Erdball, von Pol zu Pol, nur dichtes Packeis setzt ihnen Grenzen.

Sie sind Souverän über zwei Drittel dieses blauen Planeten – und hatten bei der anderen Krone der Schöpfung auf dem Lande jahrtausendelang den schlimmsten Ruf. Inzwischen ist ihr Image so schwarzweiß wie ihre Haut, die finsteren Gesellen avancierten zu glänzenden Showstars. Einige unglückliche Vertreter dieser Spezies – publicityträchtig als „Killerwale" angepriesen – sind genötigt, Menschen gelangweilt naßzuspritzen, kleine Mädchen kühl zu küssen.

Wir in unserem kleinen Aluminiumboot dümpeln vor der Ostküste von Vancouver Island mit abgestelltem Motor in respektvollem Abstand zu den Orcas, tuscheln nur miteinander. Vier Generationen sind hier versammelt. Mannshoch stehen die dreieckigen Rükkenflossen der Männchen, halb so groß und wie die Sichel des Mondes geschwungen die Finnen der Weibchen und Jungen.

Dazwischen, etwas unruhiger auf und ab wippend, die runden Köpfe der Kleinsten, die beim Luftholen ein Stück weiter hochkommen; dabei wird ein elliptischer Klecks über jedem Auge deutlich sichtbar. Eines ist darunter, da ist das Weiß noch gelblich marmoriert; es muß erst vor wenigen Wochen in die wässerige Welt gekommen sein.

Wir lassen neugierig das Hydrophon über Bord gleiten. Auch das Gerät signalisiert Schlafenszeit; nur gelegentlich tönt ein leichtes Quieken aus dem Kopfhörer. Vielleicht träumt einer von köstlichen Lachsen, fetten Seehunden, leckeren Delphinen, großen nahrhaften Walen. Aber wer weiß schon, ob sie überhaupt träumen?

Dies ist kein zusammengewürfelter Haufen dahergeschwommener Meeresräuber, sondern eine seit Generationen gewachsene, sehr traditionsbewußte Sippe. Sie haben ihren eigenen Familienpfiff, pflegen ihren Dialekt, treffen sich nur ab und an mit weitläufigen Verwandten zum Stelldichein. Inzucht war schon immer ein Pro-

blem alter Dynastien. Kurz nach ihrem arterhaltenden Rendezvous, das unter hitzigem Geplätscher vor sich geht, schwimmen alle wilden Männchen ihrer würdevoll dominanten Mutter wieder brav hinterher.

Orcas sind für mancherlei Überraschungen gut, hatte mir Mike Bigg schon vor Jahren verraten, selbst knochentrockene Biologen kämen zuerst ins Rotieren und dann ins Schwärmen.

Dr. Michael Bigg war der „große alte Mann der Orcaforschung". Jedes Fachgebiet der Walkunde hat heute eine solche Autorität, und durchweg sind sie alle noch in ihren Fünfzigern. Sie werden nur deshalb „die Alten" genannt, weil sie Anfang der siebziger Jahre begannen, Cetaceen durch Beobachtung in freier Wildbahn zu erforschen. Sie wollten sich nicht mehr auf die Erkenntnisse der Walfänger verlassen, welche die Tiere immer nur auf der Flucht und auf dem Weg ins Jenseits erlebten. Auch Experimente mit einzelnen Exemplaren in Gefangenschaft reizten sie nicht sonderlich, da sich dadurch kaum natürliche Verhaltensweisen erkennen lassen, und soziale Strukturen schon gar nicht.

Michael Bigg begründete die Orca-Forschung. Auf den Fotos von Finnen entdeckte er, daß sich die Individuen dieser Art unterscheiden lassen

Das Revier der Schwertwale reicht weltweit von Pol zu Pol, nur dichtes Packeis oder solche Eisberge in der Antarktis setzen ihrem Lebensraum Grenzen

Mike Bigg lebt inzwischen nicht mehr. Ihm ist zu verdanken, daß man heute über die Familienverhältnisse der Orcas mehr weiß als über die Gesellschaftsordnung aller anderen Wale und Delphine. Als ich ihn das erste Mal traf, saß er in seinem winzigen Büro, umgeben von Aktenschränken, Bücherregalen, Computerbildschirmen und Mikroskopen — ein ziemliches Chaos.

Zunächst recht zurückhaltend begann der hagere Mann über das Forschungsobjekt zu berichten, mit dem er sich bereits seit anderthalb Jahrzehnten beschäftigte: „Anfang der Siebziger war es für das kanadische Fischereiministerium dringend erforderlich geworden, sich um nähere Informationen über die Orcas zu kümmern, denn sie wurden dutzendweise für Aquarien gefangen, die dann feststellten, daß die vermeintlichen Bestien ganz friedlich sind und viele zahlende Besucher anlocken. Die Fischer hatten zwar immer behauptet, es gäbe Tausende davon und man könne bedenkenlos viele fangen, aber wir Wissenschaftler waren skeptisch."

Als Leiter der „Forschungsabteilung Meeressäugetiere" der Pacific Biological Station in Nanaimo auf Vancouver Island wurde Michael Bigg beauftragt, erst einmal den tatsächlichen Bestand festzustellen. Von Schwertwalen wußte er derzeit nicht viel mehr als das, was in seinem ansonsten nüchternen Fachlexikon für Zoologie stand: „*Orcinus Orca*, Killerwal, ist das schlimmste Raubtier der Meere, fällt selbst große Walarten an, denen er Stücke aus dem Körper reißt." Deshalb wurden diese Lebewesen üblicherweise Wölfe oder Tiger der See, Teufel oder Gebieter der Meere, Mörder- oder Killerwale genannt.

Moby Doll änderte dieses düstere Prestige schlagartig. 1964 war ein Bildhauer vom Vancouver Aquarium beauftragt worden, für dessen Eingangshalle ein lebensgroßes und möglichst erschreckend echtes Abbild eines Orcas zu schaffen. Da ein lebender Schwertwal als Modell nicht zur Verfügung stand, gedachte man, sich einen zu schießen.

Nach zweimonatigem Warten auf einer vorgelagerten Insel erschien ein ganzes Rudel in Reichweite der Harpune. Der Bildhauer traf ein kleineres Tier, es ging unter, wäre wohl ertrunken, hätten es nicht sofort zwei Artgenossen zum Atmen an die Oberfläche geschubst. Kaum wieder zu sich gekommen, begann der Orca zu kreischen und zu kämpfen, aus dem Wasser zu hüpfen, mit dem Schwanz zu schlagen — aber das Eisen saß bombenfest. Auch mehrere Gewehrsalven brachten ihn nicht um.

Man beschloß, das 4,5 Meter lange und etwa eine Tonne schwere Tier nach Vancouver zu schleppen — an der Harpune, die in seinem Körper steckte. Das groteske Manöver zog sich 16 Stunden hin, entwickelte sich, als das Gespann in die Millionenstadt kam, zum ergreifenden Schauspiel. Tausende von Zuschauern am Ufer waren hin- und hergerissen zwischen Entsetzen und Mitleid ob des grauenerregenden Beutezugs. Im Hafenbecken wurde das Untier provisorisch in einem schwimmenden Netzkäfig untergebracht, allseits ehrfürchtig bestaunt.

Biologen aus der halben Welt ließen sich die günstige Gelegenheit nicht entgehen, einen Killerwal gefahrlos aus der Nähe zu betrachten, wunderten sich einmütig über sein zahmes Benehmen, was manche allerdings darauf zurückführten, daß er etwas schlapp sei, weil er zwei Monate lang kein Fressen annahm; das konnte keiner verstehen.

Nach drei strapaziösen Monaten im ungesunden Wasser des Freigeheges — der Salzgehalt schien zu gering, der Giftgehalt der Hafenbrühe zu hoch — verschied der junge Schwertwal. Er wurde dann doch noch zum Schaustück, ganz naturgetreu in Plastik gegossen schwebt heute über den Köpfen aller Besucher des Vancouver Public Aquarium, sein Gesichtsausdruck geriet etwas bissig.

Moby Doll beschämte auch posthum alle Spezialisten, weil sich bei der Autopsie herausstellte, daß es geschlechtlich weniger eine Baby Doll denn ein Moby Dick war. Sein Tod machte weltweit fettere Schlagzeilen als sein Fang, denn inzwischen hatten Millionen sie/ihn ins Herz geschlossen. Der Chef des Aquariums wunderte sich zuerst noch über diese „Gefühlsduselei, denn es war zwar ein netter Wal, aber immerhin eine räuberische Kreatur, die dich bei lebendigem Leibe fressen kann". Aber dann schalteten er und seinesgleichen schnell auf Public Relations.

Diverse Zoos für Meeresgetier, deren attraktivste Monster bisher bleiche, häßliche Haie gewesen waren, hatten einen neuen, schaurigschönen Zuschauermagneten ausgemacht, ernannten die Orcas in ihren Swimmingpools zu „Botschaftern ihrer Spezies" nach der eigennützigen Logik: Wer die im Planschbecken hüpfenden Killerwale zu schätzen wisse, werde sie auch in freier Wildbahn geschützt sehen wollen. Dabei hatten die Orcafamilien an der nordamerikanischen Pazifikküste eigentlich nur die Häscher der Aquarien zu fürchten.

Das „Seattle Public Aquarium" machte das erste Schnäppchen. Ei-

Immer an der Wand lang schwimmt und springt das jugendliche Orca-Männchen zur allgemeinen Erheiterung. Eine gebogene Finne zeigen die Tiere nur in Aquarien – zurückzuführen auf das pausenlose Schwimmen im Kreis

nem glücklichen Fischer im Norden von British Columbia war ein größeres Orca-Männchen ins Netz gegangen, und er offerierte es für 8000 Dollar, bar auf die Hand. Der Transport ins 700 Kilometer entfernte Seattle wurde simpel bewältigt; ein Schleppboot zerrte den dicken Fang – 6,5 Meter lang und 3,6 Tonnen schwer – in einem stählernen Käfig hinter sich her. Die Welt war wieder gerührt ob der tierischen Nächstenliebe. Der Gefangene, deutlich zu hören und ganz offenbar um Hilfe quietschend, wurde von seinem Rudel begleitet.

Namu, wie er nach dem Ort seiner Gefangennahme genannt wurde, überlebte zwar nur ein Jahr in der Obhut seiner Aufkäufer, bewies aber, daß seinesgleichen, naturgemäß auf Lebendfutter spezialisiert, in der Not auch tote Fische frißt, sogar in recht kleinen Wasserbecken ein Weilchen über die engen Runden kommt – zumindest solange, daß sich die Anschaffungskosten gut amortisieren.

Orcas für Schauzwecke zu fangen, wurde ein glänzendes Geschäft. Innerhalb von zehn Jahren stieg der Stückpreis auf 70 000 US-Dollar, es wurden Dutzende weltweit gehandelt. Für ein seltenes weißes Exemplar, vermutlich ein genetischer Ausrutscher, wurde eine Million Dollar geboten. Man lernte viel, hauptsächlich, welche Mühe es bereitet, Orcas am Leben zu erhalten – also den Bedingungen der Gefangenschaft anzupassen. Keiner wußte, wie sie in Freiheit, wie sie wirklich sind.

„Wir ahnten nicht einmal, wie viele es überhaupt in unseren Gewässern gibt und wie lange es wohl dauern könnte, bis sie nur noch in Aquarien zu besichtigen sind“, erzählte Mike Bigg. Zu Beginn seiner Arbeit war nur bekannt, „daß rund um Vancouver Island weltweit der einzige Platz zu sein scheint, wo die Orcas zur Sommerszeit häufig in Küstennähe vorkommen“.

Wenig Trost für den Mann, der sie zählen sollte, denn diese Insel ist fast 500 Kilometer lang, im Osten und besonders im Süden von vielen kleineren Inseln umgeben, das nahe Festland ist wild zerklüftet und fast unbesiedelt. Weil er es nicht anders anzufangen wußte, verschickte Mike Bigg drei Sommer lang jeweils 15 000 Fragebogen an Schiffskapitäne, Leuchtturmwärter, Hausbesitzer mit Meerblick und Küstenfischer mit der Bitte um Meldung, wann und wo sie wie viele Wale gesehen hatten. So stellte er wenigstens fest, daß Orcas zeitweise am häufigsten in der Johnstone Strait im Nordosten der Insel vorkommen.

Ziemlich ziellos flog Michael Bigg damals im Wasserflugzeug los, kreiste über der bis zu drei Kilometer breiten und etwa 90 Kilometer langen Meeresstraße – die schwarzen Rücken waren von oben schlecht zu entdecken. Vom kleinen Motorboot aus fotografierten er und sein Kollege Graeme Ellis dann das, was es von Orcas üblicherweise zu sehen gibt – Rükkenflossen, nichts als Rückenflossen. „Wir knipsten größere und kleinere, mehr oder weniger gebogene, manche Finne hatte zwar eine deutliche Scharte, aber wir dachten uns noch nichts dabei.“

Zurück im Büro betrachtete der Zoologe die Negative unter dem Mikroskop, bemerkte, daß der graue Sattelfleck hinter der Rükkenflosse bei jedem Tier etwas unterschiedlich aussah, auch die Finne jeweils anders geformt war, Blessuren, Risse oder Kratzer trug. „Es war nichts als ein glücklicher Zufall, wir hatten so etwas wie einen Fingerabdruck entdeckt. Jeder Orca kann eindeutig identifiziert werden.“

Nach zwanzigtausend Fotos ergab sich ein Bild: In den kanadischen Küstengewässern des Pazifik gibt es rund 300 Schwertwale in etwa 30 Rudeln. 23 Prozent sind Bullen, 34 Prozent Kühe, 43 Prozent – zumindest von oben gesehen – geschlechtlich noch undefinierbare Jungtiere. Jede dieser durchschnittlich zehn Mitglieder großen Familiengruppen bekam

einen Buchstaben. Das Männchen mit der markantesten Finne wurde die Number One, die anderen Rudelmitglieder erhielten eine fortlaufende Nummer. Michael Biggs Auftrag war mit dieser Erkenntnis erledigt: Es gibt entschieden weniger Orcas als gedacht und vor allem nicht genug, um sie ohne Bedenken noch länger zu fangen.

Das werde ich, der Reporter, der Frau des Leuchtturmwärters vom Sheringham Point nie vergessen. Als Mike Bigg mir immer noch stocktrocken was erzählte, rief die Dame an. Killerwale sähe sie gerade, ganz viele auf einem Haufen, vielleicht so 50 Stück. Wie elektrisiert sprang der Wissenschaftler auf, ließ hastig dankend den Hörer fallen, zerrte einen grauen Fotokoffer aus dem Schrank, salzwasserfest und unsinkbar, was sich schon öfter bewährt hatte. „Kannst du schwimmen? Das ist die Familie L., das allergrößte Rudel, let's go!"

Wir zerrten den Bootsanhänger zu seinem Dodge und fuhren zur Südspitze der Insel, mindestens anderthalb Autostunden entfernt. „Diese Kerle schwimmen locker 180 Kilometer am Tag und 50 in der Stunde, wenn es sein muß", erzählte Mike Bigg unterwegs, und ich solle noch keinen Film in die Kamera legen, er sei nämlich abergläubisch und tue das erst, wenn er die Orcas direkt vor der Nase habe, das helfe.

Niemand weiß, warum Orcas aus dem Wasser springen, aber selbst nüchterne Forscher freuen sich über dieses Spektakel. Denn oft offenbart erst ein Blick auf die Bauchseite das Geschlecht. Dies ist ein Männchen, wie der Fachmann an der Position des Genitalschlitzes erkennen kann

Und ich solle mich mit dem Gedanken anfreunden, diesen Tag in den Sand zu setzen, „diese Viecher lösen sich manchmal einfach in Luft auf". Ob ich ihm übrigens das Benzingeld spendieren könne, wollte er noch wissen, das müsse er nämlich aus eigener Tasche bezahlen. „Das Forschungsprojekt wurde nur für fünf Jahre finanziert, dann mit dem Fangverbot gestoppt. Aber jetzt will ich genauer wissen, was es mit diesen offensichtlich gut organisierten Rudeln, diesen vermutlich engen Familienverhältnissen auf sich hat. Jetzt wird's erst richtig spannend."

In der Pedder-Bay ließen wir das Boot zu Wasser, der Grand Old Man setzte seine Sonnenbrille auf, zog sich die Baseballmütze tief in die Stirn, wir fuhren mit Vollgas an den verschreckten Seehunden vorbei. Nach zehn Minuten hatten wir sie, zwei Dutzend Orcas schwammen um uns rum, Mike Bigg stellte den Motor ab: „Die suchen Lachse, das ist ein Teil des Rudels, die anderen können nicht weit sein, zum Jagen verteilen sie sich manchmal über Meilen, fegen die ganze Straße aus."

Der Film war eingelegt, die Wale ließen sich nicht stören, schwammen im Zickzack, klatschten gelegentlich mit Flipper oder Fluke aufs Wasser, tauchten beängstigend knapp am Boot vorbei oder drunter durch, viel zu nah für das Teleobjektiv. Der Doktor stellte sie mir alle persönlich vor: Die gewaltige Finne, das ist L-10, dahinter L-42, genau zwölf Jahre alt, achtern das Kalb L-69, letztes Jahr geboren, keiner weiß, wer der Vater ist, vielleicht der Bruder. Ich solle um Himmels willen, schrie mir Mike Bigg gegen den pfeifenden Wind ins Ohr, so ziemlich alles vergessen, was über diese phantastischen Kreaturen üblicherweise in den Zoologiebüchern stehe.

Die Fachwelt weiß manches über gefangene Delphine, fast nichts über freilebende Cetaceen und ist sich selten einig. Kleinster gemeinsamer Nenner bei den Schwertwalen: Der Meeressäuger *Orcinus orca* gehört zur Ordnung der Waltiere, zur Unterordnung der Zahnwale, weil er in Ober- und Unterkiefer spitze Zähne trägt, 40 bis 48 Stück, ist Mitglied der Delphin-Familie. Die Weibchen, Kühe genannt, werden bis zu sieben Meter lang und vier Tonnen schwer, die Bullen erreichen knapp zehn Meter und mehr als zehn Tonnen. Beide sind deutlich unterscheidbar

Orca-Forscher registrieren fotografisch, welche Schwertwale gemeinsam durch eine kanadische Meeresstraße schwimmen. Mit den Aufnahmen der Finnen können Experten die Zusammensetzung von Rudeln über Jahre verfolgen

durch die Größe der Rückenfinne, die bei den Männchen 1,8 Meter hochragen kann, bei den Kühen nur die Hälfte. Ende der gesicherten Erkenntnis.

Dem Orca wird Brutalität und Freßsucht nachgesagt. Den alten Römern wurde vor fast zweitausend Jahren über dieses Lebewesen „aus dem Reich der Toten" gelehrt, daß „ein Mörderwal nur beschrieben werden kann als eine gewaltige Masse Fleisch, bewaffnet mit furchterregenden Zähnen". 1862 meldete der dänische Zoologe Daniel Eschricht Genaueres: Im Magen eines am Kattegatt gestrandeten Schwertwales habe er Teile von 13 Schweinswalen und 14 Seehunden gefunden.

Durch beständiges Abschreiben wurde dieses Beispiel der Unersättlichkeit immer schlimmer, der Magen immer größer. In dem heute noch aktuellen Standardwerk „Wale" des holländischen Zoologieprofessors Everhard Slijper waren in hundert Jahren aus den zitierten Teilen ganze Beutetiere geworden, und im Schlund des Räubers habe noch der fünfzehnte Seehund gesteckt. Eine maßstabsgetreue Zeichnung unterstreicht den Eindruck der Sachlichkeit: großer, dicker Orca zeigt leicht grinsend seine Zähne, darunter die 27 eher niedlichen Opfer, immerhin im Durchschnitt anderthalb Meter lang – alle in dem „zwei mal 1,5 Meter messenden Vormagen" versammelt.

Seemannsgarn und Zoologenzwirn haben manch schreckliches Bild geknüpft, doch eines war auch für Slijper zu grob: „Die Rückenflosse schneidet zwar durchs Wasser wie ein Messer, aber die Behauptung, der Mörder schlitze damit die Bäuche seiner Opfer auf, muß in das Reich der Fabel verwiesen werden."

„Hätte ich", meinte Mike Bigg, „mit meiner Forschung nach fünf Jahren aufgehört und anschließend eine wissenschaftliche Arbeit geschrieben, dann hätte ich auch nur Quatsch erzählt – das weiß ich jetzt, weil ich weitergemacht habe." So stellte er fest, daß im Nordosten von Vancouver Island jeden Sommer 16 Rudel mit seinerzeit 151 Mitgliedern sozusagen seßhaft waren. Im Süden zu den Gulf Islands hin fanden die Biologen drei Rudel mit 77 Tieren, die sie südliche Gemeinde nannten und die der nördlichen Gemeinde nie zu begegnen schien.

„Keine Ahnung, ob sie sich nicht riechen können oder ob sie Territorialgrenzen respektieren. Dann gibt es noch eine dritte Rudelgruppe, die schwimmt überall rum. Wir haben sie die Nomaden genannt, sieben Rudel mit insgesamt nur 47 Orcas. Sie sind die einzigen, die wir bisher beim Erlegen von Robben und Delphinen beobachten konnten. Die bleiben stets unter sich, selbst wenn sie durch die beiden fischfressenden Gemeinden schwimmen. Aber wer weiß, was die Ortstreuen im Winter tun? Ab Ende September sind sie nicht mehr auszumachen, vielleicht jagen die dann, wenn es keine Lachse mehr gibt, ja auch Warmblüter."

Während dieser Erklärung Mike Biggs waren uns die Orcas aus den Augen geraten. Eine kräftige Brise war aufgekommen, die Flut lief auf und brachte eine Nebelbank mit. Nicht gerade ideale Bedingungen, schwarze Flecken auf gischtsprühender See zu suchen – aber kein Grund zur Umkehr für Mike Bigg. Wie Halbstarke jagten wir über die Juan de Fuca Strait, riefen jedem Fischer entgegen, ob er Orcas gesehen habe. Sie schüttelten immer nur bedauernd mit dem Kopf, mit der Faust drohte keiner mehr. Vor ein paar Jahren noch hatten einige von ihnen auf die „Schwarzfische", wie sie die Orcas nannten, geschossen; nur so, aus alter Macho-Laune, aus Angst, aus Futterneid.

„Vor Island haben die Fischer 1956 die US-Navy alarmiert, die Orcas fräßen ihren Nordatlantik leer", fiel Mike Bigg dazu ein, „die Marineflieger haben dann die Konkurrenz regelrecht aus dem Revier gebombt. Und in Campbell River, hier auf Vancouver Island, baute die kanadische Armee ein Maschinengewehr auf, weil amerikanische Sportfischer gedroht hatten wegzubleiben, keine Dollars mehr dazulassen, solange die Orcas hier sind und ihnen die dicksten Lachse wegschnappen."

Nachdem Mike Bigg ermittelt und verkündet hatte, daß es nur ein paar hundert Schwertwale gibt und sie weniger Fische fressen als die Seehunde und Seelöwen, hat sich der egoistische Fluch der Fischer – „das ist mein Lachs, verschwinde" – gegen die Robben gewendet; die seien es jetzt, die die ganze Gegend überfischten. Heutzutage werfen manche der Lachsfänger vor einem Rudel Orcas schnell ihre Netze aus in der Hoffnung, die fliehenden Fische abfangen zu können. Doch muß der Fang eingeholt sein, bevor die Wale da sind.

Zwei Stunden suchten wir erfolglos. Doch plötzlich, kurz vor der grauen Nebelwand, meterhohe Spritzer; schwarzweiße Leiber sprangen aus dem brodelnden Wasser, ließen sich mit einem gewaltigen Platsch auf die Seite, fast auf den Rücken fallen, sie klatschten mit den Flippern und den Fluken, tobten durch Wind und Wellen, daß es eine Freude war. Endlich sah ich mehr als Finne und Fontäne, hörte Deftigeres als dieses vornehm verhalten klingende Whhuuff, wenn sie ruhig ausatmen.

An die fünfzig Orcas, das ganze L-Rudel, tanzten Ringelreihen. Oder waren einfach guter Laune, spielten wie verrückt in den wilden Wogen, freuten sich des Lebens. „Oder sie sind nervös“, bremste der Fachmann meine Euphorie, die mich fast außenbords fallen ließ, „wir neigen schnell dazu, alles Spiel zu nennen, sobald wir in tierischem Verhalten keinen rechten Sinn erkennen. Es gibt Theorien, daß es der Kommunikation dient oder dem Zusammentreiben der Beute – wer weiß.“ Nach drei Minuten war das Schauspiel vorbei, die Wale verschwanden im dichter werdenden Nebel.

Ob ihm eines der Tiere besonders ans Herz gewachsen sei, wollte ich auf der Rückfahrt wissen. Zuerst brummte Mike Bigg nur etwas unwirsch ob meiner sehr populärwissenschaftlichen Frage, aber, nun denn. Sharky hatte im Jahr zuvor ein Baby bekommen. A-25, die Orca-Kuh mit der ungewöhnlich

Wer weiß, ob sie einen Sinn für die majestätische Bergkette im südöstlichen Alaska haben? Sicher ist nur, daß Orcas unter wie über Wasser ganz hervorragend sehen können

dreieckigen Finne wie ein Hai, war von ihm bereits als einjähriges Jungtier identifiziert und auch mit diesem volkstümlichen Namen versehen worden.

Üblicherweise dauert es zwölf Jahre, bis man an der Finne erkennen kann, wer wer ist. In dieser Phase der Pubertät beginnt das sekundäre Geschlechtsmerkmal der Bullen zu sprießen, ist erst im Alter von 18 bis 20 Jahren voll entwikkelt.

„Wir wußten schon vor Jahren, daß sie ein Weibchen ist, hatten bei einem ihrer Luftsprünge ein gutes Foto geschossen", lachte der spröde Orca-Liebhaber, „doch Sharky hat uns ganz schön auf die Folter gespannt. Die meisten Cetaceen gebären mit zehn, die Buckelwale schon mit fünf bis sechs Jahren. Jeden Sommer dachte ich, jetzt ist es soweit. Aber erst mit fünfzehn wurde sie Mutter. So spät bekommt kein anderes wildlebendes Tier seine Jungen. Mit A-51, dem Baby, hatten wir zum erstenmal einen Lebenszyklus komplett. Bin sehr gespannt, was aus Sharky und ihrem Kleinen noch wird."

Auf der Rückfahrt nach Nanaimo, in nachdenklicher Stille, glaubte Mike Bigg ganz unvermittelt eine Erklärung abgeben zu müssen: „Ich bin ein ganz konservativer Wissenschaftler, orientiere mich streng an den Fakten. Ich habe keine emotionale Beziehung zu denen – aber ich kann nicht verhindern, manchmal berührt zu sein. Ich kann gar nicht mehr aufhören – fast jedes Wochenende fahre ich raus. Menschenskind, und dann sitzt du in deinem Boot zwischen denen, das sind eindrucksvolle Tiere, die sind wunderschön, unglaublich stark, gewaltig groß, anscheinend ohne jede Angst, unverständlich friedlich, selbst wenn sie gefangen werden. Und du guckst ins Wasser und weißt, die können dich mit einem Hieb aus deinem Boot holen und mit einem Biß umbringen. Machen sie aber nicht. Selbst wenn du ins Wasser hüpfst, tun sie es nicht. Schmecken wir etwa schlechter als eine Robbe, und wenn ja, woher wissen sie das?"

Graeme Ellis hat's ausprobiert, ist in die Geschichte der Orca-Forschung eingegangen als der erste, der freiwillig zu ihnen ins Wasser sprang. Heute setzt er Mike Biggs Arbeit fort. Er ist einer, der eher dreimal zupackt, als einmal den Mund aufzumachen. Also reden wir nicht viel. Er muß mit dem Boot raus, einige „ID's knipsen", Paßfotos sozusagen, also Rückenflossen fotografieren. Wie jeden Sommer, für die inzwischen mehrjährige Statistik, um festzustellen, ob sich die Rudel verändert haben, wer geboren oder gestorben ist, ob eine Finne zu sprießen beginnt oder eben nicht.

So landen wir beim Rudel der dösenden Orcas. Langsam werden sie munter, ihr Blas kommt kräftiger, einer nach dem anderen setzt sich in Bewegung, taucht ab, verschwindet. Graeme Ellis hat in aller Ruhe von jedem ein Foto gemacht, wir bemühen uns nicht, ihnen hinterherzufahren. No chance, grummelt er in seinen graubraunen Vollbart, holt das Hydrophon wieder hoch. Eine gute Gelegenheit, ihm alte Geschichten aus der Nase zu ziehen.

Im Sommer 1973, als noch keiner wußte, wie das ausgehen würde, hüpfte er direkt vor dem ankommenden B-Rudel in die Johnstone Strait. Am Abend zuvor hatte er sich noch mit zwei Freunden, die manchmal die „Orca-Machos" genannt wurden, in Gruselstimmung gelesen. Zu diesem Zwecke besonders geeignet erschien das damals gerade veröffentlichte Buch „Wale" des weltbekannten Filmemachers Jacques-Yves Cousteau. Der erzählte wilde Geschichten über die „seltenen, schrecklichen Tiere", welche „bestimmt blutgierig, entsetzlich stark, sehr intelligent" sind, und „die wir am meisten zu fürchten hatten, den Feind aller

Geschöpfe des Meeres ..., wenn wir diese Schwertwal-Banden entdeckten, konnten wir feststellen, daß im Meer der Terror regierte".

Den Terror veranstalteten Cousteau und seine „Calypso"-Crew selber. Sie jagten verschiedene Rudel mit ihrem 20 Knoten schnellen Schlauchboot, fuhren dabei einem Orca mit Vollgas über den Rücken, versuchten einzelnen Tieren mit Harpunen Markierungen zu verpassen. Einer wurde getroffen, zog eine „große, rote Boje nach, sehr schnell zunächst". Als er immer langsamer schwamm, wurde „mitleidig" die Leine gekappt, „die Harpune, ein leichtes Modell, wird sich schon bald von selber lösen".

Bei der Einschätzung der sozialen Orca-Ordnung gingen mit Cousteau die Seepferdchen durch: „In der Herde ist ein stattlicher Bulle, dessen Rückenflosse alle anderen überragt wie das Feldzeichen des Anführers. Eine andere Flosse, die nur wenig kleiner ist, muß ebenfalls einem erwachsenen Tier gehören – zweifellos der Sohn des Leittieres; früher oder später wird er sich mit seinem Vater schlagen und ihm den Harem rauben. Ich denke da an gewisse arabische Scheichs, die sich durch Vatermord die Nachfolge sichern ... diese Schwärme sind also nomadisierende Harems mit einem einzigen Herrn und Meister. Das setzt die Beseitigung der meisten Männchen voraus, sei es, daß sie im Kampf getötet werden, sei es, daß sie zum Verlassen der Gruppe gezwungen werden, was einem beinahe sicheren Todesurteil gleichkommt ..."

Ins Schwärmen geriet der populäre Meeresforscher, als er über die damals bereits in Gefangenschaft gehaltenen Tiere schrieb: „Schwertwale haben eine besonders zarte Haut. Sie versuchen selbst beim Schwimmen miteinander in Berührung zu bleiben und aneinander entlangzugleiten. Das sind Liebesspiele. Diese Tiere fühlen sich von den Menschen sexuell angezogen, und sie unterscheiden dabei sehr wohl zwischen Männern und Frauen."

Das könne ja heiter werden, höhnten die Orca-Machos kühn, hielten sich noch gegenseitig die Marinetaucherdienstvorschrift der US-Navy vor. Dort war den Killerwalen die höchste Gefährlichkeitsstufe „+4" zugedacht – ungefähr so wie feindliche U-Boote – und nüchtern behauptet worden: „Greift Menschen bei jeder sich bietenden Gelegenheit an." Am aufregendsten fanden die drei ein Zitat aus einer weitverbreiteten Tauchanleitung: „Bei einer Begegnung mit Orcas gibt es keine Rettung – außer durch Wiedergeburt."

„Wir haben viel gelacht", schmunzelt Graeme, „aber wir wußten es noch nicht besser." Erst 15 Jahre danach setzte sich langsam aus Tausenden von vorurteilsfreien Beobachtungen ein Mosaik über das biologische und soziale Orca-Leben zusammen.

Ein Rudel ist ein sehr enger Familienverband, alle Tiere bleiben vermutlich ihr ganzes Leben zusammen. Die Bullen werden etwa 40 bis 50, die Kühe 70 bis 80 Jahre alt, vielleicht sogar 100. Allein deshalb besteht ein starkes weibliches Übergewicht. Die Reproduktionsrate ist mit vier bis fünf Prozent extrem niedrig und entspricht der Sterberate. Nur in jenen Rudeln, aus denen mehrere Tiere für Aquarien weggefangen worden waren, verdoppelte sich teilweise die Geburtenziffer. Kühe bekommen im Durchschnitt nur alle zehn Jahre Nachwuchs, werden mit etwa 40 Jahren unfruchtbar, spie-

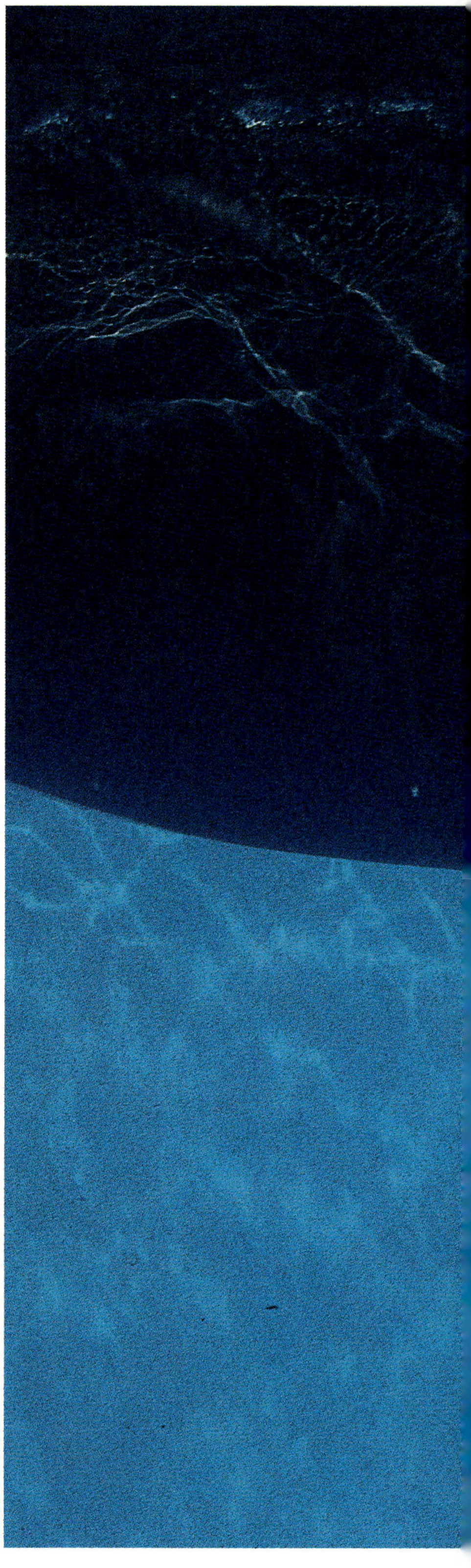

Dicht drängt sich das wenige Tage alte Junge an den schützenden Bauch seiner in Gefangenschaft lebenden Mutter. In Aquarien sind die Überlebenschancen für Orca-Säuglinge sehr gering

len aber wohl in der zweiten Hälfte ihres Lebens noch eine wichtige soziale Rolle.

„Am Anfang haben wir“, so hatte mir Mike Bigg erzählt, „wie gewohnt die Bullen für dominant gehalten. Aber die Rudel leben in einer matriarchalischen Gesellschaft, wie man es unter den Säugetieren nur noch von Elefanten kennt. Im Gegensatz zu denen bleiben die Orca-Bullen jedoch lebenslang bei ihrer Mutter. Wir haben einige Rudel, die kommen ganz ohne Männchen klar, und wenn man einen Bullen sieht, der fast immer alleine ist, kann das nur heißen, daß seine Mutter schon tot ist. Es werden wohl auch Rudel aussterben und gelegentlich neue entstehen. Weil das Jahrzehnte dauern kann, wissen wir noch nicht genau, wie das funktioniert. Aber vermutlich wird eine Tochter mit ihren Nachkommen, Kindern und Enkeln, irgendwann die alte Familie verlassen und eine neue gründen. Die Älteste, also fast immer eine unfruchtbare Großmutter, ist der Mittelpunkt eines Rudels, ohne daß im Verhalten eine Hierarchie erkennbar wäre, Autoritätsprobleme scheint es keine zu geben. Wir haben in all den Jahren noch nie etwas beobachtet, was nach Dominanzgebaren oder Aggression aussah, weder innerhalb eines Rudels noch zwischen Rudeln. Entweder haben sie keine Konflikte, oder sie lösen sie anders, sie kämpfen weder um Territorien noch ums Futter, schon gar nicht um Paarungspartner. Sehr bemerkenswert.“

Graemes Kontakt mit den Walen nach seinem ersten Sprung ins kalte Wasser wurde eher langweilig. Das B-Rudel mit seinen vier großen Bullen kümmerte sich nicht weiter um ihn. Auch sein kräftiges Geplätscher, als besondere Her-

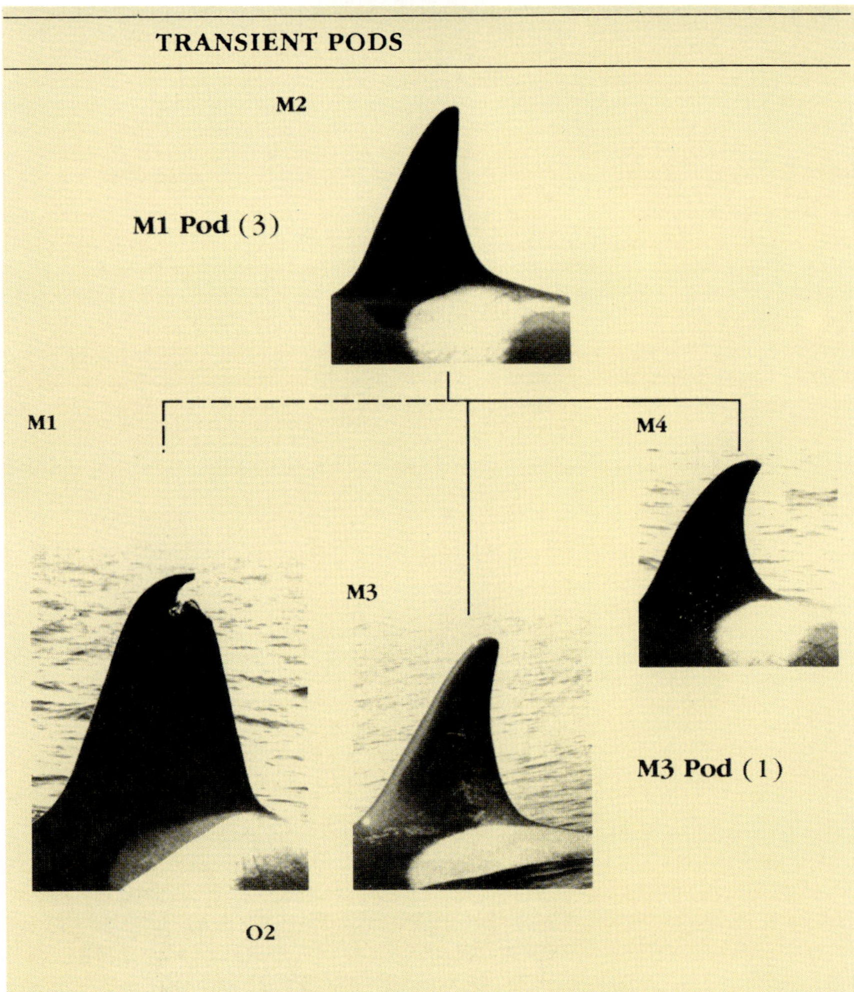

Die Geschichte von „Charly Chin", der einst in Gefangenschaft geriet und später offensichtlich von einem Seelöwen gebissen wurde, fand ein Happy-End: Er tat sich mit dem Weibchen M2 zusammen; M3 und M4 scheinen das Ergebnis der Liaison zu sein

ausforderung gedacht, half nicht viel. „Ein Bulle schwamm unter mir durch, aber wir scheinen für sie nicht besonders verlockend", lacht der Forscher, „und für uns gibt es nicht viel zu sehen, da drunten ist es trübe und sie halten auf Distanz. Da merkst du, daß sie an Menschen nur Interesse zeigen, wenn sie nichts Besseres um sich rum haben. Ihr Rudel ist ihnen allemal lieber."

In der Johnstone Strait wimmelt es jetzt von Fischerbooten, die Lachssaison ist gerade eröffnet worden, wir müssen die Netze im Slalom umkurven. Die Orcas ebenso, oder sie tauchen einfach drunter durch. „Jedes Jahr", flucht Graeme leise, „werden es mehr Boote in dieser Meeresstraße." Fischer fischen, Forscher forschen, Fotografen fotografieren, Walgukker gucken Wale. Bei den Walforschern lasse es die Glorie der Wissenschaft weniger verwerflich erscheinen; bei den Touristen jedoch gerät Graeme Ellis in Schwierigkeiten: „Wir wollen nicht, daß die Orcas in Pools rumschwimmen, aber auch nicht, daß ihnen die Leute auf die Pelle rücken. Die meisten kennen die Wale aus dem Aquarium und denken, man könne ihnen auch hier auf der Nase rumtanzen."

Wir flüchten vor dem Gewimmel der Boote nach Norden, wo sich die Johnstone Strait zum Queen Charlotte Sound erweitert und heute keine Lachse gefangen werden dürfen. Weit und breit ist niemand; der Mann mit den vielen Blinzelfalten um die Augen probiert es wieder mit dem Hydrophon. Es quäkt auch prompt, aber merkwürdiger als sonst, tiefere, krächzende Töne. Weit weg erblikken wir ein schwarzes Dreieck.

Durchs Fernglas näher geholt, sieht die Finne schrecklich aus. An ihrer Spitze fehlt ein Stück, der ausgefranste Rand der Wunde ist weißlich-rosa. „Gut verheilt," brummt Graeme, „letztes Jahr blutete sie noch. Keine Ahnung, ob ihn ein Seelöwe gebissen oder eine Schiffsschraube gestreift hat. Dem ging's schon schlechter." Dieser gewaltige Bulle M-1, Angehöriger des Nomaden-Rudels, wird wegen seines vorstehenden Unterkiefers Charlie Chin, „Karlchen Kinn", genannt. Er war Mitglied der legendären Pedder Bay Five, einer Gruppe von fünf Tieren, die im März 1970 gefangen worden waren. Zwei Mitglieder des Quintetts, darunter der One-Million-Dollar-Albino, wurden sofort verkauft, das verbleibende Trio ging mit dem bisher längsten Hungerstreik von Orcas in die Geschichte ein.

Bei Wind und Wetter fährt der Walforscher Graeme Ellis in seinem kleinen Boot den Orcas an der kanadischen Pazifikküste hinterher und fotografiert jede Finne, die er erwischen kann

Graeme Ellis erinnert sich besonders an den 75. Tag: „Killerwale zu fangen, ist ziemlich leicht, aus unerfindlichen Gründen springen sie nie über das Netz. Aber es ist schwer, sie zum Fressen zu animieren. Die drei waren schließlich so abgemagert, daß man die Rippen zählen konnte. Da sie Süßwasser nur durch ihre Nahrung aufnehmen, leiden sie bald unter Flüssigkeitsentzug und können durchdrehen. An diesem Tag schwamm ein Weibchen plötzlich und mit voller Geschwindigkeit ins Netz, blieb an der Rückenflosse hängen. Kaum hatten wir sie daraus befreit, blubberten aus ihrem Maul die Luftblasen und sie ging auf Grund. Wir schleppten die Leiche dann heimlich aus der Pedder Bay um die Ecke in die Haro Strait, dachten, das fällt am wenigsten auf. Tote Wale werden immer mal angeschwemmt."

Zwei Tage später hielten die Wärter Charlie Chin einen 60 Zentimeter langen lebenden Lachs vor die Schnauze. „Es hört sich an wie ein Märchen", sagt Graeme, „aber dieser halbverhungerte Kerl schnappte sich den Fisch, schwamm rüber zu dem Weibchen, hielt ihn ihr unter die Nase und gab laute, energische Töne von sich. Sie nahm dann den Fisch. Erst den dritten Lachs fraß der Bulle selber. Das war das Ende meines Engagements im Fanggeschäft."

Er kündigte und fuhr in Urlaub. Wenige Tage danach wurden, von unbekannt gebliebenen Tätern, Charlie Chin und die Kuh M-2 freigelassen. Jetzt schwimmen sie neben uns und haben ein Junges dabei.

Mike Bigg hatte mir schon sibyllinisch geraten, mir den „Mann mit den spitzen Ohren" anzuhören. John Ford habe auch ihm die Lektion erteilt, daß man bei Schwertwalen auf alles gefaßt sein müsse. Wir treffen uns am Bootssteg in Telegraph Cove. John Ford ist ein bißchen sommersprossig, die Ohren von rotblonden Haaren knapp bedeckt. Als Student hatte er im Vancouver Aquarium gejobbt, als Putzjunge angefangen, war schnell zum Beluga-Tänzer aufgestiegen. Höhepunkt des Unterwasserballetts mit dem Weißwal war die Kopf-ins-Maul-Nummer, das Publikum hielt den Atem an, und John Ford pfiff es gewaltig in den Ohren. „Da wurde ich hellhörig", freut sich noch heute der Biologe, „das klang schrill, was der da von sich gab." Er schnappte sich ein Hydrophon, ließ es auch in das Becken der Orcas, bei denen sich bis dato noch niemand getraut hatte, den Kopf zwischen die Zähne zu halten.

Kaum sind wir mit dem Boot draußen vor der Bucht, plumpst das Unterwassermikrophon zwischen die Wellen. Dr. Ford stülpt sich die Kopfhörer über, schließt die Augen, sagt nach einer halben Minute: „B-Rudel". Weit und breit ist nichts zu sehen, die Johnstone Strait ist am frühen Morgen wie leergefegt. „Sie müssen im Fünf-Meilen-Umkreis sein, weiter reicht das Mikro nicht."

Wenn es sich blicken läßt, ist das B-Rudel an seinem größten Bullen B-1, der nach der dreieckigen Narbe in seiner nach vorn geneigten Finne den Spitznamen Hooker bekam, leicht zu erkennen. Außerdem ist die Zusammensetzung ungewöhnlich: nur eine Kuh mit zwei Jungtieren, aber vier ausgewachsene Bullen. Nun aber verläßt sich der Biologe auf seine Unterwasserohren, die reichen weiter als das Auge, funktionieren auch nachts und im dicksten Nebel.

Schon die gelehrten Griechen wußten, daß Delphine die sonderbarsten Töne von sich geben. Zweitausend Jahre nach ihnen ließen sich die Horchposten der US-Marine während des Zweiten Weltkrieges noch von jedem Geräusch im Hydrophon narren und hielten dann nach feindlichen U-Booten Ausschau. Die Natur unter Wasser war für lautlos gehalten worden.

Unter der welligen Oberfläche der Johnstone Strait geht's zu wie auf der Kirmes. Es rattert wie eine Achterbahn, das Karussell quietscht, in der Geisterbahn quiekt's, nur das aufgeregte Gebrabbel und Gejuchze der Menschen fehlt. Dafür gibt es das eintönige Surren der Schiffsdiesel und das knatternde Geheul der Boote mit Außenborder. Und dazwischen die sonderbarsten Töne, kräftig, ein bißchen schräge, nicht unschön, aber gruselig zugleich, meist als unbeschreiblich beschrieben. Vielleicht so: Opernsängerin begegnet Dracula – spitze Schreie kunstvoll vorgetragen.

John Ford reicht mir den Kopfhörer und klärt mich über die drei verschiedenen Orca-Tonklassen auf.

- Das leise, sehr schnelle, bis zu 35 Kilohertz hohe und regelmäßige Knattern bis Knistern benutzen die Tiere zur Ultraschallortung bei der Jagd. Damit können sie sogar, wie in Aquarien festgestellt wurde, tote und lebende Fische, kleine Metallplättchen gleicher Größe, aber unterschiedlicher Legierung und, hier im Freien wohl wichtiger, einen Lachs vom gleich großen Dorsch unterscheiden. Und wer weiß, was sonst noch.
- Die zweite Tonart konnte John Ford immer nur beim geselligen Beisammensein registrieren, wenn die Orcas scheinbar zwecklos umeinander herumschwimmen, oder wenn sie ausruhen, manchmal stundenlang nahezu bewegungslos an der Wasseroberfläche hängen und fast synchron atmen. Dann sind relativ leise Pfeiftöne zu vernehmen, auch für Menschen gut hörbar im Frequenzbereich von sechs bis zwölf Kilohertz.
- Die Töne der dritten Art sind besonders markant. Stoßweise, scharfe, durchdringende, klar strukturierte Tonbilder werden bis zu 30mal pro Minute ausgestoßen und sind bis zu 25 Kilohertz hoch, klingen für unsere Ohren wie das Kratzen einer Gabel auf dem Teller oder der Kreide über die Schultafel. Oder, etwas erträglicher, als ob ein Streichorchester seine Instrumente stimmt.

„Gelegentlich scheint es von Vorteil, vollkommen ahnungslos an ein Forschungsobjekt ranzugehen", erinnert sich der Biologe an den

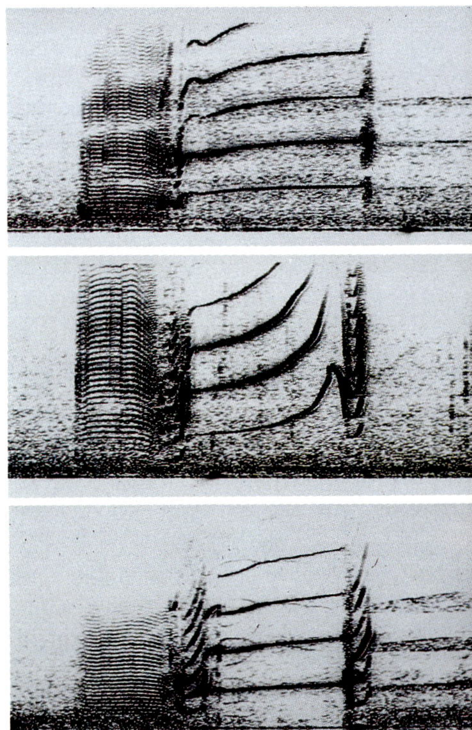

Beginn seiner Promotion. „Ich wollte etwas über Dialekte bei *Orcinus orca* machen.“ Er fuhr mit seiner unbedarften These, daß die Rudel unterschiedliche Aussprachen pflegen könnten, zu Michael Bigg. Der konnte gerade noch vermeiden, sich reflexartig an die Stirn zu tippen und meinte, daß er das nicht für eine gute Idee halte. Es gebe unter wildlebenden Säugetieren kein Beispiel, daß in demselben Lebensraum verschiedene „Mundarten gesprochen“ würden. Warum denn sollten diese Wale hier eine Eigenart haben, die es sonst nur beim Menschen gibt?

Der junge Mann ließ sich seine fixe Idee nicht ausreden, bekam trotz der Einwände von Mike Bigg ein Motorboot geliehen, fuhr hinaus in die Johnstone Strait. Immer dann, wenn er ein Rudel kommen sah, fuhr er ein Stück voraus, stellte den Motor ab, warf das Mikrophon aus, nahm auf dem einen Kanal des Stereo-Tonbandgerätes die Unterwassertöne auf, sprach auf den anderen, was er sehen konnte, was die Wale taten oder zu tun schienen. Zugleich fotografierte er so viele Finnen wie möglich, um die Rudel anschließend von Mike Bigg identifizieren zu lassen.

Der Doktorand kümmerte sich lediglich um die dritte Tonart, die er „Gemeinschaftsrufe“ nannte, weil er sie hauptsächlich hören konnte, wenn die Schwertwale gemeinsam etwas zu unternehmen schienen. Bereits im ersten Jahr wurden wesentliche Unterschiede zwischen der südlichen und der nördlichen Gemeinde deutlich. Und die dritte Gruppe, die Nomaden, „redet“ nicht nur anders, sondern auch wesentlich weniger. „Das hat wohl mit der Art ihrer Beute zu tun“, meint John Ford, „denn die Robben, alle Delphine und auch große Wale hören unter Wasser.“ Das machen sich Fischer in Alaska sogar mit einem „Beluga-Alarm“ zunutze, indem sie über Unterwasserlautsprecher Orca-Töne abspielen und damit die kleineren Weißwale, die fischfres-

Deborah Cavanagh und John Ford halten an der Küste von Vancouver Island nach Orcas Ausschau. Mit dem Unterwassermikrophon machte der Biologe die Entdeckung, daß jedes Orca-Rudel seine ihm eigenen Töne von sich gibt. Die Sonogramme zeigen die unterschiedlichen Klangbilder dreier Orca-Rudel

sende Konkurrenz, im Umkreis von 25 Kilometern fernhalten.

„Und die Robben hier können sehr wohl zwischen Nomaden und Seßhaften unterscheiden. Von den Walen, die hier zumindest im Sommer nur Fische zu fressen scheinen, lassen sie sich nicht weiter stören“, hat John Ford beobachtet, „bei den anderen, die auch ihnen nachstellen, hüpfen sie ruckzuck an Land. Das ist übrigens ein Drama, das dauert verdammt lange, wenn so ein Seelöwe von einem Orca erlegt wird. Für uns sieht das aus wie ein grausames Spiel, aber die Angreifer sind äußerst vorsichtig und wollen von ihrem Opfer nicht gebissen werden. Sie reißen ihre Beute dann in schluckbare Stücke, gewaltige Brocken noch, schlucken sie mit Haut und Haar. Aber ich habe auch schon gesehen, wie sie einem Seehund mit einem einzigen Ruck das Fell über die Ohren zogen.“

Die Arbeit dauerte ganze fünf Sommer im Boot und ebenso viele Winter in der Universität am Spektographen, der akustische Schwingungen und vokale Muster sichtbar und damit leichter analysierbar macht. Nach Tausenden von Auswertungen und nächtlichen Träumen voller Gequietsche war John Ford Doktor der Biologie und die Schwertwal-Forschung um wesentliche Erkenntnisse bereichert: Jedes Orca-Rudel hat seine gruppenspezifischen Signale, seinen eigenen Dialekt, der sich, so vermutet John Ford, über Jahrhunderte entlang mütterlicher Linien entwickelte. Manche dieser vokalen Traditionen könnten gar Tausende von Jahren alt sein. Sicher ist, daß sie sich zumindest über Jahrzehnte nicht verändert haben.

Ein Zufall erhärtete die Aussage. Die kanadische Marine hatte 1958 mit Hydrophonen experimentiert, dabei unabsichtlich die damals noch vollkommen mysteriösen Töne einer Gruppe von Orcas aufgenommen – das Rudel J-1, wie John Ford 30 Jahre später bei der Auswertung feststellte, nichts hatte sich geändert. Auch die schrillen Töne Namus, der einst in Familienbegleitung nach Seattle verschleppt worden war und dort im Aquarium ins Mikrophon pfiff, sind heute noch genau so von dem Rudel C-1 im Norden von Vancouver Island zu hören.

Jedes Mitglied eines Rudels gibt etwa ein Dutzend verschiedener Einzelrufe von sich – selbst für mich klar zu unterscheiden, nachdem mir John Ford die Ohren gespitzt hat. Manche dieser Rufe benutzt ein Rudel exklusiv, einzelne teilt es mit einem oder mehreren anderen Rudeln. Diese Gruppen sind dann untrüglich näher miteinander verwandt, wurden deshalb zu Sippen ernannt. Die nördliche Gemeinde mit ihren 16 Rudeln besteht aus drei verschiedenen Klans. Im Süden kommen alle aus derselben Sippe, die fünf Rudel sind vermutlich alles Unter-Rudel, jeweils neu gegründet durch Weibchen mit mindestens zwei Generationen eigenen Nachwuchses, Großmüttern also.

Jedes einzelne Tier beherrscht die ganze Tonpalette seines Rudels. Das ist ihm nicht angeboren, sondern das hat es erlernt und vergißt es auch nach jahrelanger Isolation nicht. John Ford konnte dies mit gefangenen Orcas belegen, zum Beispiel mit dem Star des Vancouver-Aquariums, den er schon zu Studentenzeiten kennengelernt und dessen Töne aufgezeichnet hatte. „Hyak wurde 1968 als etwa Zweijähriger gefangen und war eines der wenigen Tiere, die lange am Leben blieben. Hyak gab immer das ganze Repertoire

Bei der Jagd auf Seelöwen und Robben werfen sich Orcas hemmungslos mit dem halben Körper an Land. Das dramatische Katz- und Maus-Spiel soll das unglückliche Opfer nicht quälen, sondern verhindern, daß sie selber gebissen werden

seines Rudels A-5 von sich. Zwischendurch war er mit dem Weibchen Skana aus dem K-Rudel zusammen im Pool, übernahm plötzlich dessen Töne. Als es gestorben war, fiel er wieder in seinen alten Dialekt zurück. Dann war er mit zwei jungen Orcas aus Island zusammen und benutzte deren Rufe, die wirklich so verschieden sind wie Englisch und Isländisch."

Von Zeit zu Zeit sitzt John Ford in seinem 5-Meter-Boot zwischen den Orcas und muß sich zusammenreißen: „Ich will ein guter Naturwissenschaftler sein, ganz sachlich, aber hier draußen läufst du schnell Gefahr, diese Tiere zu vermenscheln, rufst sie mit Nicola, Sharky oder Hooker; am Schreibtisch heißen sie wieder A-2, A-25 oder B-1. Du fängst an zu spekulieren: Was reden die da unten?"

Besonders spannend, sehr laut und verwirrend werde es, wenn sich Jugendliche gegenseitig spielerisch jagen oder mehrere Rudel aufeinandertreffen. Er habe das schon gesehen und gehört, mindestens zehn Rudel, mehr als hundert Wale eng beieinander, drunter und drüber. Mit ihren Familienrufen würden sie vermutlich wieder auseinanderfinden, aber sicher gebe auch jeder einzelne Orca leicht variierte Töne von sich, könne also individuell wiedererkannt werden.

Nicht nur das: „Sie mögen sogar in der Lage sein, den Gemütszustand eines anderen Rudels von weitem zu erkennen, ungefähr so, wie auch wir die Stimmungslage in einer fremden Stimme spüren, ohne ein Wort der Sprache zu verstehen. Aber ich glaube nicht, daß sie über abstrakte Dinge, über Zukunft oder Vergangenheit kommunizieren. Und was ich ziemlich idiotisch finde, ist die Spekulation, sie wollten mit uns in Verbindung treten. Warum sollten sie?"

Der Biologe konnte es sich dennoch nicht verkneifen, mit den Orcas ein bißchen zu experimentieren. Über Unterwasserlautsprecher spielte er ihnen ihre eigenen Töne wieder vor; manchmal verstummten sie, manchmal wiederholten sie ganz exakt. Und kamen aus dem Gerät Töne von Rudeln, die sie nicht kennen konnten, schwammen sie neugierig um das Boot herum.

Wo sind die Orcas im Winter? Das möchte der ehrgeizige John Ford gerne als nächstes herausbekommen. Er tippt auf Alaska, will das mit einer Kette von fest installierten Hydrophonen überprüfen, die mit einem Sender ausgestattet sind. Erfahrungen hat er mit diesem System bereits gesammelt. Wer in der Nähe der Johnstone Strait sein Radio auf 88,5 Megahertz einstellt, kann gelegentlich von Fords Sender das freundliche Piepsen der Wale vernehmen. „Das funktioniert hervorragend", freut sich der Biologe stolz, „das arbeitet Tag und Nacht und bei jedem Wetter, und du mußt nicht im Boot rausfahren, dir keinen kalten Hintern mehr holen."

Damals, vor Jahren, zum Abschied ermunterte mich Michael Bigg, mich nicht verwirren zu lassen, Erkenntnisse und Bekenntnisse immer fein säuberlich auseinanderzuhalten. Auch Orcas seien nur Lebewesen, die durch dieselben biologischen Grundprinzipien gelenkt würden wie andere auch: Geburtenzahl und Todesrate, eine arteneigene Lebensstrategie. „Aber, ohne nun ein großes Ding daraus machen zu wollen: Es gibt einige verblüffende Parallelen zwischen *Homo sapiens* und *Orcinus orca.* Der eine steht an Land, der andere im Wasser an der Spitze der Nahrungskette; sie können jeden fressen, und keiner attackiert sie ohne Not. Die Lebenserwartung der Orcas und ihre Geburtenrate ist ungefähr wie unsere; sie werden im selben Alter fortpflanzungsfähig, sind sehr sozial und leben in engen Familienverbänden. All dies hat schon manche Leute zu spirituellen Purzelbäumen verleitet."

Für derlei Gehirnakrobatik ist Dr. Paul Spong berufen. In der kleinen Bucht von Hanson Island steht, von großen Steinen eingeklemmt, eine Badewanne. Darunter brennt ein Feuer. In der Wanne sitzt der fünfzigjährige Doktor der Neurophysiologie. Er ist dafür bekannt, daß er seine sprühende Phantasie selten durch viele Zweifel behindert – eine Haltung, die man unwissenschaftlich zu nennen pflegt. Da er immer gleich laut sagt, was er denkt, wird er vorschnell zum Spinner erklärt. Anfang der siebziger Jahre bezeichneten Vancouvers Zeitungen den damaligen Assistenzprofessor an der Universität von British Columbia als „einen Wissenschaftler, der seinen Verstand verloren hat".

Doch kaum vom keineswegs weichen Lehrstuhl gestoßen, hoben ihn andere in den ihm ebenfalls ungemütlichen Sessel des Wal-Gurus. In den deutschen „Greenpeace Nachrichten" wurde von dem Vater der Rettet-die-Wale-Idee berichtet, daß er „so absolut mystisch war ... ein Mann mit einer Vision, jeder konnte es sehen und fühlen. Es war, als wenn nicht er selber redete, sondern aus ihm heraus direkt die Wale". Glücklicherweise spricht Paul Spong wesentlich verständlicher als die Orcas.

Heutzutage sitzt er meist auf einem Felsbrocken am Wasser, schaut über den Blackfish Sound den in der Nähe nistenden Weißkopfseeadlern und den nach Alaska dampfenden Fähren hinterher. Oder er hockt auf dem

Holzklotz in seinem Tonlabor und ist ganz Ohr. Über drei vor verschiedenen Inseln fest installierte Hydrophone mit UKW-Sender empfängt er Unterwassergeräusche. Rund um Hanson Island entgeht ihm nichts. Alles, was es da zu hören gibt, wird über ein Dutzend Lautsprecher in die drei selbstgebauten Holzhäuser übertragen, auch zur Badewanne, 24 Stunden am Tag.

Nein, nein, verrückt werde man davon nicht, behauptet Paul Spong lachend, nur nachts im Halbschlaf wisse er manchmal nicht mehr genau, ob er das jetzt geträumt oder gehört habe. Ansonsten registriere er nur schnell, welches Rudel das ist, was es wohl gerade treibt, und ob das schon aufgenommen wurde. Tausende von Tonbändern hat er bereits bespielt, zugleich aufgeschrieben, wer wann wo wie war. Fehlt nur noch das Warum.

Für Uneingeweihte ist das alles nicht viel mehr als ein Bandsalat voller Geblubber und Gesurre, Geknatter und Gequietsche. Doch Paul Spong hofft, daß sich irgendwann aus diesem Gewirr von Tönen ein Sinn ergibt – nicht nur für die Orcas, sondern auch für ihn. „Wir müssen damit rechnen, daß bei denen alles ganz anders sein kann als bei uns, das Sagen, das Hören, das Verarbeiten von Informationen. Wenn Orcas jagen, gehen dauernd Signale hin und her, vielleicht senden sie ganze Bilder, die ihnen ihre Ultraschallortung liefert. Und wir dürfen nicht vergessen, daß sie sehr kompliziert aufgebaute Gehirne haben, mehr als viermal größer als das unsere. Die sind nicht ohne Grund entstanden, da muß was dahinterstekken."

Wir sitzen unten am Wasser auf den Steinen. Der „Prophet" Paul Spong fährt sich mit seinen immer leicht ölverschmierten Händen – der Generator für die Batterien funktioniert selten auf Anhieb – über die hohe, blanke Stirn und durch die längeren, dunkelblonden Haare und denkt an Skana.

Als er Skana, genannt nach einem indianischen Wort für Wal, das erste Mal sah, hing das anderthalb Tonnen schwere Orca-Weibchen aus dem K-Rudel gelangweilt an der Wasseroberfläche. Der Neurophysiologe, der sich bis dahin hauptsächlich mit der Streßverarbeitung im menschlichen Gehirn beschäftigt hatte, war im Frühjahr 1969 vom Vancouver Aquarium angestellt worden. „Als erstes sollte ich die Sehfähigkeit erkunden," erzählt Paul Spong, „ich war damals ein gewöhnlicher Wissenschaftler, wollte mich keinesfalls in die gerade begonnene und schon belächelte Diskussion über die Cetaceen-Intelligenz einlassen, ging an diesen Wal ran wie an eine Säugetierspezies vom Komplexitätsgrad einer Laborratte."

Zwei Kärtchen mit unterschiedlichen Strichmarkierungen wurden Skana vor die Schnauze gehalten. Immer, wenn sie die eine der Karten ansteuerte, bekam sie einen halben Hering, hatte nach wenigen Stunden hundert Prozent Richtige. Die hervorragende Sehfähigkeit unter Wasser stand fest.

„Aber am letzten Tag der Untersuchung fiel Skana plötzlich auf null Prozent, schwamm immer nur zur falschen Karte, kümmerte sich nicht um den Hering", erinnert sich Paul Spong. „So etwas passiert sonst nie bei Tierexperimenten, und ich dachte: Hoppla, dieses Tier muß eine bewußte Entscheidung getroffen und danach gehandelt haben. Das ruinierte unsere Statistik, und wir warfen die Untersuchung in den Papierkorb." Der Fall blieb erstmal ungeklärt.

Als nächstes sollte sich Paul Spong um den jungen Hyak kümmern. Der war im April '68 – knapp drei Meter lang und noch keine halbe Tonne schwer – gefangen worden und hing apathisch in seinem kleinen Becken rum. Da man damals schon ahnte, daß Delphine akustisch orientierte Wesen sind, und da in einem solchen Betonbecken unnatürliche Stille herrscht, sollte der Forscher mit Tönen experimentieren. Er installierte einen Unterwasser-Lautsprecher und schickte als erstes einen Ton von 3000 Hertz ins Bassin. Der Wal begann sich zu rühren. Um ihn zum Schwimmen zu motivieren, wurde Abwechslung geboten: Radiosendungen, Rockmusik, die Nachrichten, Geräusche aller Art. Hyak schwamm fast den ganzen Tag und begann endlich auch ordentlich zu fressen.

Eines Tages kam Paul Spong auf die Idee, dem Wal etwas Besonderes vorzusetzen, Beethovens Violinkonzert in D-Dur op. 61. „Es war nicht zu fassen, er fegte durch den Pool, produzierte gewaltige Wellen, schlug mit Fluke und Flippern aufs Wasser, machte zum Pianissimo kleine Hüpfer, zum Fortissimo gewaltige Luftsprünge, bog sein Rückgrat, kam mit Schwanz und Kopf gleichzeitig aus dem Wasser, spritzte aus seinem Maul kräftige Fontänen, hing kopfüber im Becken, winkte anmutig mit der schönen Fluke im Takt – dieser Kerl tanzte zu Beethoven. Unglaublich!"

Die Sache gab dem Gehirnforscher schwer zu denken: „Diese Vorführung hat mich vom Podest des sogenannten objektiven Wissenschaftlers geholt. Ich bekam Respekt vor diesen Tieren, sie wurden für mich Wesen mit persönlichen Eigenschaften: neugierig und erfinderisch, sanft und humorvoll, anmutig und ausgelassen, und bei alledem ausgesprochen selbstbeherrscht."

Orcas gehören nicht in einen Swimmingpool, war die Quintessenz seiner Erkenntnisse. Und nach der logischen Maxime „Wissen ist Verpflichtung zum Handeln" startete der Angestellte des Aquariums eine Befreiungskampagne für Skana und Hyak, wurde deswegen zum Querulanten ernannt und schließlich gefeuert.

Damals fanden es die meisten Leute wunderbar, daß man sich die Meeresungeheuer gefahrlos aus der Nähe anschauen konnte. Und daß sie sich offensichtlich auch dressieren ließen, galt manchen als der Inbegriff des menschlichen Sieges über die bestialische Natur. Selbst die Orcas schienen sich in ihrer neuen Rolle zu gefallen, taten alles, die Leute zum Juchzen zu bringen, was sie weitaus mehr zu stimulieren scheint als tote Heringe. Aber nach etwa zwei Jahren, so vermutete Paul Spong damals, bekommen sie einen regelrechten Haftkoller, werden psychisch krank, zur Karikatur ihrer selbst, drehen vielleicht sogar auf gefährliche Weise durch.

Seither sind sie dutzendweise in Gefangenschaft gestorben. War ein Tier besonders beliebt oder als Werbeträger für irgend etwas gut eingeführt, bekommt ein Nachfolger seinen Namen — sie sehen oberflächlich alle gleich aus. Manchmal kommt der Tod so günstig, daß er geheimgehalten werden kann. Manche aber scheiden vor zahlendem Publikum dahin. Kandu Nummer 6 (oder 7 oder 8) brach sich den Oberkiefer nach einer offensichtlich aggressiven Kollision mit einem älteren Weibchen namens Corky, verblutete vor vollbesetzten Rängen in „Sea World" von San Diego.

Manche werden vor begeistertem Publikum geboren. Ein Jahr vor ihrem gewaltsamen Tod hatte Kandu während einer Show ein 250-Pfund-Baby zur Welt gebracht. Als die kleine Fluke erschien, kreischte das Publikum euphorisch und krakeelte rhythmisch: push! push! push! „Einige Mütter", so berichtete die Tageszeitung „San Diego Union", „stöhnten mitfühlend bei jeder Kontraktion." Die Zahl der Totgeburten in Gefangenschaft ist hoch, und auch die lebend Geborenen sterben meist innerhalb einer Woche, die Orca-Mütter scheinen nicht viel mit ihnen anfangen zu können oder es sinnlos zu finden, ein Kind im Knast großzuziehen.

Inzwischen bekommt das menschenfreundliche Image des Schwertwals sogar wieder einige häßlich schwarze Flecken. Bereits mehrere Trainer wurden angegriffen und zum Teil schwer verletzt, eine junge Meeresbiologin kam 1991 zu Tode. Sie war am Ende einer Show im „Sealand of the Pacific" bei Victoria auf Vancouver Island ausgerutscht und in das kleine Becken gefallen. Die drei isländischen Orcas benahmen sich, als sei das Mädchen einer jener großen roten Bälle, die ihnen als einziges Amüsement außerhalb der Shows zur Verfügung stehen. Sie warfen sich das neue Spielzeug gegenseitig zu und tauchten es unter, Bälle kommen dann von selber mit einem lauten Plopp wieder hoch. Die Hilferufe des Mädchens und die Entsetzensschreie der Zuschauer mögen die Tiere für das übliche beifällige Gekreische gehalten haben.

Paul Spong hatte schon recht, er war — wie das Gurus an sich haben sollen — seiner Zeit nur voraus. Nach seinem Rausschmiß zog er sich zu den freien Orcas an der Küste zurück, ans nördliche Ende der Johnstone Strait, baute sich auf der unbewohnten Hanson-Insel ein Baumhaus in einer kleinen Bucht, die seitdem bei den Fischern der Gegend „Hippie-Point" heißt. Denn an der Westküste der USA und Kanadas war unter den Tierfreunden gerade das allgemeine Walfieber ausgebrochen, und jeden Sommer kam ein wild aussehendes Volk auf abenteuerlichen Seelenverkäufern die Meeresstraße hochgeschippert, mit Filmprojektoren und Musikinstrumenten.

„Bei den gefangenen Orcas hatte ich den Eindruck, daß Musik sehr wichtig für sie sei, glaubte, wenn wir denen hier draußen was vorspielen, wären sie begeistert", lächelt Paul Spong heute nachsichtig über sich selbst. „Manche Leute trommelten denen was, benutzten den Schiffsrumpf als Resonanzkörper. Andere projizierten Filme auf ein weißes Segel. Und ich paddelte oft mit dem Kajak zu ihnen, spielte auf meiner Flöte. Aber jetzt denke ich, das war bedeutender für die Menschen als für die Wale. Wir sind ganz unwichtig für sie. Die brauchen uns in Gefangenschaft nur, um ihnen die tödliche Langeweile zu vertreiben."

Das Wohnzimmer der Familie Spong ist rappelvoll. Hier treffen sich regelmäßig die jungen Walforscher, die gerade in der Gegend aktiv sind, den Orcas im Namen der Wissenschaft auf die Pelle rücken — weich und zugleich fest sei die Haut, bestätigen sie alle mit dem Ausdruck der Ehrfurcht, etwa so wie ein Fahrradschlauch oder ein Gummistiefel fühle sie sich an.

Christophe will das Räuber-Beute-Verhältnis zwischen Orcas und Robben ergründen. David versucht, die Kommunikation innerhalb von Teilrudeln vom allgemeinen Stimmengewirr zu isolieren. Jeff hat festgestellt, daß alte Bullen und unfruchtbare Kühe als Babysitter von Kälbern eingesetzt werden. Janice hat herausgefunden, daß angehende Mütter den Umgang mit Babys erst lernen müssen: Sharky wurde, bevor sie selbst niederkam, zwei Sommer lang in der Nähe einer Kuh mit Kalb gesehen. Dave entert mit seinem langen Fragebogen jedes Boot, das nicht Lachse fängt oder Orcas erforscht, und untermauert die Popularität der Wale statistisch: Je weiter entfernt die Leute wohnen, desto interessierter sind sie.

Thema dieses abendlichen Treffs ist der Antrag eines Kollegen an das Fischereiministerium, von freilebenden Schwertwalen im kommenden Jahr Gewebeproben für Gen-Untersuchungen entnehmen zu dürfen. Mit einem Gewehr will er spezielle Pfeile auf die Orcas abschießen, um ihnen ein Stück Haut zu entreißen. In der Runde sind die Meinungen geteilt. Einerseits wäre es gut, endlich zu wissen, wie bei den Walen die Vererbung funktioniere, wer es mit wem treibe, und überhaupt dürfe man sich neuen wissenschaftlichen Methoden und Erkenntnismöglichkeiten nicht verschließen. Aber andererseits wäre die Schießerei doch äußerst problematisch, die Orcas schwimmen so dicht in ihren Rudeln, es könnte einer ins Auge getroffen werden, und überhaupt, auf Wale schießt man nicht. Womöglich würden sie dadurch ja insgesamt vertrieben, dann könnte man gar nichts mehr forschen.

Paul Spong hat die ganze Zeit stumm zugehört. Mitten ins verbale Getümmel stellt er, mit der Gelassenheit des vom Ehrgeiz Befreiten, die Frage: „Was nützt es den Walen?" Auch er fände es wunderbar, möglichst viel über diese Wesen zu wissen. Aber manche Leute hätten es zu eilig. Sie gäben vielleicht an, etwas für die Wale zu tun, aber in erster Linie wollten sie höchst eigennützig ihre Magister- oder Doktorarbeit abschließen. Das sei nicht weiter schlimm. Doch manchmal müsse es wichtiger sein, die Wale in Frieden zu lassen, als alles über sie wissen zu wollen. „Wenn hier einer auf Orcas schießen will", sagt Paul Spong freundlich lächelnd, „sollten wir uns daran erinnern, wie man Walfänger von der Arbeit abhält – mit dem Schlauchboot dazwischenfahren."

Der Abend klingt harmonisch aus. Die Spongs blättern durch den Ordner mit den Paßfotos der Schwertwale, erinnern sich bestimmter Erlebnisse wie andere Leute vor dem Familienalbum. Oben am Lagerfeuer erklingen melancholische Lieder. Ich liege unten am Strand in der heißen Badewanne über dem knisternden Feuer in mondheller Nacht, der Wind ist still, das Meer ist spiegelglatt und düster.

Langsam tauchen schwarze Dreiecke auf, werden größer und größer. Jeweils zwei, drei Meter davor beult sich die Wasseroberfläche langsam hoch, als ob sie eine Plastikplane wäre, unter der sich etwas Ungeheuerliches aufbäumt. Da: Whhhuuufff! Whhhuuufff! Whhhuuufff! Schwarzglänzende, bullige Köpfe kommen zum Vorschein. Ich werde jetzt den Teufel tun, aus dem warmen Wasser in die kalte Luft zu steigen, den üblichen Orca-Alarm auszulösen. Die Leute an Land sind mit sich selbst beschäftigt. Und die Wale auch.

Paul Spong hat sich mit seiner Familie auf einer kleinen Insel an der kanadischen Westküste niedergelassen, um sich den Unterwassertönen der Orcas zu widmen. Seine Badewanne ist wegen ihrer urigen Gemütlichkeit bei Freunden und Besuchern berühmt

DIE KRONE DER SCHÖPFUNG IM WASSER

Das Verhältnis zwischen Wal und Mensch hat sich dramatisch geändert: Für die alten Walfänger war der Kampf gegen den Leviathan das Sinnbild des Ringens zwischen Mensch und Natur – in jüngster Zeit ist der Kampf um das Wohlbefinden dieser höchstentwickelten Lebewesen im Meer zum plakativen Symbol für die Rettung der Natur vor dem Menschen geworden

Traumschiff der Liebhaber:
Ein Buckelwal scheint seine Bewunderer, obwohl sie ihm dicht auf die Schwarte rücken, lässig mit dem Flipper zu grüßen. An der Küste Neuenglands wurde „whalewatching" zur umsatzstarken Attraktion

ENTERPRIZE
RIZE
RIZE

Fern der Heimat: In einem Aquarium werden publikumswirksam zwei Weißwale verköstigt – es ginge auch einfacher, aber dies ist Teil der Show. Weißwale sind in arktischen Gewässern zwischen Eisschollen zu Hause

Herziger Fußtritt: Was auf den ersten Blick freundlich intim anmutet, mag den Delphinen etwas herablassend erscheinen – aber im Bassin eines Hotels auf Hawaii sind sie für jede Abwechslung dankbar

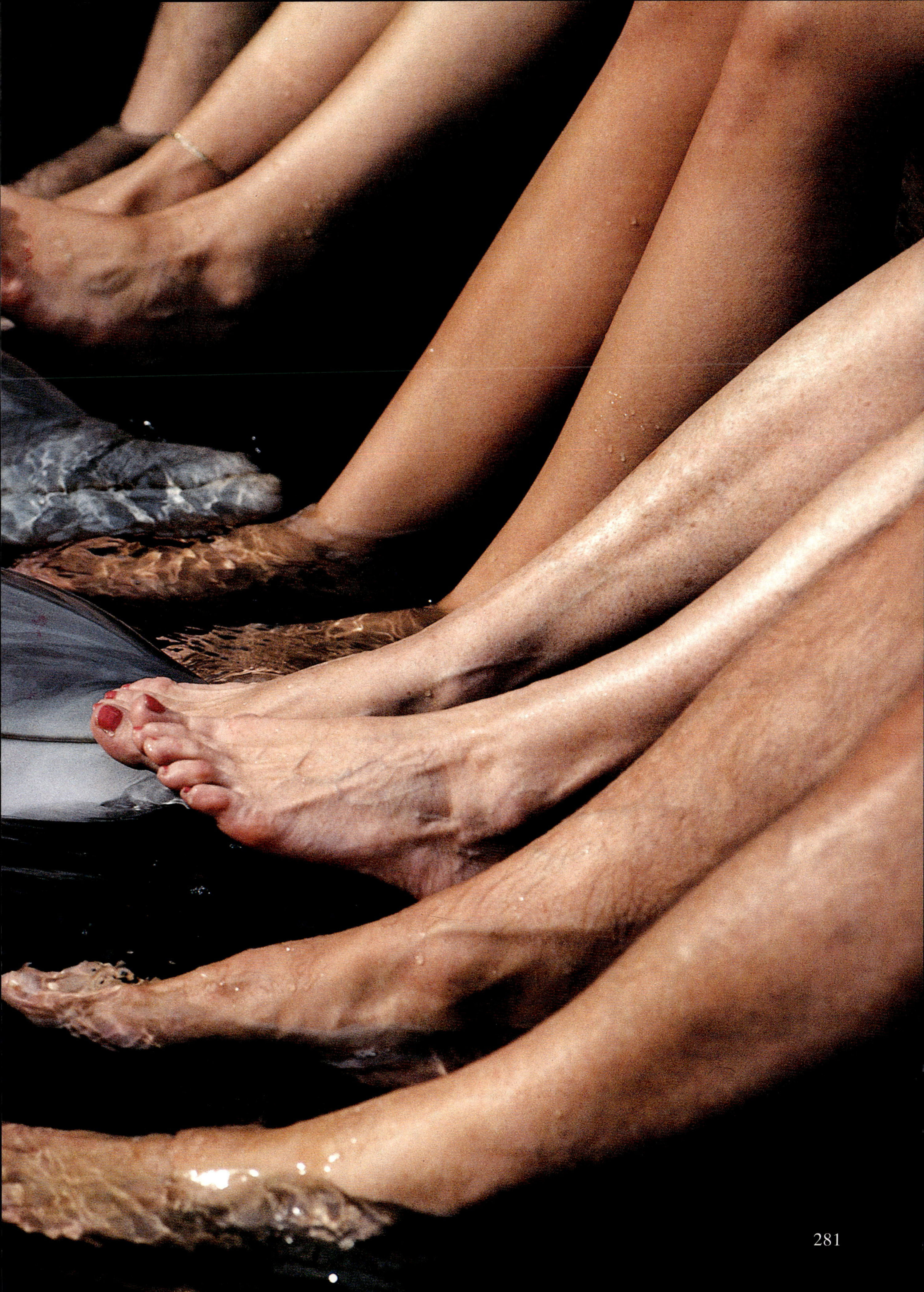

Wesen aus der Überwelt: Vor der Küste der Bahamas treffen Taucher regelmäßig auf Große Tümmler. Einst mit Fischen angelockt, kommen die Delphine inzwischen auch gratis, nur die Taucher bezahlen den Trip immer noch

Das große Tätscheln: In der mexikanischen San Ignacio-Lagune werden Grauwale allsommerlich von ihren menschlichen Freunden aufgesucht – die einen kommen, um hier ihre Jungen zur Welt zu bringen, die anderen, um sie handgreiflich zu herzen

Feuchtes Mitgefühl: Ein Rudel gestrandeter Kleiner Schwertwale wird an der australischen Küste gerettet. Die meisten sind schon wieder im tieferen Wasser, der letzte wird noch angeschleppt. Ins Meer entlassen werden sie gemeinsam

Ende gut, alles gut: Bei Ebbe sind 285 Grindwale in der Golden Bay vor Neuengland auf Grund gelaufen. Fast alle konnten durch den Einsatz von 300 Freiwilligen mit Hilfe der nächsten Flut gerettet werden

Technisch ausgereift: In einem Windkanal ist die Stromlinienform des Buckelwals mit Händen zu greifen. Plymouth an der Küste Neuenglands hat das erste Walmuseum, welches die Tiere präsentiert und nicht deren Fang verherrlicht

Schwerwiegender Transport:
Ein noch nicht ausgewachsener Blauwal wurde tot an die Küste des australischen Bundesstaates Victoria geschwemmt. Sein Skelett soll Attraktion eines Museums werden

LONG AND WIDE
LOAD

Rettet die Wale! Diese Parole begleitet seit Jahren jede Tagung der Internationalen Walfangkommission. Die Kampagne der Tierschützer hat mit dazu beigetragen, daß die Jagd auf die großen Meeressäugetiere wenigstens vorläufig abgeblasen wurde

ANTARCTIC
WHALE
SANCTUARY
STOP
THE
SENSELESS
GROUP

Der Klügere gibt nach:
Auf Kollisionskurs liegen ein Windsurfer und ein Buckelwal in der Bonavista-Bucht an der Nordküste Neufundlands. Der Mensch erschrickt, der Wal taucht ab

Dieses Leben muß phantastisch sein. Mit der Leichtigkeit des Seins scheinen sie gesegnet, wie von der Schwerkraft befreit schweben sie in ihrem Element, kommen hoch aus der unergründlichen blauen Tiefe ans grelle Licht, werfen einen Blick auf den Eindringling aus der Überwasserwelt. Ein leises Piepsen ist zu vernehmen, als unterhielten sie sich über diese komische Erscheinung an der Grenze ihres Territoriums.

Mit der Taucherbrille vor dem Gesicht fixiere ich sie, zwischen die Zähne habe ich das Mundstück des Schnorchels gepreßt, der mir ab und zu auch etwas Salzwasser zukommen läßt, aber immerhin den Vorteil beschert, nicht jede halbe Minute den Blick abwenden, die Nase nach Luft hochstrecken zu müssen. Der Bleigürtel um den Bauch hält mein Hinterteil knapp unter Wasser, verhindert allzu lautes Geplantsche mit den großen Flossen an den Füßen. Von den Knöcheln bis zur Kehle habe ich mich in eine Kunststoffhaut gezwängt, um nicht nach ein paar Minuten steifzufrieren, leblos zu ihnen hinabzusinken.

Zwei Vertreter der Wirbeltiere aus der höchstentwickelten Klasse der Säugetiere begegnen sich, einer aus der Ordnung der Herrentiere, der andere aus der Ordnung der Wale. Erst als vor 70 Millionen Jahren – ein paar mehr oder weniger tun nichts zur Sache, das Leben auf der Erde war schon drei Milliarden Jahre alt – die Saurier ausstarben, kam unsere große Chance, die der Primaten und die der Cetaceen. Wir – *Homo sapiens* und *Delphinus delphis*, selbsternannter „weiser Mensch“ und sogenannter „gemeiner Delphin“ – sind nicht gerade das, was man nahe Verwandte nennen könnte, mögen zwar ein Urkriechtier als gemeinsamen Ahnen haben, aber unsere Wege trennten sich früh.

Lange Zeit wurde geglaubt, die Wale entstammten den alttertiären Urraubtieren *Creodonta*. Seit hundert Jahren scheint die Erkenntnis einigermaßen gesichert, daß sich die Wale aus dem Stammhuftier *Condylarthra* entwickelten, einem allesfressenden Wesen, auf das auch Paarhufer wie Rinder, Hirsche, Kamele und Schweine zurückgeführt werden – kein Grund zu menschlicher Überheblichkeit indes: Vorfahr unserer Familie der Primaten war ein dem Spitzhörnchen ähnlicher Insektenfresser.

Einige dieser Urhuftiere müssen sich irgendwie vor 50 Millionen Jahren entschlossen haben, ins Wasser zurückzukehren, dorthin, wo alles Leben einst entstand und aus dem 300 Millionen Jahre zuvor amphibische Wesen an Land gekreucht waren. Man unterstellt den Heimkehrern, es sei Hunger gewesen, oder Angst vor anderen Raubtieren, oder sie hätten geschickt die freigewordene Nische der dahingeschiedenen großen Echsen, der Dinosaurier im Meer, besetzt. Vielleicht war es höhere Einsicht, vorausschauende Weisheit geradezu, denn das Meer erwies sich als zukunftsträchtiger Lebensraum. Doch Evolution ist kein geplanter Vorgang, sondern reines Ausprobieren; falsche Versuche werden verworfen, die zufällig

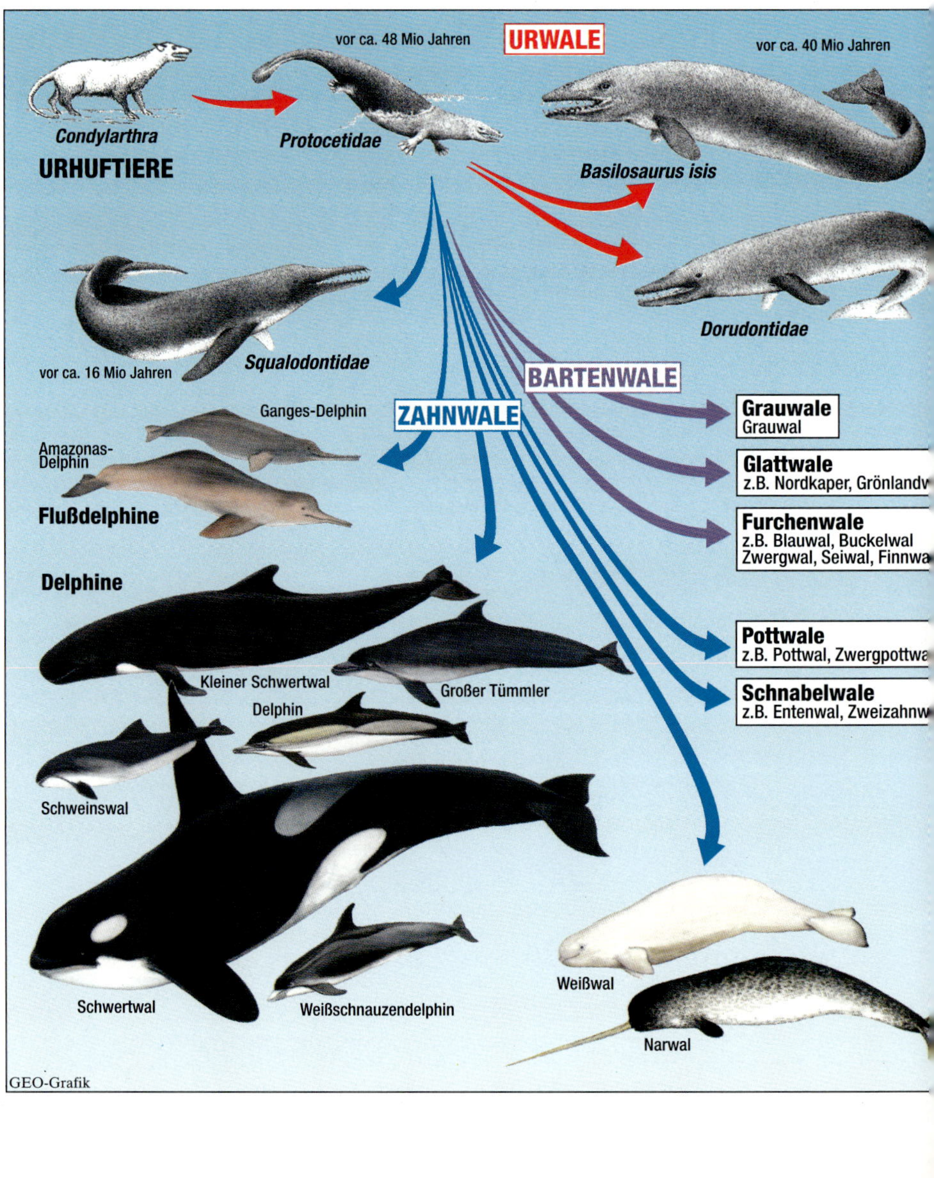

GEO-Grafik

günstigen Eigenschaften überleben. Die Natur bastelt sich aus Vorhandenem sozusagen etwas für die Zukunft zurecht – das braucht seine Zeit.

Die alten Huftiere und künftigen Wale stürzten sich nicht von heute auf morgen kopfüber ins Wasser, sie tasteten sich langsam voran. Die Selektion mag bald jene begünstigt haben, die geschickt schwimmen konnten, den Atem am längsten anhalten, sich wirkungsvoll vor dem kalten Wasser schützen, die schlüpfrige Beute am besten festhalten; die selbst Paarung, Geburt und Aufzucht der Jungen im Wasser bewältigten.

Den ältesten Urwal, den die Paläontologen bisher finden konnten, nannten sie *Pakicetus*, weil sie auf die 50 Millionen Jahre alten Knochen in eozänen Sedimenten in Nordpakistan gestoßen waren. Er wird, so ist aus seinem Skelettaufbau zu schließen, noch amphibisch gelebt haben, je nach Bedürfnis hin- und hergependelt sein zwischen Land und Wasser. Erst 1990 wurde ein Fund aus dem Zeuglodon-Tal in Ägypten gemeldet, der den Fossilienforschern bestätigte, daß sie bislang nicht falsch spekuliert hatten. In diesem Wüstental, über dem einst – vor 40 Millionen Jahren – noch das Tethysmeer plätscherte, bevor der Wasserspiegel sich in die Grenzen des Mittelmeeres zurückzog, fand sich der knöcherne Beweis für das evolutionäre Zwischenstadium der Urwale auf dem Weg ins Wasser.

Es war der Fund der Wirbelsäule eines *Basilosaurus*, der dann 1835 irrtümlicherweise zum „König der Reptilien“ ernannt und später, als ein dazugehöriger Schädel ausgegraben war, als Säugetier erkannt wurde, doch die falsche Titulierung blieb. Daneben schaufelten Fossiliensucher guterhaltene Knochen aus dem lockeren Wüstensand. Die hinteren Gebeine des 16 Meter langen schlangenähnlichen Wesens waren gerade 60 Zentimeter lang, hatten drei Zehen und schienen auf den ersten Blick zu nichts nutze gewesen zu sein, können ihrer Größe und Konstruktion wegen weder zum Laufen noch zum Paddeln getaugt haben. Verblüffend an diesem wichtigen Glied in der Kette der Rekonstruktion war vor allem die Erkenntnis, daß dieser Urwal zehn Millionen Jahre nach seiner Rückkehr ins

Im ägyptischen Zeuglodon-Tal gräbt ein Fossilienforscher ein 40 Millionen Jahre altes Walskelett aus, an dem noch kleine Hinterbeine saßen. Die Evolutionsgeschichte der Cetaceen ist nicht genau bekannt, aber alle Arten scheinen von einem Urhuftier abzustammen, das ins Wasser ging

Wasser immer noch Hinterbeine mit sich herumschleppte.

Die Knie waren allerdings funktionsfähig und so gebaut, daß Ober- und Unterschenkel in gestrecktem Zustand einrasteten, die Beine mußten also irgendwie nützlich gewesen sein, zu was auch immer. Vielleicht zum Festhalten des Partners bei der Paarung, spekulierten die Wissenschaftler: Wenn die schlanke Hüfte zehn Meter vom Kopf entfernt hin- und herpendele, könne eine Umklammerung ganz hilfreich sein. Ausgestorben sind diese Prototypen dennoch, sie werden einer der vielen Fehlentwürfe von Mutter Natur gewesen sein.

Die Entwicklung der Wale und Delphine wurde schließlich die größte Erfolgsgeschichte im Wasser. Keine evolutionäre Anpassung von Säugetieren war ähnlich schwierig wie die ihre, nur mit dem großen Schritt zu vergleichen, den die ersten Lebewesen an Land taten, oder mit dem manche Echsen flatternd das Fliegen lernten. Gegen Ende des Miozäns, vor etwa fünf Millionen Jahren, gab es sehr wahrscheinlich bereits alle Familien der heutigen Cetaceen – auf dem Lande war derweil etwas Menschenähnliches noch bei weitem nicht in Sicht. Als vor einer halben Million Jahren die Wiege der Herrentiere noch in den Bäumen schaukelte und einige Vertreter gerade den aufrechten Gang übten, hatten sich die Waltiere ihrem Element schon längst perfekt angepaßt.

Diese Delphine, über denen ich so unbeholfen herumpaddle, sind zweifellos die Krone der Schöpfung im Wasser. Mindestens zehnmal länger als der moderne Menschentypus und Emporkömmling aus der Familie *Hominidae* lebt diese altehrwürdige Familie *Delphinidae* auf dem blauen Planeten, der zu fast drei Vierteln von deren wäßrigem Element bedeckt ist.

Mein Versuch grenzüberschreitender Annäherung zwischen Gemeinem Delphin und gewöhnlichem Menschen endet recht höflich und zurückhaltend, aber nicht unromantisch. Die eleganten Monarchen der Wasserwelt halten gebührend Abstand, wollen mich nicht näher kennenlernen, entschwinden diskret in ihre Tiefe. Ich ziehe mich mit einem Ruck – oh, diese Schwerkraft! – in die dünne Luft, ins Schlauchboot zurück. Sie haben recht – es schickt sich nicht, gekrönte Häupter und wilde Tiere tätscheln zu wollen.

Auf der Ladefläche des Lieferwagens liegen vier tote Delphine. Drumherum stehen einige Männer, neufundländische Fischer und Landarbeiter in Gummistiefeln und Holzfällerhemden. Sie streicheln unablässig mit ihren großen Händen sanft über die glatte schwarzweiße Haut. Betrübt blikken die wetterharten Gesichter. Warum? fragen sie stumm.

Jon Lien, als Buckelwalbefreier und Retter von Fischernetzen beliebt, weiß es auch nicht. Den Professor der Verhaltensforschung hatten sie am Abend zuvor in St. John's angerufen, weil sie sich nicht mehr zu helfen wußten. Fünf Delphine lagen zappelnd auf dem Strand der Trinity Bay, das ganze Dorf Brooklyn war in hellem Aufruhr, stand bis zum Hals im Wasser und versuchte, die Tiere zurückzubugsieren. Aber sie kamen sofort wieder, ein halbes dutzendmal. Am späten Abend glaubten die Leute, es geschafft zu haben. Am frühen Morgen war einer verschwunden, aber dieses Quartett lag wieder da, verendet. Die Männer hievten die mehr als zwei Meter langen, fast 200 Kilogramm schweren Tiere auf den Lastwagen, zogen eine grüne Plastikplane darüber. Damit sie für den Professor frisch blieben, der sie vielleicht untersuchen wolle, meinten sie.

Noch mitten in der Nacht ist Jon Lien mit mir losgefahren. Nun lüpfen wir die Plane. Es sind Atlantische Weißseitendelphine, wie man an der spitzen Finne, dem dunklen Rücken, dem weißen Bauch und vor allem dem Streifen zwischen spitzer Schnauze und schwarzumrandetem Auge erkennen kann – und am charakteristischen gelblichen Fleck an ihrer Flanke. „Springer" werden sie hier genannt, sind schnelle Schwimmer, werden in Schulen von mehreren hundert Exemplaren gesehen, wobei immer ein ganzes Drittel der Gruppe gleichzeitig in der Luft zu sein scheint – ein wahrlich lebensfroher Anblick. Und diese klassisch schönen Akrobaten des Nordatlantik sind dafür bekannt, daß sie sich zuweilen selbst an den Strand werfen.

Jon Lien kann den Männern nicht erklären, warum die Tiere es tun, es ist immer noch ein großes Rätsel. Schon Aristoteles kannte das Phänomen. Der deutsche Zoologe Alfred Brehm war sich vor hundert Jahren seiner Sache sicher: *Sie verfolgen mit solcher Gier ihre Beute, daß sie oft durch diese auf den verrätherischen Strand gezogen werden, gänzlich außer Fahrwasser gerathen und scharenweise auf dem Trockenen verkommen müssen... Nicht allein, daß die gesamte Herde ihrem Leittier blindlings folgt, läßt sie sich auch durch die Klagelaute eines von Todesnoth bedrängten Genossen herbeilocken und erleidet dann regelmäßig mit ihm dasselbe Schicksal.*

Der Stand der Erkenntnis hat sich seitdem nicht wesentlich verbessert. Liebeskummer und Todessehnsucht, Selbstmord und ähnlich menschelnde Verhaltensmuster waren eine Weile als Deutung en vogue. Dann sollten es Parasiten in den Ohren sein, die das Orientierungsvermögen störten, oder eine Art akustischer Umweltverschmutzung, welche die Tiere in die Irre leite – bis herausgefunden wurde, daß auch gesunde Wale ohne Parasiten und an stillen Küsten stranden, daß sie kein krankes Leittier brauchen, um wild entschlossen ins Jenseits zu geraten. Auffällig ist, daß es die mit Echolot ausgestatteten Zahnwalarten entschieden häufiger tun – oder es mit ihnen geschieht – als die großen Bartenwale. Zur Zeit wird die Theorie favorisiert, daß jene Linien der Erdmagnetfelder Ursache dafür sein könnten, die senkrecht auf verschiedene Küstenabschnitte weisen, an denen Strandungen gehäuft vorkamen. Mag sein, daß sich die Wale, wie Tauben in der Luft, bei ihren Wanderungen daran orientieren.

Eigentlich sei es schlechte Wissenschaft, nach einer einzigen Erklärung für das Phänomen zu suchen, resümiert Jon Lien, es werde wohl meist eine Verkettung ungünstiger Umstände sein. Er sei nicht einmal sicher, ob es für die Tiere immer sinnvoll ist, gerettet zu werden. Es könne sogar qualvoll werden und doch nichts helfen. Die Wale hätten bereits bei ihrem ersten panischen Strandungsversuch so viel Stress hinter sich, daß bei einer anschließenden Obduktion schon Schädigungen verschiedener Organe feststellbar seien. Aber – da gehe es ihm selbst nicht anders – kein Mensch könne sich diesem erbarmungswürdigen Anblick eines hilflos am Strand zappelnden Wales entziehen. Trotz seiner Skepsis hat Jon Lien schon Vertreter diverser Arten – darunter auch einen jungen, zwanzig Meter langen Blauwal – wieder zurückbefördert und erleichtert davonschwimmen sehen, mit der inständigen Hoffnung, daß sie nicht zurückkehren mögen.

Bei solchen Aktionen fand der Verhaltensforscher das Benehmen der Menschen noch spannender als das der Tiere. Es mache offensichtlich großen Spaß, Wale zu retten. Alle wollen dabeisein, die Leute arbeiten sich halb zu Tode, stehen bis zum Hals im Wasser, die Emotionen schwappen über. Die Menge unter Kontrolle zu halten, sei oft schwieriger, als die Wale wieder ins Wasser zu befördern. Jeder will persönlich der Retter mindestens eines Tieres sein, gibt ihm einen Namen, singt ihm ein Lied, verteidigt eifersüchtig „seinen“ Wal mit tätschelnder Hand und bösem Blick, besonders gegen Biologen. Die haben dann kaum eine Chance, auch nur eine kleine Blutprobe bei einem Tier zu nehmen, egal ob tot oder lebendig. Das sei zwar anstrengend, meint der blondverstrubbelte Mann gegenüber den Fischern, aber auch gut so. Dadurch verbessere sich nicht nur das Verhältnis zwischen Mensch und Tier, sondern auch der Kontakt zwischen den Leuten. Sie haben Arm in Arm für etwas gekämpft, sind Seite an Seite naß geworden, haben gemeinsam gefroren wie die Hunde, sich anschließend riesig gefreut oder kräftig geheult. Das verbindet ungemein.

Walliebhaber – oder zumindest Interessierte – gibt es seit je auch

Mit allen Kräften versuchen Helfer, einen ermatteten Grindwal nach seiner Strandung in das nasse Element zurückzubefördern. Sie können ihn erst dann loslassen, wenn er wieder selbständig auftauchen und damit Atem holen kann

in unseren Regionen. Im Oktober 1894, so berichtete die „Stettiner Ostseezeitung“, war ein Entenwal am Strand bei Ahlbeck unglücklich gelandet und wurde von Fischern entdeckt, als er noch *mit Schwanz und Flossen so um sich schlug, daß größere Wassermassen meterhoch in die Luft geschleudert wurden ... es den Anschein hatte, als ob es ein mit großen Hörnern bewaffnetes Meeresungeheuer sei ... Nachdem der Gemeindevorsteher dem Tiere einige Schüsse beigebracht hatte, wurden Taue um den Schwanz des Monstrums geschlungen und dasselbe in die Nähe des Damenbades geschleppt. Die zehn Fischer eigneten sich den Wal als Beute an, luden ihn auf einen Wagen und fuhren ihn auf den Hof eines Fleischermeisters. Im Hofe lebte der Wal noch und blutete stark. Erst in der Nacht verendete das Tier. Am Sonntag und Montag vormittag wurde der Wal von den Fischern in Swinemünde auf einem großen Hofe am großen Markt gegen ein Eintrittsgeld von 30 Pfennigen zur Schau gestellt. Eine große Anzahl Schaulustiger strömte herbei, welche staunend das Meerwunder betrachteten, so daß der Fang den Fischern eine hübsche Einnahme verschaffte. Am Dienstag ging der Entenwal käuflich in den Besitz dreier Herren über. Die Kaufsumme betrug 640 Mark. Die neuen Besitzer traten sofort eine Tour durch einige Städte an. Zunächst ging der Walfisch nach Pasewalk, dann nach Stettin, endlich nach Berlin.*

Die Zeiten haben sich gebessert. Einem entfernten Artverwandten wurde im Sommer 1990 schon zartere Anteilnahme entgegengebracht. Vor Büsum war ein junger Finnwal im Wattenmeer aufgetaucht, „Fritz“ wurde er getauft, zunächst aus Unterwasserlautsprechern mit Waltönen und klassischer Musik beschallt, um ihn in tiefere Gewässer zurückzulocken. *Aber der Wal kehrte wieder um,* meldete das „Hamburger Abendblatt“. *Wir alle hatten ihm die Daumen gedrückt, gehofft, daß er sich zu seinen Artgenossen im Atlantik durchschlagen würde. Er hat es nicht geschafft ...* Der Kadaver wurde auf einem Tieflader in eine Abdeckerei nach Husum transportiert, Hunderte standen Spalier, Eintritt ward nicht erhoben. *Nach allem, was wir für ihn getan haben, geht einem das ganz schön nahe,* wurde ein Polizeihauptmeister zitiert, *wir sind hier alle ein bißchen traurig.*

Das kollektive Zittern um einzelne Wale geriet zur globalen Erregung, als es im Herbst des Jahres 1988 darum ging, drei Grauwale

aus arktischem Eis zu erretten. Die ganze Welt – zumindest jene, die regelmäßig westliches Fernsehen schaut – sorgte sich drei Wochen lang um das Schicksal der knubbeligen Gestalten, die sich nicht rechtzeitig auf den Weg nach Süden gemacht hatten, am nördlichsten Punkt Alaskas steckengeblieben waren. Mit Motorsägen wurden für sie Luftlöcher ins immer wieder schnell zufrierende Eis geschnitten, jeder ihrer Atemzüge schnaubte durch Millionen von Wohnzimmern. Nach zwei Wochen war der kleinste der Wale verschwunden, wahrscheinlich ertrunken, eine Woche später schaffte ein russischer Eisbrecher den Durchbruch in noch offenes Gewässer, wo die grauen Kreaturen vom Hubschrauber aus noch einmal gesehen worden sein sollen. Die Welt, so wenigstens sagten die Nachrichtensprecher, atmete auf.

Manche Leute indes stöhnten. Dieses abstruse Medienspektakel, Seifenoper als Familienserie, hatte schätzungsweise 1,3 Millionen Dollar gekostet. Besonders jene Forscher knirschten mit den Zähnen, die sich seit Jahrzehnten mit kümmerlichen Etats um das Wohl-

Weltweite Fernsehnachrichten machten sie zu den berühmtesten Grauwalen aller Zeiten. An Alaskas Küste waren sie vom Eis eingeschlossen, in einer publicitywirksamen Millionen-Dollar-Aktion wurden ihnen Luftlöcher auf dem Weg ins offene Meer geschnitten – es wird wohl immer ungewiß bleiben, ob sie es schafften

befinden der Wale kümmern. Doch die Frage, ob das Geld nicht für andere Maßnahmen sinnvoller hätte genutzt werden können, ist müßig – für etwas anderes wäre es nicht ausgegeben worden. Den Preis für die trunkene Zuneigung des Publikums hatten sich Stars wie „Flipper" und „Moby Dick" weidlich verdient – Symbolfiguren für ein sich änderndes Verhältnis der Menschen zu diesen interessanten, offensichtlich intelligenten und sozialen Lebewesen im Meer.

Manche Wale hatten ihrerseits längst – so mag man das heute interpretieren – kein Risiko gescheut und sich beharrlich um ein gutes Verhältis zum Menschen bemüht. Im Jahre 1850, als der Blauwal eher gerüchteweise bekannt als genau bestimmt und untersucht war, gesellte sich ein solcher „Schwefelbauch" zu einem Schiff namens „Plymouth", folgte diesem fortan vierundzwanzig Tage lang als getreuer Begleiter, keineswegs zur Freude der besorgten Besatzung.

Alfred Brehm hat's nacherzählt: *Namentlich am Anfange fand man es im höchsten Grade ungemüthlich, ein Wesen in nächster Nähe zu wissen, dessen Gebahren die Sicherheit des Schiffes zu gefährden schien, bemühte sich daher auch nach Kräften, den lästigen Gesellen los zu werden... warf ihm Flaschen, Holzscheite auf den Kopf, und zwar mit solcher Kraft, daß jeder Wurf die Haut schrammte, griff endlich zu den Büchsen und jagte ihm eine Kugel nach der anderen in den Leib: der Unhold beachtete alles nicht... tauchte zuweilen auf und blies seinen stinkenden Athem in die Fenster der Kajüte. In dem klaren Wasser konnte man das etwa vierundzwanzig Meter lange Geschöpf, jeden Schlag seiner mindestens fünf Meter breiten Schwanzflosse sehen. Nur der Arzt des Schiffes schien die Gelegenheit... mit Freuden zu begrüßen, alle übrigen Insassen des Schiffes wünschten ihn auf Meilen entfernt.... Nur als man sich mehr und mehr der Küste näherte, wurde er unruhiger, und als das Schiff endlich in seichtes Wasser gelangte, verließ er es gänzlich. Nach und nach hatte man sich an seine Begleitung gewöhnt, weil man zu der Überzeugung gekommen war, daß man über keine Mittel gebiete, ihn zu entfernen. Deshalb fügte man ihm auch keinerlei Unbill mehr zu, gab ihm den Namen Blowhard oder Lautbläser und bildete sich ein, daß er auf diesen Ruf höre und infolgedessen näher an das Schiff herankomme. Abgesehen davon, daß er den weißen Anstrich des letzteren beim Ausathmen beschmutzt hatte, war von ihm nicht der geringste Schaden verursacht, und er zuletzt von jedermann als guter Kamerad angesehen worden.*

Für die Männer jener Zeit war der Kampf gegen den Wal einfach das Sinnbild des Ringens zwischen Mensch und Natur gewesen. Später und bis vor ein paar Jahren war er nichts als ein Mordsgeschäft. Heute ist der Kampf um das Wohlbefinden der Wale und Delphine populäres Sinnbild für die Rettung der Natur vor dem Menschen schlechthin – wenn die nicht zu retten seien, sei nichts mehr zu retten.

Besonders in Ländern, die selbst kein wirtschaftliches Interesse mehr am Fang hatten, wurden die Wale auf andere Weise vielseitig nutzbar. Politiker jedweder Couleur ließen sich im grünen Mäntelchen als Walschützer feiern und verkündeten Gesetze, die den eigenen Bürgern keine Nachteile, aber ein gutes Gefühl bescherten. Keine andere Tierart hat so viele diplomatische Verwicklungen auf höchster Ebene ausgelöst, so massiv politischen Druck produziert, so reichlich internationale Abkommen initiiert, derart massive Wirtschaftshändel angestiftet, solche Leidenschaft entfacht, Ehrfurcht erweckt und Rührung erregt.

Was für die Wale gut ist, kann auch dem Meer insgesamt nur nützen. Erst als die Neuengländer die Buckelwale vor ihrer Küste ins Herz schlossen, wurde den anrüchigen Gepflogenheiten der Müll- und Abwasserbeseitigung der Stadt Boston laut widersprochen. Kaum jemand hätte, um des Thunfisches selbst willen, obwohl dessen Bestände in miserablem Zustand sind, auf seinen Verzehr verzichtet – für den Schutz der Delphine wird massenweise davon abgelassen. Die Waltiere wurden Katalysatoren für ökologisches Denken, öffneten Herzen (und Geldbeutel), weckten Engagement auch bei Leuten, die sonst nie auf die Idee gekommen wären, sich für das, was mit dem Meer geschieht, zu begeistern. Seit die Wale „entdeckt" wurden, haben die Lobbyisten des Erdöls, der Fischerei und der Abfallbeseitigung größere Mühe, ihre Interessen ungehemmt durchzusetzen.

Die Rettet-die-Wale-Bewegung gilt – nicht nur in ihren eigenen Kreisen – als „die größte Erfolgsgeschichte aller Naturschutzbemühungen im 20. Jahrhundert", wie manche sagen, sie habe das Interesse an der Umwelt erst richtig in Schwung gebracht. Da kann auch mal was überschwappen. Die fürwahr faszinierenden Tiere wurden Objekte begeisterter Schwärmerei, halbspiritueller Verehrung, zum „Geist in den Wassern", zu „Vettern mit Flippern", zu „Menschen der Meere" umgedeutet.

Nichts scheint lächerlich genug, daß es Tümmler nicht ertragen müßten. Solches Heckmeck wie hier mit Blumenkränzen schlägt selbst manchem Dompteur aufs Gemüt. Auch Ex-Trainer Richard O'Berry bekam ein schlechtes Gewissen, demonstriert jetzt für die Schließung der Delphinarien: „Gefangenschaft tötet"

Diese Liebe ist ein seltsames Spiel, sie wandert von einem zum andern. Bedrohte Bäume sind anonym, die Vielfalt des düsteren Regenwalds bleibt etwas undurchschaubar, der Pandabär ist zum Logo für wilde Welt mutiert, die Unschuld der knopfäugigen Seehundbabies auf Dauer ein bißchen langweilig, das sogenannte Ozonloch kaum zu fassen. Da sind Wale und Delphine von anderer Sorte. Sie erscheinen – alle ganz pauschal betrachtet – groß und stark, elegant und sanft, lebenslustig und humorvoll, hilfreich und gut, kooperativ und kommunikativ untereinander, intelligent und schön, eher neugierig und zutraulich als scheu, umrankt von fabelhaften Legenden. Fakten und Phantasie sind schlecht auseinanderzuhalten. Sie sind wie Wesen aus einer anderen Welt und scheinen doch so greifbar nah.

Delphinarien wurden gleichsam zu Tempeln dieser Verehrung. Sie sind Publikumsmagneten, der Übergang zwischen Wissenschaft und Geschäft, Bildung und Volksbelustigung ist fließend; in einigen dieser Anlagen kann man die Tiere streicheln, füttern, küssen. Die Mehrzahl der Besucher findet kommerziellen Walfang abscheulich und vergißt, daß die von ihnen bewunderten Exemplare, konsequent biologisch betrachtet, tot sind. Für ihre Population und ihr früheres Rudel macht es keinen Unterschied, ob sie harpuniert oder weggefangen wurden.

Diverse Organisationen bieten ihre Schützlinge zur Patenschaft an, symbolisch und gegen ein kleines Entgelt für die weitere Erforschung ihrer Art. Man erhält eine Urkunde, ein Foto, einen Aufkleber "I like my whale".

Angehende Menschenmütter, die davon gehört haben, wie fürsorg-

An den Strand der Shark Bay in Australien kommen seit Jahren Tümmler zum Imbiß. Sie reagieren flexibel auf jedes Nahrungsangebot und werden dann sehr ortstreu – die Tierfreunde sehen das romantischer

lich sich Delphinweibchen um gebärende Artgenossinnen kümmern, bemühen sich krampfhaft, auch ihre Kinder in Anwesenheit von Delphinen ganz entspannt ins Hier und Jetzt zu entlassen.

An verschiedenen Küsten zwischen Australien und Irland tauchen immer wieder vereinzelt Delphine auf, die sich füttern lassen, offensichtlich Kontakt zu Menschen suchen, mit ihnen herumschwimmen, sich dabei auch wählerisch zeigen, nicht mit jedem ihre Spielchen treiben. Jene, denen die Gunst der Zutraulichkeit gewährt wird, fühlen sich dem alten Menschheitstraum ganz nahe, mit einer anderen Kreatur ebenbürtig kommunizieren zu können.

Ein Dauerbrenner unter den Doktorhüten der Biologen und Physiologen ist die Frage nach Verstand und Bewußtsein der Cetaceen. Da werden knochentrokkene Wissenschaftler zu Hitzköpfen, bezichtigen sich gegenseitig der vermenschelnden Unwissenschaftlichkeit, erklären einander für verrückt. Es beginnt schon mit dem Problem, wie man Intelligenz eigentlich definieren sollte. Das ist bereits bei Menschen verschiedener Kulturkreise schlecht zu fassen und wurde zudem lange mit Bildung verwechselt. Das Gehirn des Menschen ist zwar so angelegt, daß es geistige Fähigkeiten entwickeln kann, aber ohne Lernen und Üben tut sich da wenig. Für wie intelligent aber halten wir jemanden, der nicht lesen und schreiben kann und den Satz des Pythagoras nie gehört hat?

Die Definition des Bewußtseins ist nicht einfacher. „Ich denke, also bin ich" — das reicht noch nicht für den Unterschied zwischen bewußtem Leben und unbewußtem Existieren. Man muß in die Zukunft denken und von Vergangenheit etwas wissen — so heißt es —, Erfahrungen gesammelt haben und daraus mehr oder weniger logische Schlüsse ziehen, sich entsprechend entscheiden, vernünftig danach handeln können — was kaum jemandem in die Wiege gelegt wurde.

In ihrer Ratlosigkeit über Intelligenz und Bewußtsein der Cetaceen flüchteten sich Zoologen und Neurologen in Zahlenspiele und Rechenmodelle. Beim Vergleich der Gehirngewichte liegt der Pottwal mit sieben Kilo ganz weit vorn, gefolgt vom Großen Tümmler und dem Elefanten, dann dem Menschen. Setzt man Gehirngewicht in Relation zum Körpergewicht, kann man den Menschen für die geistige Krone halten, gefolgt vom Delphin, der Pottwal mit seinem 40-Tonnen-Körper ist letzter. Man ziehe dem Wal die Speckschicht ab — warfen Spötter ein — oder dem Menschen seinen Wintermantel über, beides könne das Hirn nicht sonderlich belasten, aber das Verhältnis zurechtrücken.

Zum Schwimmen, Jagen, Fressen, Fortpflanzen und ansonsten den lieben Poseidon einen guten Mann sein lassen, dazu allein ist das Walhirn zu groß, da gibt es nicht viel zu schalten; zu alledem reicht dem Hai im selben Element ein erbsengroßes Hirn. Beim Wal muß hinter der Größe des Hirns mehr stecken als die Steuerung primitiver Bedürfnisse, denn darüber sind sich die Evolutionstheoretiker weitgehend einig: Ein solch komplexes Organ entwickelt sich nur, wenn es auch gebraucht wird. Die Speicherung und Verarbeitung der akustischen Reize aus dem so hochkomplizierten Biosonar könnte viele Kubikzentimeter beanspruchen.

Die Erforschung animalischen Denkens und Fühlens war lange geradezu tabuisiert. Intelligenz und Bewußtsein des Menschen galten als unantastbar einzigartig, Sprache als allein sicherer Beweis für die Fähigkeit des Denkens. Und dafür sei es unabdingbar, Begriffe sinnvoll zu verknüpfen, also das zu können, was man Grammatik nennt. Heute glauben einige Wissenschaftler, daß es Bewußtsein auch geben kann, ohne in Begriffen darüber nachzudenken oder gar in Worten davon reden zu müssen. Mag sein, daß Tiere ebenfalls ein Bewußtsein haben; man dürfe nur nicht den Denkfehler begehen, es müsse dem unseren ähnlich sein.

Der ehrwürdig-konservative Zoologieprofessor Everhard Slijper aus den Niederlanden hatte festgestellt, daß beim Menschen ein großer Teil der Muskelkoordination über das Gehirn läuft und brachte es auf den Punkt: „Die Muskeln der Zunge und des Kehlkopfes können 25 Bewegungen pro Sekunde vollbringen. Vielleicht heißt das, daß wir den Umfang unserer Gehirnmasse und unserer Hirnwindungen nicht vorwiegend unseren tiefsinnigen Gedanken verdanken, sondern dem oft so sinnlosen Geschwätz, das so leicht von unseren Lippen fließt."

Mehrfach wurde versucht zu erforschen, welche Rolle die Wale und Delphine im Ökosystem des Meeres spielen, wozu sie eigentlich nützlich sind oder unbedingt nötig sein könnten. Die Quintessenz: Sie seien zwar die größten Organismen im Meer, bildeten aber nur einen kleinen Teil der gesamten Biomasse. Sie fräßen zwar mehr, als alle Fischereiflotten der Welt zusammen fingen, dennoch sei ihre totale Ausrottung nicht von Vorteil, da sie auch jene Räuber vertilgten, die ihrerseits dem Menschen Futter wegfräßen. Welch' ein Glück!

Was wäre, wenn es keine Wale gäbe? Einige Seevögel würden sie vermissen, weil sie ihnen Fische an die Oberfläche treiben und selbst ihre angeschwemmten Kadaver noch zur Atzung dienen. Dasselbe gilt für die kärgliche Fauna des Tiefseebodens. Allein einige Walläuse aus der Familie *Cyamidae* sind von den Walen existentiell abhängig – ökologisch betrachtet ein unbedeutender Faktor. Auch der Umstand, daß Pottwale tief drunten Nahrung aufnehmen und hoch oben Exkremente abgeben, trage nur unwesentlich zum Austausch von Nähr- und Stickstoff zwischen verschiedenen Meeresschichten bei. Summe aller Erkenntnisse aus dem Zusammenspiel der Wal-, Meeres-, und Fischkundler: Das Fehlen der Wale garantiere nicht automatisch mehr Fische – denn zu Zeiten, als es noch viele Wale gab, gab's auch viele Fische, wie jeder Fischer von seinem Urgroßvater weiß.

Die Welt kann schön sein. Kein Land in Sicht, als ich mit dem Forscher hinausfahre in die Welt der Wale, der Außenborder ist abgestellt, das Schlauchboot schaukelt mitten auf dem St. Lorenz-Golf. Kaffeepause, wir kauen belegte Brote und genießen den Anblick des großen Fressens rundrum.

Ein offensichtlich prächtig gelaunter Fleckendelphin – einer der schönsten Tänzer des Meeres – gibt eine Solovorstellung vor theatralisch gefärbter Kulisse mit ankerndem Segelboot

Unter uns sind offensichtlich Millionen von Fischen dabei, andere zu jagen, kurz bevor sie selbst verschlungen werden. Um uns herum schwimmen sieben prächtige Finnwale so nah, daß wir gewahr werden, wie klein wir sind; mindestens dreimal so lang wie unser plumpes 5-Meter-Boot sind die elegant stromlinienförmigen Wesen. Auch die im ganzen Tierreich so ungewöhnlich asymmetrische Färbung ihrer spitzen Schnauze ist zu erkennen, links dunkel anthrazit wie der Rücken, rechts sehr hell und cremefarben wie der Marmor klassischer Skulpturen. Wenn sich dieser helle Schatten langsam und doch zügig von unten an die Oberfläche tastet, um zu blasen, stockt mir der Atem.

Vor diesen majestätischen Köpfen brodelt das Wasser vom fliehenden Fisch, dazwischen düsen Weißseitendelphine hin und her – kleiner als die Schnauzen der Finnwale lang. Tun sie sich an der Beute gütlich, die den großen Mäulern entkommen konnte? Sie werden Abstauber genannt, aber womöglich liegt dem menschlichen Beobachter nur das Konkurrierende näher als das Kooperative, vielleicht jagen großer und kleiner Wal tatsächlich gemeinsam. Darüber flattern Baßtölpel – prächtige Vögel mit langem Schnabel und gelbem Kopf. Senkrecht stürzen sie hinein mitten ins Getümmel. Jeder erhält hier seinen Teil.

In der Ferne fährt langsam und scheinbar lautlos ein großes Tankschiff vorbei, gehört zur Szene, fällt nicht sonderlich auf in dieser vielbefahrenen Meeresstraße. 220 Dezibel sollen solche Schiffe unter Wasser von sich geben – ein startendes Düsenflugzeug klingt in unseren Ohren, wenn wir direkt an der Rollbahn stehen, wesentlich leiser. Das Schiff kommt vom St. Lorenz-Strom, ist vermutlich dicht vorbeigefahren an der Mündung des Saguenay River, wo ein halbes Tausend übriggebliebene kleine Weißwale ihr Dasein fristen.

Die Weißwale gelten als die stimmfreudigsten Cetaceen. Sie piepsen und quietschen unentwegt und wurden deshalb von alten Segelschiffern, die sie durch den Rumpf ihres Schiffes hören konnten, die „Kanarienvögel der See" genannt. Werden heute Weißwale an Land geschwemmt, dann sind sie Sondermüll. Ihre Körper sind von einer Vielzahl von Tumoren befallen, mit den verschiedensten Umweltgiften angereichert.

Ihre gelbgefiederten Namensvettern auf dem Lande – die hochsensiblen Sänger von den Kanarischen Inseln – waren einst dem Menschen als Warner zu Diensten, Bergleute nahmen sie als lebensrettende Alarmgeber unter Tage mit, denn sie zeigten rechtzeitig gefährliche Gase an. Hörten die munteren Vögel auf zu zwitschern und fielen tot von der Stange, wußten die Männer, daß auch ihr letztes Stündlein drohte, wenn sie nicht eiligst an die frische Luft entkommen konnten.

Auf die Frage, wozu Wale heute eigentlich nütze sind, wurde 1988 eine vernünftige Antwort formuliert. In einer Untersuchung konstatierte der nordamerikanische Walforscher und Ökologe Steven Katona: „Waltiere sind langlebige Spitzenraubtiere, sammeln Schadstoffe und andere Spurenelemente. Die angereicherten Gewebe lebender oder toter Tiere sind als Indikatoren für den Grad der Umweltverschmutzung brauchbar". Ein Jahrhundert zuvor hatte der deutsche Philosoph Friedrich Nietzsche in „Die fröhliche Wissenschaft" geschrieben: „Ich fürchte, die Tiere betrachten den Menschen als ein Wesen ihresgleichen, das in höchst gefährlicher Weise den gesunden Tierverstand verloren hat …, als das unglückselige Tier."

In Zukunft wird es nicht genügen, Wale und Delphine allein vor den donnernden Harpunen der Jäger retten zu wollen. Der Tod kommt schleichend, aber nicht weniger effektiv, wenn alle Meere dieser Welt weiterhin vergiftet werden. Das geschieht nur noch selten unbedarft, sondern meist klammheimlich bei vollem Bewußtsein und aus ökonomischen Gründen. Angesichts dieses menschlichen Verhaltens führt die naturwissenschaftliche Frage nach der Intelligenz der Wale zu einer eher philosophischen Erkenntnis: Würde sie als die Fähigkeit gedeutet, mit der Welt in Einklang zu leben und sie nicht selbst zu zerstören, dann wären die Wale sicher die Klügeren zu nennen.

Das Verhältnis zwischen *Cetacea* und *Homo sapiens* war selten unbelastet, immer etwas zwiespältig, schwankt seit ewigen Zeiten hin und her zwischen Ehrfurcht und Furcht, Zerstörung und Verehrung. Flippernde Showstars oder sanfte Riesen sind heute „everybody's darling". Statt hartgesottener Walfänger schreien jetzt begeisterte Walliebhaber ebenso euphorisch „Wal in Sicht", wenn sie plötzlich einen Blas, eine kleine Finne, eine abtauchende Fluke entdecken.

Wale und Delphine, sie sind uns rätselhaft und scheinen doch so nah. Sie sind weder Ungeheuer aus einem uns unheimlichen Element noch Unterhaltungskünstler in unseren Diensten. Sie sind schlechthin die faszinierendsten Wesen in den Wassern des blauen Planeten. Sie sind also mit Respekt zu behandeln – wie alles Leben dieser Welt.

(Kursive Seitenzahlen verweisen auf Bilder)

Bildnachweis

Anordnung im Layout: l. = links, r. = rechts, m. = Mitte, u. = unten

Titel: Michio Hoshino/Minden Pictures
Klappenfoto: Sven Harder/Dokumente des Meeres
Vorsatz vorn: Doug Perrine/Innerspace Visions
Vorsatz hinten: Bill Curtsinger
Seite 3: Flip Nicklin/Minden Pictures: o.; Richard Ellis: m. o.; Jean-Loup Charmet: m.; N. Schwirtz/Bruce Coleman Ltd.: m. u.; Larry Foster/Earthviews: u.

Engel im Netz der Rivalen

Richard Ellis: 4/5; Mike Osmond/Auscape/Jacana: 6/7; Mike Osmond/Ardea/Auscape: 8/9; Michio Hoshino/Minden Pictures: 10/11, 22/23; Ross Isaacs/Auscape: 12/13; Jean-Paul Ferrero/Auscape: 14/15; Eliot Cohen: 16/17; John Hyde: 18/19, 41 u. (2); François Gohier/Ardea: 20/21; Doug Cheeseman/Peter Arnold, Inc.: 24/25; Frans Lanting/Minden Pictures: 26/27; Flip Nicklin/Minden Pictures: 28/29, 40 r. u., 42; Bryan & Cherry Alexander: 30, 32, 33, 39 (4), 47; Rainer Drexel/Bilderberg: 34; Sylvian Cordier/Jacana: 35; Bill Curtsinger: 36/37; Graeme Ellis: 40 l. o.; François Gohier/Auscape: 40 r. o.; Wolfgang Kaehler: 40 l. u.; Art Wolfe: 41 l. o.; Barbara Todd/Hedgehog House: 41 r. o.; Kevin & Cat Sweeney/Norbert Wu Photography: 43; Mitsuaki Iwago: 44/45 (2).

Versteckspiel mit Finne und Fluke

Flip Nicklin/Minden Pictures: 49, 50/51, 54/55, 56/57, 74 o., 83, 84 l.; Hermann Sülberg: 52/53, 70/71, 79 o.; Peter Menzel: 58/59, 84 r.; François Gohier/Ardea: 60/61; John K. B. Ford/URSUS: 62/63; Bob Cranston: 64/65; Harald Benke/Forschungs- und Technologiezentrum Büsum: 66 o., 67, 89; T. B. Sørensen/Biofoto: 66 u.; Tony Martin/Oxford Scientific Films: 68; Tui De Roy/Auscape: 69; Richard Ellis: 72/73; Godfrey Merlen/Oxford Scientific Films: 74 l. u.; Julio C. Reyes: 74 r. u., 75; Thomas Henningsen/Greenpeace: 77; Pieter Folkens: 78; Ron Ferring/Salamander Books: 79 u.; Al Giddings/Images Unlimited, Inc.: 80 o.; Bob Cranston: 80 u.; Doc White/Images Unlimited, Inc.: 81 o.; Sea Mammal Research unit: 81 u.; Greg Stone/Scott D. Kraus/New England Aquarium: 82 l. o., l. m. o., l. m., l. u.; Amy Knowlton/Scott D. Kraus/New England Aquarium: 82 l. m. u.; Scott Kraus/New England Aquarium: 82 r.; Tony Martin/Oxford Scientific Films: 85

Moby Dick – Die Legende lebt

Richard Ellis: 90/91; Tui De Roy/Hedgehog House: 92/93; Boris Paulmann/Dokumente des Meeres: 94/95; Howard Hall/Ikan: 96/97; Tom Arnbom/Planet Earth Pictures: 98/99; Doug Perrine: 100/101; Hermann Sülberg: 102, 104/105, 113, 115 (2); Jean-Loup Charmet: 103; Jens Corneli/Dokumente des Meeres: 104 o.; New Bedford Whaling Museum: 106/107; Hans-Georg Roth: 107; Flip Nicklin/Minden Pictures: 108; Claus Hansmann: 109; Barbara Todd/Hedgehog House: 110/111; Wolfgang Tiens/Dokumente des Meeres: 112; Sven Harder/Dokumente des Meeres: 116/117; Archiv für Kunst und Geschichte: 117

Die Jagd auf das flüssige Gold

Jean-Loup Charmet: 121; Mark Sexton/Peabody & Essex Museum, Salem: 122/123, 128/129, 130 u., 131 u., 132/133, 147 (3), 151 o.; The Kendall Whaling Museum: 124/125; New Bedford Whaling Museum: 126/127 (2), 130/131 o., 138/139, 140/141 (3), 148, 150, 156 r.; Gemälde von John Stobart/MHP Enterprises, Inc.: 134/135; Commander Chr. Christensen's Whaling Museum: 136/137; Richard Ellis: 138 o.; D. E. Withrow, National Marine Mammal Lab/NOAA, Seattle: 138 u.; Frans Lanting/Minden Pictures: 142/143 o.; Wolfgang Kaehler: 143 u. (2); Claus Hansmann: 144 o.; Young Hwang & Myung Dai Moon/Dongguk University, Seoul: 144 u.; Stedeliijk Prentenkabinet, Antwerpen: 144/145; National Maritime Museum, San Francisco: 149 o.; Bancroft Library, University of California, Berkeley: 149 u.; Norsk Sjofartsmuseum, Oslo: 151 u. (2); R. C. Andrews/Courtesy Department Library Services, American Museum of Natural History: 152/153; Courtesy René Davidson: 155; Barrett Willougby Collection/Alaska and Polar Regions Department, University of Alaska, Fairbanks: 156 l.

Das Geheimnis des unsterblichen Lächelns

Richard Ellis: 158/159; Flip Nicklin/Minden Pictures: 160/161, 174/175; Doug Perrine: 162/163, 172/173, 180/181, 184/185; Thomas Henningsen/Greenpeace: 164/165; François Gohier/Ardea: 166/167; Robert Pitman/Earthviews: 168/169; Bill Curtsinger: 170/171; Kevin Schafer: 176/177; Scott Sinclair/Earthviews: 178/179; Paul Ensor/Hedgehog House: 182/183; Yves Gladu/Jacana: 186/187; Tom Kane/Black Star: 188/189; Stephen Frink/The WaterHouse: 191 o.; Carl Purcell: 191 m.; Henning Christoph/Das Fotoarchiv: 191 u., 194/195; Claus Hansmann: 192; Bob Cranston: 193; Varin/Visage/Jacana: 194 l. u.; Hermann Sülberg: 194 r. u., 196, 196/197; D. Parer & E. Parer-Cook/Auscape: 195 u.; J. Dupont/Explorer: 198; Jean-Paul Ferrero/Auscape: 200; Klaus Hilgert/Ikan: 202/203

Opfer des exzentrischen Geschmacks

N. Schwirtz/Bruce Coleman Ltd.: 205; Mark Votier/Sygma: 206–215, 232, 235 o.; Ian Cumming/Bryan & Cherry Alexander: 216/217; Reiner Klingholz: 218/219; Tony Martin/Oxford Scientific Films: 220/221, 225; Doug Allan/Oxford Scientific Films: 222/223, 224, 228/229; Lowell Georgia/Photo Researchers, Inc.: 226/227; Ken Balcomb/Bruce Coleman Ltd.: 231 o.; Holger Everling: 231 u.; Richard Ellis: 233 l. o.; Hermann Sülberg: 233 r. o., 237; Jonathan Gordon/Planet Earth Pictures: 233 u.; Culley/Greenpeace: 235 u.

Das Monster ist ein Muttersöhnchen

Larry Foster/Earthviews: 239; Graeme Ellis: 240/241, 246/247, 267; D. Parer & E. Parer-Cook/Auscape: 242/243, 268/269 u., 269 o. (2); Hermann Sülberg: 244/245, 252/253, 253 o., 255, 264 o., 265, 273; Jeff Foott: 248/249, 250/251, 266 u.; Tui De Roy/Hedgehog House: 256/257; John K. B. Ford/URSUS: 258; François Gohier/Auscape: 260/261; Eda Rogers: 262/263; aus: „Killer Whales“: A Study …“ by Michael Bigg, Graeme Ellis et al., courtesy G. Ellis 264 u.; Flip Nicklin/Minden Pictures: 266 o.; D. Parer & E. Parer-Cook/Ardea: 268/269 o.

Die Krone der Schöpfung im Wasser

Gerard Soury/Jacana: 275; François Gohier/Ardea: 276/277; Marjorie L. Bank/Norbert Wu Photography: 278/279; Flip Nicklin/Minden Pictures: 280/281, 284/285; Kurt Amsler/Planet Earth Pictures: 282/283; Jean-Paul Ferrero/Auscape: 286/287; John Weeber/Hedgehog House: 288/289; Hermann Sülberg: 290/291; J. M. La Roque/Auscape: 292/293; Graham Burns/The Environmental Picture Library: 294/295; David B. Fleetham/Oxford Scientific Films: 296/297; John Eastcott/Yva Momatiuk/DRK Photo: 298/299; Dietrich Bürkel: 300; Philip Gingerich/Discover Magazine: 301; P. H. Steve Hide/Skyscans: 303; Charles Mason/Black Star: 304, 305; Mark Newman/Auscape: 307 o.; Doug Perrine: 307 u.; Art Wolfe: 308; James D. Ward/Earthviews: 310

Albion, Robert G.: „New England and the Sea", Mystic Seaport Museum, Mystic 1972

Bockstoce, John R.: „Whales, Ice & Men", University of Washington, Seattle 1986

Bonner, Nigel: „Whales of the World", Facts on File, New York 1989

Brehm, Alfred E.: „Brehms Thierleben", Bibliographisches Institut, Leipzig 1883

Brockhaus: „Conversations-Lexikon", 10. Aufl., 1855

Brower, Kenneth u. Curtsinger, William R.: „Wake of the Whale", Friends of the Earth, New York 1991

Cherfas, Jeremy: „The Hunting of the Whale", The Bodley Head, London 1988

Crone, Martie J. u. Kraus, Scott D.: „Right Whales in the Western North Atlantic", Edgerton Research Lab., Boston 1992

Dautert, Erich: „Auf Walfang und Robbenjagd", E. A. Seemann, Leipzig 1935

Ellis, Richard: „Men and Whales", Knopf, New York 1991

Evans, Peter G. H.: „The Natural History of Whales & Dolphins", Facts on File, New York 1990

Fichtelius, Karl Erik: „Smarter than Man?", Random House Inc., New York 1972

Francis, Daniel: „A History of World Whaling", Viking, Markham-London-New York 1990

Frank, Wolfgang: „Mit Jan Wellem auf Walfang", Henkel & Cie., Düsseldorf 1939

Grzimeks Enzyklopädie: Säugetiere/Bd. 4, Kindler, München 1987

„Guide of Review of Management of Whaling", Center for Marine Conservation, Washington D.C. 1979

Hervé-Gruyer, Charles: „Les Enfants Dauphins", Gallimard, 1990

Hoyt, Erich: „The Whale Watcher's Handbook", Madison Press, Toronto 1984

Hunter/Weyler: „Rettet die Wale – Die Fahrten von Greenpeace", Kübler, Heidelberg, 1981

Kremer, Hartwig u. Maywald, Armin: „Der Schweinswal in Nord- und Ostsee", WWF, Frankfurt 1991

Landt-Lemmel, Hanns: „Wal frei", Brockhaus, Wiesbaden 1955

Lien, Jon: „Wet and Fat", Memorial University of Newfoundland, St. John's 1985

Lockley, Ronald M.: „Whales, Dolphins and Porpoises", David & Charles, London 1979

Martin, Anthony: „Wale & Delphine", Mosaik, München 1991

Mc Intyre, Joan (Hg.): „Der Geist in den Wassern", Zweitausendeins, Frankfurt 1982

Melville, Herman: „Moby Dick", Dieterich'sche Verlagsbuchhandlung, Leipzig 1956

Minasian, Stanley M. u.a.: „The Worlds Whales", Smithsonian Books, Washington D.C. 1984

Münzing, Joachim: „Wale und Walfang", Altonaer Museum, Hamburg 1975

Norman & Fraser: „Riesenfische, Wale und Delphine", Parey, Hamburg 1963

Obee, Bruce u. Ellis, Graeme: „Guardians of the Whales", Whitecap Books, Vancouver 1992

Oceanus, Volume 32, Number 1: „Whither the Whales?", Woods Hole 1989

Oesau, Wanda: „Die deutsche Südseefischerei auf Wale", Augustin, Glückstadt-Hamburg 1939

Oesau, Wanda: „Schleswig Holsteins Grönlandfahrt", Augustin, Glückstadt-Hamburg 1937

Oesau, Wanda: „Hamburgs Grönlandfahrt", Augustin, Glückstadt-Hamburg 1935

Ostrowski, Stefan: „Valar & Delfiner", Göteborg 1984

Pilleri, Giorgio (Hg.): „Investigations on Cetacea", Volume XV, University of Berne, Bern, 1983

Pilleri, Giorgio: „Die Geheimnisse der blinden Delphine", Hallwag, Bern 1975

Purves, P. E. u. Pillerie, G. E.: „Echolocation in Whales and Dolphins", Academic Press, London 1983

Ross, Gillies W.: „Arctic Whalers, Icy Seas", Irwin, Toronto 1985

Schevill, William E. (Hg.): „The Whale Problem", Harvard Univ. Press, Cambridge 1947

Schulze, Gerhard: „Die Schweinswale", Neue Brehm Bücherei, Wittenberg Lutherstadt 1987

Shapiro, Irwin: „The Story of Yankee Whaling", Troll Associates, Mahwah 1990

Simpson, McKinnon: „Whale Song", Honolulu 1989

Slijper, E. J.: „Riesen des Meeres", Springer, Berlin-Heidelberg 1962

Slijper, E. J.: „Whales", Cornell Univ. Press, New York 1979

Spence, Bill: „Harpooned", Conway, London 1980

Stern, Marilyn: „Kval! Die Walfänger der Lofoten", Bär Verlag, Zürich 1990

Time-Life: „The Whalers", Alexandria 1979

Tuck, James u. Grenier, Robert: „Red Bay, Labrador", Atlantic Archeology Ltd., St. John's 1989

Watson, Lyall: „Whales of the World", Dutson, New York 1981

Whale Research Group: „Getting along", Memorial University of Newfoundland, St. John's 1984

Winn, H. E. u. Olla, B. L. (Hg.): „Behavior of Marine Animals", Vol. 3, Plenum Press, New York 1979

BÜCHER VON GEO

Uwe George
Die Wüste
Vorstoß zu den Grenzen des Lebens.
356 Seiten mit 270 Farbfotos.
ISBN 3-570-01665-X
Kodak-Fotobuchpreis

Joachim W. Ekrutt
Die Sonne
Die Erforschung des kosmischen Feuers.
368 Seiten mit 274 Farbfotos.
ISBN 3-570-01720-6

Peter-Hannes Lehmann/Jay Ullal
Tibet
Das stille Drama auf dem Dach der Erde.
390 Seiten mit 370 Farbfotos.
ISBN 3-570-01721-4

Peter Schille/Hans W. Silvester
Bedrohte Paradiese
Erkundungen in Europas schönsten Naturreservaten.
350 Seiten mit 287 Farbfotos.
ISBN 3-570-04955-8
Kodak-Fotobuchpreis

Uwe George
Geburt eines Ozeans
Afrika – Ein Kontinent zerbricht.
362 Seiten mit 278 Farbfotos.
ISBN 3-570-07030-1
Kodak-Fotobuchpreis

Loren A. McIntyre
Die amerikanische Reise
Auf den Spuren Alexander von Humboldts.
368 Seiten mit 378 farbigen Abbildungen.
ISBN 3-570-07029-8

Erwin Lausch
Der Planet der Meere
Forscher entschlüsseln die Geheimnisse der Tiefe.
382 Seiten mit 440 farbigen Abbildungen.
ISBN 3-570-02058-4

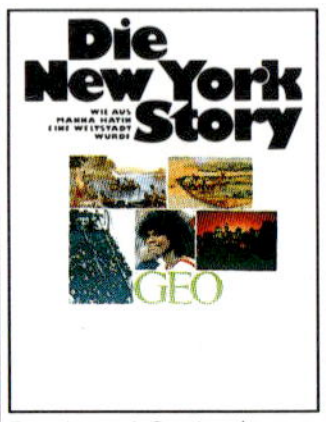

Dankwart Grube/Thomas Höpker
Die New York-Story
Wie aus Mannahatin eine Weltstadt wurde.
384 Seiten mit 483 meist farbigen Abbildungen.
ISBN 3-570-02056-8
Kodak-Fotobuchpreis

Rolf Bökemeier/Michael Friedel
Naturvölker
Begegnungen mit Menschen, die es morgen nicht mehr gibt.
348 Seiten mit 280 Farbfotos.
ISBN 3-570-04742-3
Kodak-Fotobuchpreis

Wolf Schneider/Guido Mangold
Die Alpen
Wildnis – Almrausch – Rummelplatz.
364 Seiten mit 304 farbigen Abbildungen.
ISBN 3-570-02380-X

Uwe George
Regenwald
Vorstoß in das tropische Universum.
380 Seiten mit 408 farbigen Abbildungen.
ISBN 3-570-04572-2

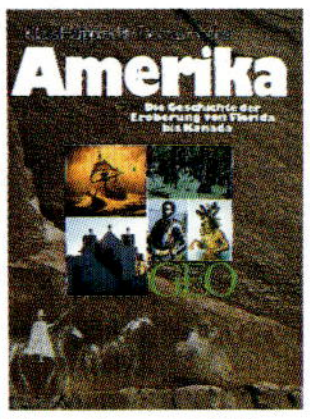

Klaus Harpprecht/Thomas Höpker
Amerika
Die Geschichte der Eroberung von Florida bis Kanada.
348 Seiten mit 280 farbigen Abbildungen.
ISBN 3-570-07996-1

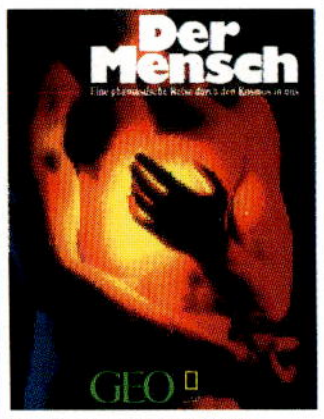

GEO und NATIONAL GEOGRAPHIC SOCIETY
Der Mensch
Eine phantastische Reise durch den Kosmos in uns.
384 Seiten mit 440 farbigen Abbildungen.
ISBN 3-570-01639-0

Karl Günter Simon
Islam
Und alles in Allahs Namen.
364 Seiten mit 342 farbigen Abbildungen.
ISBN 3-570-06210-4

Uwe George
Inseln in der Zeit
Venezuela – Expeditionen zu den letzten weißen Flecken der Erde.
384 Seiten mit 422 farbigen Abbildungen.
ISBN 3-570-06212-0

Volker Sommer
Die Affen
Unsere wilde Verwandtschaft.
348 Seiten mit 325 farbigen Abbildungen.
ISBN 3-570-03985-4

Reinhard Breuer
Mensch+Kosmos
Expedition an die Grenzen von Raum und Zeit.
350 Seiten mit 400 farbigen Abbildungen.
ISBN 3-570-03470-4

Gerald Sammet
Der vermessene Planet
Bilderatlas zur Geschichte der Kartographie.
348 Seiten mit 383 farbigen Abbildungen.
ISBN 3-570-03471-2

Wolfgang W. Wurster
Die Schatz-Gräber
Archäologische Expeditionen durch die Hochkulturen Südamerikas.
350 Seiten mit 402 meist farbigen Abbildungen.
ISBN 3-570-01000-7

Volker Sommer
Feste, Mythen, Rituale
Warum die Völker feiern.
352 Seiten mit 295 farbigen Abbildungen.
ISBN 3-570-01745-X

Hermann Sülberg
Die Wale
Aus der geheimnisvollen Welt der Giganten.
316 Seiten mit 255 farbigen Abbildungen.
ISBN 3-570-19007-2

Uwe George
Expedition in die Urwelt
Paläontologie: Die Erforschung der steinernen Zeit.
336 Seiten mit 355 farbigen Abbildungen.
ISBN 3-570-19008-0